中小学英语教师专业发展系列教材 | 丛书主编　陶涛　蔡蕾

湖北省教育厅人文社会科学研究项目"英语师范生职前心理历程研究"（21Y008）阶段性成果；
湖北大学研究生教学改革项目"硕士研究生教育中导学共同体创生共生机制研究"（1030018001）阶段性成果

如何有效进行
中小学英语阅读教学

——基于案例库的中小学英语阅读教学

吴喜艳　主编

How to Teach English Reading
Effectively in Primary and
Secondary School

WUHAN UNIVERSITY PRESS
武汉大学出版社

图书在版编目(CIP)数据

如何有效进行中小学英语阅读教学:基于案例库的中小学英语阅读教学/吴喜艳主编. -- 武汉:武汉大学出版社,2025.6
中小学英语教师专业发展系列教材/陶涛,蔡蕾主编
ISBN 978-7-307-23715-5

Ⅰ.如… Ⅱ.吴… Ⅲ.中小学—英语—阅读教学—教学研究—师资培训—教材 Ⅳ.G633.412

中国国家版本馆 CIP 数据核字(2023)第 067636 号

责任编辑:李晶晶   责任校对:汪欣怡   版式设计:马 佳

出版发行:**武汉大学出版社**   (430072   武昌   珞珈山)
        (电子邮箱:cbs22@whu.edu.cn 网址:www.wdp.com.cn)
印刷:武汉邮科印务有限公司
开本:787×1092   1/16   印张:14   字数:282 千字   插页:1
版次:2025 年 6 月第 1 版   2025 年 6 月第 1 次印刷
ISBN 978-7-307-23715-5   定价:69.00 元

如何有效进行中小学英语阅读教学
——基于案例库的中小学英语阅读教学

参编人员

胡雪飞　李风雨　聂颜园　崔雨晴　施卜丹　马小艳
肖玉琴

案例作者

王雯君　付　洁　曹专荣　李风雨　聂颜园　崔雨晴
施卜丹　肖玉琴　董旭丹　鲁吉祥　冯鑫俊　李靖翊
刘芳

前　言

　　《如何有效进行中小学英语阅读教学》一书专为英语（师范类）专业本科生、学科教学（英语）专业研究生、中小学英语教师设计编写，可以作为教材和参考书使用。《普通高中英语课程标准》（2017 年版 2020 年修订）、《义务教育英语课程标准》（2022 年版）对英语教学提出了新的要求和目标。阅读教学是英语教学中的重要环节，也是实施英语课程标准的主要载体。传统的英语阅读教学不能满足英语新课程标准的要求，不能满足新时代对英语人才的需求。英语阅读教学确实存在诸多问题，比如教学内容单一、枯燥乏味；教学过程走马观花、没有深度；教学形式僵化、缺乏创造性；教师一言堂、师生互动少；阅读教学变成了词汇和语法教学，学生思辨缺席……本书正是在此种情况下应运而生，现在呈现给大家，希望可以为中小学英语阅读教学提供参考和借鉴。本书共分为三大部分，包括六章。

　　第一部分是理论篇，包括第一章和第二章。英语阅读教学是一项具体的实施教学设计的活动，体现了英语教学的主要环节和诸多方面。第一章介绍英语阅读教学活动中涉及的一些重要概念，有助于读者对英语阅读教学相关理论与阅读教学设计理念的理解。这些重要概念包括：输入、互动、输出、图式、语篇、核心素养、大观念、主题意义、活动观、思辨能力、学科育人、深度学习、交际能力、跨文化交际能力、阅读策略，以及教、学、评一体化等。这些重要概念虽然不全是英语阅读教学特有的，但是英语阅读教学可以集中体现这些概念。

　　第二章阐释英语阅读教学相关的理论模式。英语教学基于一定的理念，阅读教学也不例外。本章从第二语言习得的角度出发，将与英语阅读教学相关的理论分为以下几种：认知模式、功能模式、互动模式和系统模式。认知模式认为语言学习是一项复杂的认知技能的学习。语言学习离不开对语言信息的加工、提取、内化、重构。功能模式认为语言是功能性的，语言的功能就是构建意义。任何语篇中的语言及物系统、语气系统和主位系统分别实现概念功能、人际功能和语篇功能。互动模式认为语言学习在互动中产生。互动可以提供可理解性输入，可以提供产出的机会，也可以得到他人的帮助。系统模式则认为语言本身是一个由若干子系统组合成的复杂系统。

第二部分是实践篇，包括第三章、第四章和第五章，为不同学段英语阅读教学案例评析。英语阅读教学设计和实施基于一定的教学理念，体现了英语课标中的核心概念及相关阅读教学模式。英语阅读教学案例分为三个学段：小学英语阅读教学、初中英语阅读教学和高中英语阅读教学。每一个教学案例都有一个特色主题，可以从案例评析的标题、每个环节的活动设计意图体现出来。

第三部分是反思篇，包括第六章，即英语阅读教学的有效性。英语阅读教学的有效性体现在以下几个方面：（1）制定基于核心素养且切实可行的教学目标；（2）设计丰富且有意义的学习活动；（3）教、学、评贯穿教学活动的始终；（4）设计和布置贴近学生学习和生活的创新作业。本章从吃透教材、深度教学、师生互动、适时测评、作业创新设计以及核心素养落地六个方面对英语阅读教学的有效性进行总结。

本书主要有以下特点：

✤ 针对性强：本书专门为英语(师范类)专业本科生、学科教学(英语)专业研究生、中小学英语教师设计编写。

✤ 系统性强：本书系统地介绍了英语阅读教学相关的重要概念和理论模式，并将这些概念和模式运用于英语阅读教学案例，使读者对英语阅读教学的理论与实践有较为全面和系统的认识。

✤ 可读性强：本书将英语阅读教学的理论与具体的阅读教学实践结合起来，理论指导实践，实践验证理论，内容丰富，且通俗易懂。

✤ 时代性强：本书将英语阅读教学前沿的观点和理论模式呈现给读者，并基于最新的英语课程标准进行案例评析，做到与时俱进。

最后，我们要借此机会感谢武汉大学出版社的大力支持。我们非常感谢武汉六中、湖大附中、湖大附小、武汉第二职业中心学校、睿升学校、宜昌一中、天门中学、丹江口市均县镇初级中学等学校的英语教师同仁倾情指导或参与。由于我们的学术水平和学术视野有限，书中难免有不当或错误之处，恳请各位专家、同行和广大读者批评指正，以便今后修订时改正和完善。

作　者

2025 年 2 月

目 录

CONTENTS

第一部分　理论篇

第二部分　实践篇

第三部分　反思篇

第一部分

理论篇

第一章
英语阅读教学相关重要概念

　　阅读是听说读写译五大语言技能之一。对于外语学习者来说，阅读是获取目的语知识的重要途径。通过阅读，学生可以获取信息、整合信息，并以读促写、进行读后评价等（Grabe & Stoller，2002）。阅读能力较强的学生从阅读中获取词汇的能力较强，因为大量的阅读能帮助学生扩大词汇量，通过上下文语境掌握词汇的准确用法和句法知识；同时阅读各类题材和各种内容的文章可以增长学生的文化背景知识和其他学科知识，提高他们的认知能力（张庆宗，2008）。在中小学英语教学中，阅读教学是重要环节，是培养学生英语核心素养、实现课程目标的主要载体。

　　一个完整的阅读过程包括信息输入、加工和输出三个阶段。在信息输入阶段，读者对文本信息进行感觉登记，语言信息在此阶段是未经分析的状态。在信息加工阶段，读者利用头脑中储存的相关知识对感觉登记的语言信息进行加工、编码和内化。在信息输出阶段，读者将重构和内化的信息进行提取，通过语言或其他形式表现出来。

　　总之，阅读是一个复杂的认知过程，包括对知识的感知、理解、加工和内化，是读者与作者之间通过文本进行的认知和情感互动。阅读是一种信息获取活动，涉及读者、文本以及读者与文本之间的互动。读者在阅读活动中的参与程度取决于读者先前的阅读经历，影响阅读经历的因素包括家庭、社区、学校、文化和个体差异；阅读文本的篇章结构、句法、词汇与语法等文本特征会影响读者对文本的理解；读者与文本的互动是读者构建文本意义的过程（Aebersold & Field，1997）。

　　阅读也为其他技能（如写作）提供素材，可以有效地提高学习者的语言能力。学生对第二语言阅读文本的理解亦受诸多因素的影响：认知水平和认知方式、第一语言水平、第一语言元语言知识、第二语言水平、第一语言与第二语言的差异及文化取向（Aebersold & Field，1997）。事实上，第一语言（L1）与第二语言（L2）阅读的差异主要体现在：①语言和信息加工差异，如 L1 阅读和 L2 阅读初始阶段的词汇、语法和话语知识量，L2 学习者的元语言和元认知意识。同时 L1 和 L2 之间的语言差异和迁移影响也是 L1 和 L2 阅读的重要区别。②个体和经验差异，如 L1 阅读能力水平、阅读动机、L2 语境中的不同文本类型、L2 读者的不同语言资源。③社会文化和制度差异，如 L2 读者不同的社会文化背景、组织话语和文本的不同方式、教育机构的不同期望（Grabe & Stoller，2002）。

在许多外语学习课堂，阅读教学还在沿用传统模式，即理解大意、回答问题、阅读技能和技巧训练、语篇结构分析、词汇和语法解释等。但是学习者往往未能将语言的形式和功能结合起来，即未能理解作者运用特定的语言形式要达到什么样的修辞目的，缺乏作者和读者意识。而这正是阅读的主要目的，因为语言具有符号性、社会性，语言可用于实现特定的写作目的。阅读教学应将体裁、语域和语法词汇特征结合起来，探究特定的语法和词汇如何实现相应的写作目的，让作者与读者的对话成为现实。阅读教学是在教师的引导下，学生与阅读文本互动的过程。在阅读教学中，教师不仅要引导学习者理解文章的主题和大意，结构、词汇和语法知识及相关文化背景知识等，还要让学习者领悟作者的写作目的和写作风格、了解作者所要表达的语篇语义及如何运用词汇、语法实现这些语篇语义，从而达到写作意图。这样，学习者可以在阅读学习中增强读者—作者意识、明确文章体裁、领会写作意图及其实现手段。语言是文化的载体，教师需要引导学生领悟语言中的文化价值观念、人生观和世界观，在阅读教学中实现学科育人，让学生在语言学习中成长。语言是表达思想的工具，教师需要在阅读教学中让学生学会评判性、创造性地表达思想、赏析文本，从而培养学生的思辨能力。

英语阅读教学是一项具体的实施教学设计的活动，体现了英语教学的主要环节和诸多方面。本章介绍英语阅读教学活动中涉及的一些重要概念，有助于我们对英语阅读教学相关理论与阅读教学设计理念的理解。这些重要概念包括：输入、互动、输出、图式、语篇、核心素养、大观念、主题意义、活动观、思辨能力、学科育人、深度学习、交际能力、跨文化交际能力、阅读策略及教、学、评一体化等。

第一节 输 入

输入是学习者可以获得的任何语言信息。这些信息可以是听觉的，可以是视觉的；可以是书面的，也可以是口头的。在第一语言习得研究中，儿向语是很多学者研究的内容。儿向语是第一语言学习中重要的语言输入。儿向语是一种专门说给幼儿听的语言。语言的内容和形式（所用的词句、语调、语速等）都需适应幼儿的语言能力、认识能力、理解能力和接受能力。儿向语的重要特征有：语速较慢、音调相对较高、音调多变、重音显得很夸张、句子较简短、词汇较少且较简单、较多重复、较多释义、信息量较小、较多谈论此时此刻的情境。儿向语在第一语言习得中发挥着重要作用，主要有：让儿童保持学习的注意力、激发积极的学习情感心理、促进语言的理解、帮助儿童切分语言结构、给予反馈、提供语言使用的正确模式、降低儿童信息处理的负担、鼓励儿童参与会话、教会儿童社交用语等（Gallaway & Riachards，1994：264，转引自 Mitchell & Myles，2004：161）。

　　同样，在第二语言学习研究中，外国人话语（foreigner talk）也是一个热门话题。外国人话语是母语使用者对语言学习者使用的一种简化目标语。Larsen-Freeman 和 Long（2000：125-6）对外国人话语的语言和会话特征作了详细的总结：①语音：放慢语速，多用重音和停顿，发音清晰，音调夸张，多用完整形式而避免使用缩略语。②词法和句法：多用完整的句子，话语简短，少用复杂话语，多用基本语序，保留选择成分，多用语言关系的显性标记，多用现在时，多用一般疑问句而少用特殊疑问句。③语义：多用语义关系的显性标记，限制词汇量，少用习语，多用名词和动词，多用系动词，多用实词，少用语义模糊的词。④内容：话题狭窄，有可预见性，选择即时即景的话题，对话题不作深入探讨。⑤会话结构：话题变换比较频繁，放弃话题控制，接受话题的转换，通过提问引发新话题，重复自己或对方的话，检验对方是否理解谈话内容，检验自己是否理解对方的话语，请求说话者说明其话语内容，扩展对方前面的话语，多用问答结构，分解话题。外国人话语促进学习者第二语言的学习和发展，主要表现在（Ellis，1994：264）：①促进交际。这是外国人话语的主要功能，因为语言和会话结构调整可以简化语言形式，促进学习者对学习的理解。②可以间接地或直接地表明说话者的态度。③可以间接地教授目标语。

　　第二语言学习中并不总有母语使用者的帮助，因而外国人话语并不是唯一的第二语言输入。在中国，课堂教学是英语学习的主要形式，并且教师并非都是英语母语使用者。课内和课外互动通常是在学习者之间或学习者与教师之间进行的。在这种情形下，就产生了中介语话语（interlanguage talk）。中介语话语指学习者接受的其他学习者的语言输入，对很多学习者来说是主要的语言输入来源之一。关于中介语话语在第二语言学习中的作用，到目前为止，研究者尚未达成共识。有几个问题值得我们思考：第一，中介语话语能够提供目的语所有的语法特征吗？中介语话语是其他学习者提供的，他们的话语可能存在许多语法和语用错误，学习者之间会不会相互学习错误的表达？第二，中介语话语能够为学习者提供意义协商的机会吗？在第二语言教学活动中学习者是否会积极参与对子练习、小组讨论？这里还存在着文化差异问题。比如某些文化背景中的学习者擅长表达自己的观点，善于交流，而另外一些文化背景中的学习者则倾向于聆听他人说话，或者习惯保持沉默。另外，个体差异如学习策略、个性等也可能导致学习者之间存在不同的互动质量。

　　英语阅读教学中的语言输入主要源于英语教材和教辅，还有各类教师话语、同伴话语及课外阅读材料，如英文报纸、杂志等。教材用于精读，能有针对性地输入符合学生认知水平和语言水平的信息，教师和同伴的课堂话语可以引导学生巩固语言结构。课外阅读用于泛读，可以培养学生的语感、扩大词汇量、习得语法结构、了解文化知识、扩大知识面、增长见识等。

第二节　互　　动

互动指学习者与母语使用者、教师或其他学习者之间的交流（Ellis，1994）。这种互动也被称为协商的互动或意义协商。互动可以分为认知互动和社会文化互动。认知互动强调学习者内在的语言信息处理能力和创造性，以及语言环境中的输入和意义协商作用。在语言互动中学习者接受可理解性输入，或者通过意义协商来理解语言输入，有助于学习和内化语言形式。社会文化互动认为语言互动不仅仅是内部学习机制的输入来源，在语言学习中互动本身就是学习过程，强调文化的主导作用，语言学习的过程是社会化过程。语言是社会互动和活动的媒介，语言学习通过社会互动得以实现。语言既是思维发展的工具，也是思维的载体，让思维得以实现和表达。

下面的例子是英语母语使用者与第二语言学习者的一段对话。对于母语使用者的话语"glasses"，学习者刚开始好像没有理解。母语使用者重复了该词，并进行了解释，结果学习者还是有些困惑，母语使用者继续释义，学习者才明白这个单词的意思。在这个过程中，二人不断地交流、协商意义，最终学习者理解了该词的意思（Mackey，1999：558-9）。

NS：There's a pair of reading glasses above the plant.

NNS：A what?

NS：Glasses, reading glasses to see the newspaper?

NNS：Glassi?

NS：You wear them to see with, if you can't see. Reading glasses.

NNS：Ahh, glasses to read, you say reading glasses.

NS：Yeah.

互动调整有三种表现形式：检验自己的理解是否正确（confirmation check）、检验对方是否理解了自己的话语（comprehension check）、请求说话者说明其话语内容（clarification check）。以下三个例子分别说明了这三种情况。

（1）NNS1：I have bought a laptop. It is fantastic！

　　　NNS2：A laptop?

（2）NNS1：I went to Shangri-La a week ago. Do you know Shangri-La?

NNS2：Yeah, only a little.

（3）NNS1：I read an article on cloning. It is amazing!

　　　　NNS2：Cloning? I have no idea about that.

可以看出，互动中的反馈可以让学习者注意到正确的语言形式。互动反馈是在交际过程中通过语言和会话调整和意义协商给予学习者的反馈（Gass，2003）。互动反馈主要有两种：重述（recast）和引导（elicitation）。重述表示教师或他人重新表述学习者的语言，使其更加接近目标语形式。引导指教师或他人不直接纠正学习者的语言错误，而是引导学习者重新表述语言形式。这两种反馈都可以促进第二语言学习，特别是在交际教学课堂。重述可能引起学习者注意到自己的语言表达与目标语形式之间的差异，从而改正错误的表达形式（Long & Robinson，1998）。重述将目标语形式语境化，学习者在理解信息的基础上学习语言形式，这有助于他们使用正确的语言形式来表达意义（Long，2007）。引导为学习者提供自我修正的机会，促进语言形式从长时记忆的提取，同时有利于学习者检验和修正自己关于目标语的假设（Lyster & Ranta，1997）。下面两个例子分别是重述和引导。

（1）Student：I go to Beijing last month.

　　　Teacher：Yes, you went to Beijing last month.

　　　Student：Went to Beijing.

（2）Student：After a day of hard work, she was tiring.

　　　Teacher：I am sorry, she was...?

　　　Student：Oh, she was tired.

英语阅读教学中的互动必不可少，表现为师生互动、生生互动。教师在阅读前、阅读中和阅读后会设计一些活动，需要师生、生生讨论交流方可完成，比如对子分享、小组讨论、分组游戏等。在活动中互动应该贯穿阅读教学的全过程，实现教师导学下以学生为主体的教学和教师支架下学生自我调节能力的培养。

第三节　输　　出

输出是第二语言学习者的语言产出，可以是口头的，也可以是书面的。学习者积极参与结对练习、小组讨论，尝试运用所学语言。除此之外，学习者还可以使用目的语写作文、读书报告、日记、故事、课程论文等，这些活动可以促进学习者进行第二语言的书面表达。通过输出的语言实践活动，学习者的语言能力会不断地得到提高。Swain（1985：249）提出可理解性输出："学习者需要强制性地传递信息，信息不仅要传达出来，而且要传达得恰到好处、连贯得体。"（转引自 Gass & Selinker，2001：278）

综合 Swain(1995)、Swain 和 Lapkin(1995)以及 Skehan(1999)的研究，语言输出在语言学习中发挥着八大功能：引起学习者对目的语的注意(noticing/triggering)、有助于学习者对目的语进行假设检验(hypothesis testing)、元语言功能(metalinguistic function)、增强流利性(developing fluency/automaticity)、生成更好的输入(generating better input)、迫使学习者进行句法处理(forcing syntactic processing)、帮助学习者提高语篇能力(developing discourse skills)、有助于学习者学会表达自我(developing a personal voice)。前四种功能是语言输出的主要功能。

一、引起学习者对目的语的注意

输出发挥作用的重要前提是学习者必须有足够的认知资源来完成对语言形式和意义的注意。注意是学习者进行信息处理的一个必要条件，也是将语言学习中的输入(input)转化成吸收(intake)的前提条件。第二语言学习者要想学习某一目标语语言形式，只有当这个形式存在于可理解性的输入中，并且学习者注意到了这个语言形式的存在(Schmidt & Frota，1986)才能完成对目的语的学习。学习者在进行语言输出时，既要注意语言的意义，又要注意语言的形式。对语言形式的关注至关重要，没有对语言形式有意识的关注，学习者就不可能对自己的语言进行分析。在语言输出时，学习者可能会遇到一些语言表达方面的困难，这时他们往往会注意到已有的语言知识与目的语表达形式之间存在着差距。可以说，语言输出活动让学习者有意识地认识到自己的语言问题，这种意识让他们注意到自己尚未掌握的语言知识，从而促使他们在口语和写作中有意识地去学习和掌握这些知识。

学习者的注意力资源是有限的，对于初学者来讲，语言的形式和意义不能兼顾。当学习者的语言知识和能力达到一定水平时，他们的注意力才得到合理分配，这时，他们既可以提高语言产出的准确性，又可以促进对语言知识的内化。总之，语言输出可以增强学习者语言知识差距的意识，可以激发他们语言学习的认知能力，帮助他们学习和掌握新的语言知识，巩固已有的知识。以下对话是两位第二语言学习者在"英语角"进行的。第一位学习者使用了过去时，第二位学习者使用一般现在时给出反馈。第一位学习者非常敏感，马上纠正了自己的语法错误。

NNS1：Did you often come here?

NNS2：Yes, I come here once a week.

NNS1：Oh, sorry. I want to ask you whether you often come here or not.

二、有助于学习者对目的语进行假设检验

第二语言学习是学习者对目的语不断作出假设，并对假设不断检验和修订的过程。语

言输出为学习者尝试用各种方式表达自己的意图并检验对目的语的假设是否正确提供了机会。假设检验的前提是互动和反馈，互动可以是学习者和本族语者之间的互动，也可以是学习者和老师之间或学习者之间的互动。反馈的作用在于学习者可以得知他的话语是否被理解、是否正确。当听话者表明他没有完全理解学习者的意思，要求对方进一步解释或明确他的本意时，这种反馈会给学习者提供机会来修改他最初的输出，尝试新的结构和形式，创造性地开发中介语资源，使其输出具有可理解性。反馈的方式可以是检验自己的理解是否正确或者请求说话者说明其话语内容，也可以是含蓄或直截了当地纠正。通过反馈，学习者放弃不正确的假设，形成新的、正确的假设。学习者通过互动反馈检验自己对语言的假设，放弃不正确的假设，接受正确的假设。具体见以下例子。

I am thinking at that time why she say "really?" she understands me or does not agree me or does not like my grammar or my pronounce? So I try again with the answer she like to hear but I still try out suit, suit, I cannot get the correct word but I see in my picture, written in the door of the room and I think it is a name, name of this area. I say suit, suit, I was try it to see how I sound and what she will say, and she does not understand me. Sad for teacher... but I keep trying and here, here, she finally she gets my meaning, and she corrects me, and I see I am not I do not was not saying it in the correct way, it is suite suite and this sound better, sound correct, even to me. (Mackey, 2002)

三、元语言功能

元语言指学习者对语言的认知，即通过反思和分析语言所得到的关于语言的形式、结构和语言系统方面的知识。Swain(1995：132)指出："当学习者反思他们对第二语言的假设时，这种输出就是元语言功能的体现。输出能使他们控制和内化语言知识。"在互动活动中，为了理解输入信息，学习者可以利用一切知识和策略解读对方的交际意图。可以说，学习者在理解输入信息的过程中，语码实际上或多或少地被忽略了，而在语言输出时，学习者不可能像在理解过程中那样去依靠语境和已有的背景知识，他们必须进行语言计划，选择相应的语言结构。当他们使用的语言结构不能得到对方的认可时，他们可以协商语言结构的正确形式。

语言输出的元语言功能并不意味着语言学习回到传统的语法学习中去。语言学习可以在语言交际中进行：学习者用目的语进行交谈，交谈的内容是目的语本身，可以是一个单词、一个语言结构等。交际的过程是学习者意义协商的过程。在交际过程中，语言能力较强的学习者可以为语言能力较弱者提供正确的语言形式，这种合作性对话的元语言交际是一种支架性语言交际，可以帮助学习者提高语言能力和发展中介语。下面对话中，学习者相互探讨"on the tree"和"in the tree"的用法，这在语言课堂内是比较常见的。

NNS1：Look！There is a beautiful bird on the tree，singing merrily.

NNS2：In the tree. We say fruits and leaves are on the tree.

NNS1：Oh, in the tree.

NNS2：Yeah！

NNS1：In the tree.

NNS2：So sorry. In the tree.

四、增强流利性

流利性和准确性是语言交际不可或缺的两个方面。俗话说，熟能生巧。流利性是从控制性处理发展到自动化处理的结果，是自动化处理的标志。在信息处理过程中，某些认知过程需要大量的时间和认知资源，而另一些认知过程是常规的、自动化的，需要较少的时间和资源。因此，当所要表达的意义与语言结构之间形成一致的规律性映射时，表达的流利性就会提高。在某一层次上达到流利性可以使学习者的注意力资源用于更高层次上的信息加工。学习者在语言使用中加强对已存储的知识的理解，培养语言处理自动化能力，从而增强表达的流利性。

Swain 和 Lapkin（1995）根据大量的实验结果，建立了下列语言输出和第二语言学习模式（图 1-1）。

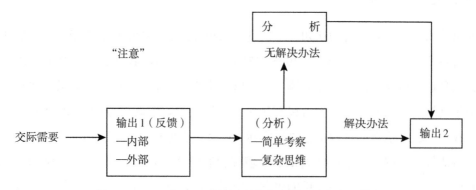

图 1-1　Swain 和 Lapkin 的语言输出和第二语言学习模式

图 1-1 显示，学习者用目的语进行交流时（输出 1），输出可能在语法结构、措词等方面还不够准确和恰当，但是如果来自内部和外部的反馈引起学习者的注意，他就会通过简单的反思或复杂的思索分析所用的语言形式。结果有两种：一是找到了解决的办法。这

时，学习者会想到多种选择，并逐一分析和评价，找到最佳的语言表达形式（输出 2）。二是没有找到可行的方案，即说话者在其已有的中介语系统中没有找到相应的语言形式来完成交际。学习者就会在以后的学习中特别注意类似的语言输入，补充和完善自己的中介语系统。这种语言学习模式分离出了两种意义不同的习得：①内化新的语言形式；②加强已内化语言形式的自动性。

五、生成更好的输入

互动活动中学习者的语言输出对对方来说是一种反馈，让对方更加了解学习者的交际意图和语言能力，这样对方可以调整自己的语言表达，以帮助学习者理解。语言输出是为了获得更理想的语言输入。在互动活动中，当交际受阻时，学习者与对方进行意义协商，对方根据学习者的反馈，在遣词造句、内容表达方面都会考虑学习者当前的水平。这样，学习者可以获得可理解性的输入，有助于学习者内化相关的语言知识。下面这段谈话中，第一位学习者问道："How do you like it?"第二位学习者似乎误解了该结构的意义，第一位学习者及时纠正，采用了另一种结构形式，这时第二位学习者即刻作出正确的反馈。

NNS1：It is amazing that a boy only lives in cyberspace, never going out to talk with people, for about two years! How do you like it?

NNS2：I don't like it.

NNS1：Well, I mean what you think of it.

NNS2：Oh. I think it is incredible!

NNS1：Yeah, it is really hard to believe. I can never do that!

NNS2：Me either.

六、迫使学习者进行句法处理

语言输出比语言理解更为复杂、更具有挑战性。有很多学习者，他们有很强的语言理解能力，但他们的语言表达能力却很弱。除了语音、语调问题，更糟糕的是他们说出的话语语法结构混乱、错误连篇，很难让人理解。主要原因是他们没有输出练习的机会。语言输出时，学习者必须要考虑使用语法结构来表达自己的交际意图，也许他们的词法、句法会有这样或那样的错误，但是他们会根据对方的反馈或随着自己语言知识的增长，不断地改进。语言输出需要经历四个阶段：形成交际意图、构思语言结构、产生发话行为、进行自我监控（Levelt，1989）。学习者一旦有了表达的意愿，就会考虑使用什么样的语言结构来表达。在说话的过程中，除了对方的反馈，学习者还要进行自我监控，一旦发现问题便及时纠正。在下面的谈话中，第一位学习者为了表达自己的意思，尝试用了三种语法结构。在说话的过程中，可以看出，学习者受到内心自我反馈的影响，最后决定用一般现在时。

> NNS1：Hi, I am a student from the School of Business. You see it is crowded here. Had you... uh have you... oh, do you often come here to practice oral English?
>
> NNS2：Yeah.

七、帮助学习者提高语篇能力

语言输出并不只是简单的问答，学习者在互动活动中需要学会如何开始会话、如何转换话题、如何进行语轮转换、如何作出反馈和表达观点、如何使用合适的言语行为、如何遵守礼貌原则、如何协商意义、如何结束会话等。这些都是在口语交际中必须具备的语篇能力。会话规则不仅可以帮助学习者学习目的语，还可以帮助学习者熟悉目的语人群的说话方式。第二语言学习中的口语能力包括语言形式、语言内容、交际规则等。语言形式指语音、语调、词汇、语法知识及运用这些知识的能力；语言内容既包括知识和经验，又包括组织和运用知识及经验的能力；交际规则包括通用交际规则和跨文化交际规则。

八、有助于学习者学会表达自我

语言是交际的工具。语言具有传递信息及表达情感、态度、思想的功能，第二语言也不例外。学习者应学会用目的语来表达自己的观点和情感。在会话中，学习者可以成为会话的主导者，让他人聆听自己的心声。学习者还可以自主地尝试一些学习任务，如写日记和周记、写读后感、参与课堂互动等。当学习者能够使用第二语言表达自己的思想和情感时，他们会获得一种成就感。这种成就感又能增强他们的学习动机、自信心和自我效能感，进而促进语言学习的有效性。

英语阅读教学中的输出表现为问答、讨论、陈述、复述、写作等。阅读教学中针对教师的提问作出回答是常见的输出形式。教师提问的方式和内容不同，学生输出的质和量也不同。课堂讨论是常见的对子和小组活动，是学生语言输出的重要途径，是所有学生都能参与的输出活动。当然由于学生的个体差异，输出的质与量亦存在差异。陈述是小组代表在小组讨论的基础上以演说的形式进行的，可以锻炼学生的观点组织能力和语言表达能力。复述分为简述和详述，可以帮助学生巩固新知识，提升表达能力。写作能提升学生的综合语言能力。

第四节　图　式

Bartlett(1932：201)在其专著《记忆：一个实验的与社会的心理学研究》中将图式定义

为围绕某一主题组织起来的知识表征和记忆贮存方式，是"各种过去反应、过去经历的动态组合体，它在任何生物反应中都起着作用"。他认为图式是人们赖以观察世界、理解世界的一种认知手段，可以用来解释人类的心理认知过程。Rumelhart（1980：41）将图式定义为"一种相互作用的知识结构，各个具体的图式是图式网络中不同的结点，在信息处理过程中，这些结点对新输入的信息起着组织、匹配的作用"。皮亚杰和英海尔德（1980：5）认为："图式（Scheme/Schema）是指动作的结构或组织，这些动作在同样或类似的环境中由于重复而引起迁移或概括。"

图式可以分为语言图式、内容图式和形式图式。语言图式指语音、词汇和语法等方面的知识。阅读材料以语言信息为主，没有相应的语言图式就不可能对文本进行理解。因而语言知识图式是阅读理解的基础。内容图式是指对阅读材料所讨论的主题或内容的了解程度。一般来说，没有相应的内容图式，阅读材料的理解就会变得尤为困难。有时候可能读懂了每一个词，但是文章的内容我们依然不知所云。如果内容图式清晰了，加之有较好的语言基础，文章中表达的信息便会跃然纸上。形式图式是有关篇章结构的知识，即对阅读材料文章体裁、篇章结构的熟悉程度。题材不同、文章结构不同，写作方法也不同。图式是在已有的经验、对世界的感知、学过的知识的基础上建立起来的。图式是认知的基础，是认知发展的基石。随着个体经验的不断丰富、知识的积累，图式也会不断地变化和完善，旧的图式也会遭到淘汰。学生在接受新信息前，头脑中已经储存了无数的图式，形成图式网络，并有组织地储存在于大脑。在阅读过程中，学生会迅速地从各类图式结构中提取相应的图式，对文本信息进行理解、推理，对已有的假设进行验证。

阅读理解过程中，学生原有的知识图式相较于语言难度更能影响学生对语篇的理解程度。图式在阅读过程中具有预期功能、处理功能和巩固功能（韦汉、章柏成，2004）。在阅读教学的前阅读阶段，教师需要通过提问、讨论等方式，激活学生的相关图式。如果学生没有相关的背景知识，教师需要设计学习活动，如介绍背景知识、观看视频、描述图片、阅读资料等，帮助学生建立相关的图式，以保证阅读理解的顺利进行。在教学中更有效的做法是：在预习阶段教师对学生的相关认知背景作出准确的学情分析，要求学生通过不同途径积累与话题有关的语言、内容和结构图式，这样可以避免学生上课时一无所知的尴尬局面。

阅读教学离不开对图式的运用。整体单元教学为阅读教学的顺利进行做好了充分的准备。学生在听说部分已经开始熟悉和内化相应的背景知识，构建了相应的图式。在语篇阅读阶段，学生可以较快地提取背景知识图式。而且，英语教学单元一般是围绕某个话题进行编写的，单元的各个环节层层铺垫，引导学生不断加深对该话题的理解。在与阅读语篇信息互动的过程中，学生已有的认知图式会重构、重组和完善。图式是动态的、不断变化的。当已有的图式不能满足新的信息理解的时候，该图式可能会被修改或摒弃。

第五节 语 篇

语言即语篇（language as discourse），McCarthy 和 Carter（1994）建议把语言作为语篇来组织教学，将语篇能力作为外语教学的新目标。从结构方面看，"语篇"是大于句子的语言单位（Discourse is a unit above the sentence）；从功能方面看，"语篇"是使用中的语言（Discourse is language in use）（黄国文，2001）。

"在语言学中，语篇是指任何一个篇章，口头或书面的，无论长短，确实构成一个统一的整体。""文本可以是任何东西，从一句谚语到一出戏剧，从短暂的呼救到委员会的全天讨论。""文本最好被视为一个语义单位：一个不是形式的单位，而是意义的单位。"（Halliday & Hasan, 2001：1-2）

语篇是任何有意义的语言使用，可以是一句话、一次对话、一段独白、一篇文章、一本小说等。语篇可以是口头的，也可以是书面的。我们日常口头和书面语的交际中离不开语篇的使用。我们在使用语言的过程中，需要运用语音、词汇、语法、语用、语篇结构、社会文化等方面的知识将语言组织为意义连贯的篇章。

语篇类型多种多样，既包括连续性文本，如对话、访谈、描写文、记叙文、说明文、应用文、议论文、歌曲、歌谣、散文、诗词等，也包括非连续性文本。非连续性文本是由逻辑、语感不严密的段落层次构成的阅读文本形式，一般包括图表、目录、地图、清单、时刻表、索引等形式。语篇类型也可分为口语与书面语等形式，还可分为文字、音频、视频、数码等模态。

英语教学过程中，语篇研读是非常重要的。学生需要在教师的引导下，对口头语或书面语篇的主题、内容、文体结构、语言特点、作者观点等进行分析；明确主题意义，提炼语篇中的结构化知识，建立文体特征、语言特点等与主题意义的关联，多层次、多角度分析语篇传递的意义，挖掘文化内涵和育人价值，把握教学主线（教育部，2022：48），让学生学会使用相关的语言来表达主题意义和思想。

除了英语教材中的语篇，教师可以开发与教材单元主题情境相匹配的、具有正确育人导向的、真实完整的、多样化的课外素材性语篇，增加相关主题的输入，实现知识的扩充和巩固、认知的深化、情感的升华。这些课外素材性语篇有很多，比如英语绘本、英语小说、英语诗歌等。教师需要对素材进行筛选，甚至二次开发，使素材契合学生的学习内容和目标，更好地服务于教材学习。

学生不仅要学习语篇，更要培养语篇能力。交际能力是语言学习的目标之一，语篇能力是交际能力的重要组成部分。Canale（1983）将交际能力分为四种：语法能力、语篇能力、社会语言能力和策略能力，其中语篇能力（discourse competence）指的是能够在交际中构建和保持连贯的话语和篇章的能力。Van Ek（1986：35）提出的六维度交际能力模型中，语篇能力（discourse competence）是能够运用合适的策略构建和解释语篇的能力。Bachman（1990）在其交际语言能力框架中，将语言能力分为四种，其中语篇能力（textual competence）指语言运用中组句成章的能力。Celce-Murcia 等人（1995）的五成分交际能力模型包括语篇能力（discourse competence）。Littlewood 和 Li（2006）认为，语篇能力（discourse competence）为构建连续语篇的能力，如在较长的书面语语篇中组织观点、保持较长的话语语轮、参与互动、开始和结束会话等的能力。

第六节 大 观 念

《普通高中英语课程标准》（2017 年版 2020 年修订）首次使用了"大概念"一词（等同于本书的大观念），明确了高中课程要"重视以学科大概念为核心，使课程内容结构化，以主题为引领，使课程内容情境化，促进学科核心素养的落实"（教育部，2020）。从学科本质的角度来看，大观念是深层次的有意义的可迁移的核心观念，指向学科具体知识背后更为本质的内容，体现学科的思维方式和核心观点；从课程内容的角度来看，大观念是处于课程体系中心地位的学科概念架构；从过程与方法的角度来看，大观念是统摄教与学过程的原则和方法（王蔷等，2020）。

大观念可归纳为：一种有焦点的观念"透镜"，透视任何要学习的内容；通过联结及组织许多事实信息、技能、经验，来拓展意义的广度，以作为理解之关键；需要"超越内容"的教学，因为单纯的内容教学对学习者而言其意义或价值极不明显；有很大的学习迁移价值，在一段时间之内，可应用到许多其他探究主题或问题上（邵朝友、崔允漷，2017：12）。就英语课程而言，既有宏观层面关于英语学科本质的大观念，也有中观层面关于单元大主题、大任务的大观念，还有微观层面的有关具体主题探究和相应的语言学习活动的大观念（周诗杰，2021）。

大观念有多种表达形式：一个词或两个词（如平等）、主题（如善良战胜邪恶）、持续的论辩和观点（如保守对自由）、自相矛盾之说（如离家以找寻自我）、理论（如进化论）、背后的假定（如市场机制是理性的）、理解或原理（如形式随功能而定）、一再出现的问题（如我们能进行有效证明吗？）（Wiggins & McTighe，2011）。在地位上，大观念居于学科的中心位置，集中体现学科课程特质的思想或看法；在功能上，大观念有助于设计连续聚焦一致的课程，有助于发生学习迁移；在性质上，大观念具有概括性、永恒性、普遍性、抽象性；在范围上，大观念意指适用较大范围的概念（邵朝友、崔允漷，2017）。所谓以大观念为中心的单元设计，是指为了落实大观念的学习要求，在单元层面围绕大观念设计课程教学方案（邵朝友等，2019）。

英语学科大观念是语言大观念和主题大观念的有机融合体：语言大观念指的是学生在学习和使用语言的过程中感知和体悟关于语言是如何理解和表达意义的知识结构、方法策略和学习观念；主题大观念具有普遍意义上的跨学科特点，包含在人与自我、人与社会、人与自然等三大主题范畴之中，为学生学习语言和探究主题意义提供语境，并在学过的内容中有机渗透情感、态度和价值观，以使学生在完成学习后能够基于主题建构并生成新的认知，形成解决问题的思想、方法以及正确的价值观念（王蔷等，2022：10）。

语言的语义系统可以等同于认知的概念系统，是对认知表征的反映和外化。语言系统中的实词和虚词分别对概念内容系统和概念结构系统进行编码（Evan & Green，2006）。语言大观念是主题大观念的表达与外显，二者不可分家。英语阅读教学既要注重学生语言知识的积累和语言能力的提高，也要关注对语篇主题意义的把握。从认知语言学的角度来看，主题大观念是语言学习的内在要求。

英语阅读教学通过对阅读教材中有关主题意义的探究，引导学生探讨、领悟单元语言和主题大观念。阅读教材是实现单元大观念的重要载体，教师需要指导学生挖掘和提炼语篇中蕴含的各种小观念，理解小观念与单元大观念之间的关系，从而达到对大观念全面而深刻的理解。

第七节　核心素养

核心素养概念由 OECD 于 1997 年首次提出。我国教育部在 2014 年印发的《教育部关于全面深化课程改革落实立德树人根本任务的意见》中，首次提出"核心素养体系"的概念："教育部将组织研究提出各学段学生发展核心素养体系，明确学生应具备的适应终身发展和社会发展需要的必备品格和关键能力，突出强调个人修养、社会关爱、家国情怀，更加注重自主发展、合作参与、创新实践。" 21 世纪学生的十大核心技能包括：①思维方式——创造性与创新批判思维、问题解决与决策能力、学习能力；②工作方式——沟通、交流、团队合作能力；③工作工具——信息素养（信息处理能力）、信息技术；④生活技能——本土与全球公民、变化的生活和职业、个人与社会责任（Schleicher，2012）。《中国学生发展核心素养》总体框架从文化基础、自主发展、社会参与三个维度将核心素养定义为"学生应具备的，能够适应终身发展和社会发展需要的必备品格和关键能力"，并将其归纳为人文底蕴、科学精神、学会学习、健康生活、责任担当、实践创新六大素养（林崇德，2016）。

　　根据《义务教育英语课程标准》(2011 年版)，义务教育阶段英语课程的总目标是：通过英语学习使学生形成初步的综合语言运用能力，促进心智发展，提高综合人文素养。综合语言运用能力的形成建立在语言技能、语言知识、情感态度、学习策略和文化意识等方面整体发展的基础之上。语言技能和语言知识是综合语言运用能力的基础；文化意识有利于正确地理解语言和得体地使用语言；有效的学习策略有利于提高学习效率和发展自主学习能力；积极的情感态度有利于促进主动学习和持续发展。这五个方面相辅相成，共同促进学生综合语言运用能力的形成与发展。以语言技能、语言知识、情感态度、学习策略和文化意识等五个方面共同构成的英语课程总目标，既体现了英语学习的工具性，也体现了其人文性；既有利于学生发展语言运用能力，又有利于学生发展思维能力，从而全面提高学生的综合人文素养。《义务教育英语课程标准》(2022 年版)指出，教师要坚持工具性和人文性融合统一的教学原则，坚持英语教育惠及每一名适龄青少年的教育理念，着力培养英语学习者的语言能力、文化意识、思维品质、学习能力等核心素养。《义务教育英语课程标准》(2022 年版)的颁布，预示着义务教育英语课程的目标将从"综合语言运用能力"全面转向"核心素养导向"。

　　根据《普通高中英语课程标准》(2017 年版 2020 年修订)，高中英语教学的总目标是全面贯彻党的教育方针，培育和践行社会主义核心价值观，落实立德树人根本任务，在义务教育的基础上，进一步促进学生英语学科核心素养的发展，培养具有中国情怀、国际视野和跨文化沟通能力的社会主义建设者和接班人。基于课程总目标，普通高中英语课程的具体目标是培养和发展学生在接受高中英语教育后应具备的语言能力、文化意识、思维品质、学习能力等学科核心素养。通过英语课程学习，学生应能达到本学段英语课程标准所设定的四项学科核心素养的发展目标。

　　(1)语言能力目标：具有一定的语言意识和英语语感，在常见的具体语境中整合性地运用已有语言知识，理解口头和书面语篇所表达的意义，识别其恰当表意所采用的手段，有效地使用口语和书面语表达意义和进行人际交流。

　　(2)文化意识目标：获得文化知识，理解文化内涵，比较文化异同，汲取文化精华，形成正确的价值观，坚定文化自信，形成自尊、自信、自强的良好品格，具备一定的跨文化沟通和传播中华文化的能力。

　　(3)思维品质目标：能辨析语言和文化中的具体现象，梳理、概括信息，建构新概念，分析、推断信息的逻辑关系，正确评判各种思想观点，创造性地表达自己的观点，具备多元思维意识和创新思维能力。

　　(4)学习能力目标：树立正确的英语学习观，保持对英语学习的兴趣，具有明确的学习目标，能够多渠道获取英语学习资源，有效规划学习时间和学习任务，选择恰当的策略与方法，监控、评价、反思和调整自己的学习内容和进程，逐步提高使用英语学习其他学科知识的意识和能力。

《义务教育英语课程标准》(2022 年版)将核心素养表述为：

(1)语言能力：运用语言和非语言知识以及各种策略参与特定情境下相关主题的语言活动时表现出来的语言理解和表达能力。英语语言能力的提高有助于学生提升文化意识、思维品质和学习能力，发展跨文化沟通与交流的能力。

(2)文化意识：对中外文化的理解和对优秀文化的鉴赏是学生在新时代表现出的跨文化认知、态度和行为选择。文化意识的培育有助于学生增强家国情怀和人类命运共同体意识，涵养品格，提升文明素养和社会责任感。

(3)思维品质：人的思维个性特征，反映学生在理解、分析、比较、推断、批判、评价、创造等方面的层次和水平。思维品质的提升有助于学生发现问题、分析问题和解决问题，对事物作出正确的价值判断。

(4)学习能力：积极运用和主动调适英语学习策略、拓展英语学习渠道、努力提升英语学习效率的意识和能力。学习能力的发展有助于学生掌握科学的学习方法，养成良好的终身学习习惯。

对于《普通高中英语课程标准》和《义务教育英语课程标准》提出的语言能力、文化意识、思维品质、学习能力等核心素养的培养，英语阅读教学承担着义不容辞的责任。事实上，每一单元的英语阅读教学都要细化英语学科核心素养培养的目标和侧重点。

当然，除了英语课程标准的指导，英语教师的阅读教学实践还受到阅读教学理论模式的影响，这些理论模式在一定程度上促进了英语教师阅读教学信念的形成。影响教师课堂实践的主要认知来源是他们的信念系统，包括教师随时间积累并带入语言课堂的有关教与学的信息、态度、价值观、期望、理论和假设(Richards，2000)。

第八节　主题意义

所有的语言学习活动都应该在一定的主题语境下进行，即学生围绕某一具体的主题语境，基于不同类型的语篇，在解决问题的过程中，运用语言技能获取、梳理、整合语言知识和文化知识，深化对语言的理解，重视对语篇的赏析，比较和探究文化内涵，汲取文化精华(教育部，2018)。主题是主题意义的载体和基础，主题意义是关于主题的陈述性表达(王蔷等，2022)。主题意义的探究是指在主题意义引领下的语言学习，即通过一系列语言学习和思维活动，挖掘主题所承载的语言和意义内涵，建构新概念，丰富人生阅历，发展思维能力，形成高级的、正确的社会情感，促进语言、文化、思维、情感及价值观的全面发展(刘豪杰，2022)。主题意义探究的结果可理解为学生完成学习后建构和生成的基于该语篇主题的小观念(王蔷等，2022)。

英语课程内容的选取要遵循培根铸魂、启智增慧的原则，紧密联系现实生活，体现时代特征，反映社会新发展、科技新成果，聚焦人与自我、人与社会和人与自然三大主题。英语课程内容的组织要以主题为引领，以不同类型的语篇为依托，融入语言知识、文化知识、语言技能和学习策略等学习要求，以单元的形式呈现(梅德明，2022)。教师要引导学生基于对各语篇内容的学习和主题意义的探究，逐步建构和生成围绕单元主题的深层认知、态度和价值判断，促进其核心素养综合表现的达成(教育部，2022：48)。

传统的阅读教学更多关注语篇中出现的生词和语法结构，将其从文本中拎出来，详细地进行讲解。比如讲解某个词的近义词、反义词、上下义词，词的多种含义，词的各种搭配及其意义，并造句。或者讲解语法结构的构成、意义和用法，并通过大量的例子来练习。词汇和语法固然重要，但是这样的阅读教学失去了阅读本身的意义。阅读是与语篇的互动，与作者的对话。阅读足以怡情，使人学语言、得新知、养灵性。

主题单元教学中，每个单元都有一个特定的话题，需要实现特定的教学目标和学习目标。英语阅读的过程就是挖掘主题意义的过程。每一个阅读语篇都具有主题意义；主题意义是英语阅读的内在要求。阅读教学过程分为四个环节：设置语境，确立主题意义；研读文本，探究主题意义；内化知识，实践主题意义；写作输出，迁移主题意义(李丽，2022)。

第九节　活　动　观

在列昂捷夫的理论中活动是一个最根本的具有发端性质的基本范畴(李沂，1979)。他认为在主体的生活中，活动是一种分子性的整体的单位。活动不是反应，也不是反应的总和，而是一个系统。它有自己的结构、内部变化和发展规律。个体的活动永远不能脱离社会关系和社会生活而孤立地存在。活动的一个基本特征是它的对象性。可以成为活动对象的有两种：一种是客观事物，另一种是这些事物的心理反应。活动是一种使主体得以实现和客观世界的现实联系的过程。完整的活动是由需要、动机、目的、达到目的的条件及与这些成分相关的活动、行为、操作组成：个别的(独特的)活动——以激发它们的动机为标准；行为——服从于自觉的目的的过程；操作——它直接取决于达到具体目的的条件(赵慧军，1997）。活动由行为序列构成，行为构成活动的基本单元，操作是展开行为的具体步骤，所有的操作开始都是行为，它的实现依赖于客观条件；学习就是主体将一个个活动转化为行为和操作的过程（孙海民、刘鹏飞，2015）。

教师在教学中要做到三个坚持：坚持学思结合，即引导学生在学习理解类活动中获取、梳理语言和文化知识，建立知识间的关联；坚持学用结合，即引导学生在应用实践类活动中内化所学语言和文化知识，帮助学生加深理解并掌握初步运用英语的技巧；坚持学创结合，即引导学生在迁移创新类活动中联系个人实际，运用所学解决现实生活中的问题，形成正确的态度和价值判断（梅德明，2022）。英语学习指围绕英语语言和英语学科内容所开展的学习活动，英语既是学习的内容，也是学习的途径（王蔷，2018）。具体来说是在主题意义的引领下，通过学习理解、应用实践、迁移创新等一系列具有综合性、关联性和实践性等特点的英语学习活动，使学生基于已有的知识，依托不同类型的语篇，在分析问题和解决问题的过程中，促进自身语言知识学习、语言技能发展、文化内涵理解、多元思维发展、价值取向判断和学习策略运用能力提升，发展英语学科核心素养（陈新忠，2019）。活动观中，"观"指已经形成的一种观念、态度和认识。这里的"活动"并非指一般意义的生产与生活活动，而是指具有教育性的活动，活动应能有意识地促进人的语言和认知发展，促进正确价值观的形成（王蔷，2018）。

《普通高中英语课程标准》（2017 年版 2020 年修订）明确指出，"活动是英语学习的基本形式，是学习者学习和尝试运用语言理解与表达意义、培养文化意识、发展多元思维、形成学习能力的主要途径"（教育部，2020：62）。英语学习活动观的提出基于以下理论：①杜威的实用主义教育观，强调"做中学"和"重视儿童活动的意义"；②教育心理学，强调学习活动是学生运用学科核心知识和活动经验，完成相应的学科认识活动和问题解决的心理过程，其核心过程是认知发展的过程；③建构主义，强调经验是对信息不断解构和建构的过程；④社会文化理论，强调学习是一个深刻的社会化过程，语言知识和相关的内容知识只有被内化后才能成为学生发展的基础；⑤布鲁姆的教育目标分类学；⑥安德森对布鲁姆提出的六层次框架的修正，提出学习理解、应用实践、迁移创新三个层次的认知活动架构；⑦认知语言学，强调语言习得是一种心智活动（王蔷，2022）。

《高中英语课程标准》（2017 年版 2020 年修订）对活动观中的学习理解、应用实践和迁移创新三个层次的学习活动作出了如下阐释，为一线教师实施活动观提供具体的指导（教育部，2020：62-63）：

学习理解类活动主要包括感知与注意、获取与梳理、概括与整合等基于语篇的学习活动，如教师围绕主题创设情境，激活学生已有的知识和经验，铺垫必要的语言和文化背景知识，引出要解决的问题。在此基础上，以解决问题为目的，鼓励学生从语篇中获得新知，通过梳理、概括、整合信息，建立信息间的关联，形成新的知识结构，感知并理解语言所表达的意义和语篇所承载的文化价值取向。

应用实践类活动主要包括描述与阐释、分析与判断、内化与运用等深入语篇的学习活动，即在学习理解类活动的基础上，教师引导学生围绕主题和所形成的新的知识结构开展描述、阐释、分析、判断等交流活动，逐步实现对语言知识和文化知识的内化，巩固新的知识结构，促进语言运用的自动化，助力学生将知识转化为能力。

迁移创新类活动主要包括推理与论证、批判与评价、想象与创造等超越语篇的学习活动，即教师引导学生针对语篇背后的价值取向或作者态度进行推理与论证，赏析语篇的文体特征与修辞手法，探讨其与主题意义的关联，批判、评价作者的观点等，加深对主题意义的理解，进而使学生在新的语境中，基于新的知识结构，通过自主、合作、探究的学习方式，综合运用语言技能，创造性地解决陌生情境中的问题，理性表达观点、情感和态度，体现正确的价值观，实现深度学习，促进能力向素养的转化。

基于活动观的英语阅读教学过程中，学习理解、应用实践和迁移创新三个层次的学习活动层层推进。学习理解阶段，学生在已有知识的基础上，对语篇中的内容观点、语篇结构、语言知识、文化内涵等进行认知和理解，构建新知识。应用实践阶段，学生将构建的新知识通过学习活动加以运用，以吸收和内化新的语言知识、文化知识和语篇知识。迁移创新阶段，学生深入学习语篇，学生通过独立或协作的学习活动，挖掘语篇中的价值取向、作者的态度和观点、文体风格等，深刻理解语篇蕴含的主题意义，促进思维的高阶发展和核心素养的养成。

第十节 思辨能力

批判性思维是一种有目的的、自我调节的判断，包括认知技能和情感倾向两个维度（Facione，1990）。具有批判性思维的人不但愿意和喜欢（情感倾向）进行思考，而且善于进行深层次思考（认知技能+智力标准），能够提出有价值的问题和有见地的观点（智力标准）（任文，2013）。思辨能力的内涵可以从两个层面来理解："在情感态度层面，思辨能力指勤学好问、相信理性、尊重事实、谨慎判断、公正评价、敏于探究、持之以恒地追求真理；在认知技能层面，思辨能力指能对证据、概念、方法、标准、背景等要素进行阐述、分析、评价、推理与解释"（孙有中，2015）。

"特尔斐"项目组提出的双维结构思辨能力模型把思辨能力分为认知能力与情感特质

两个维度。认知维度可分解为六项能力：阐释、分析、评价、推理、解释、自我调节，其中分析、评价与推理为核心技能，每项认知能力又包括多项子能力。情感维度包括好奇、自信、开朗、灵活、公正、诚实、谨慎、善解人意等（Facione，1990）。Paul 和 Elder（2006）提出的三元结构模型包括思维元素、标准和智力特征，其中思维有八大要素：目的、问题、视角、信息、推论、概念、暗示和假设；智力特征包括：谦逊、勇气、富有同情心、独立、正直、坚毅、相信理性、公正无私。文秋芳等（2009）提出的思辨能力层级模型认为思辨能力可分为两个层次：第一层次是元思辨能力，第二层次是思辨能力，其中元思辨能力是指对自己的思辨计划、检查、调整与评估的技能。思辨能力包括与认知相关的技能、标准和人格特质。该模型指出，思辨能力的认知层面表现为认知技能，主要包括：分析（归类、识别、比较、澄清、区分、阐释等）、推理（质疑、假设、推论、阐述、论证等）和评价（评判预设、假定、论点、论据、结论等）。认知技能的评价标准有：精晰性（清晰、精确）、相关性（切题、详略得当、主次分明）、逻辑性（条理清楚、说理有根有据）、深刻性（有广度与深度）和灵活性（快速变化角度、娴熟自如地交替使用不同思辨技能）。

　　思辨能力的培养是英语阅读教学的重要目标之一。阅读理解不仅仅是词汇和语法的分析和操练。阅读还是思维的训练场。学生在积极参与语篇分析与理解、主题的提炼与整合、价值的判断与评价学习活动时，思维的不同水平、思维品质的不同方面都受到不同程度的训练。英语教师需要了解思辨能力的认知与情感维度，通过设计相应的学习活动，在引导学生学习语言的同时培养学生的思辨能力。

第十一节　学科育人

　　核心素养概念指向的是对"教育应培养什么样的人"这一问题的回答（林崇德，2017）。习近平总书记（2018）在全国教育大会上强调坚持把立德树人作为根本任务。"立德树人"是发展中国特色社会主义教育事业的核心所在，是培养德智体美劳全面发展的社会主义建设者和接班人的本质要求。《教育部关于全面深化课程改革落实立德树人根本任务的意见》（2014）指出："课程是教育思想、教育目标和教育内容的主要载体，集中体现国家意志和社会主义核心价值观，是学校教育教学活动的基本依据，直接影响人才培养质量。"落实"立德树人"是新时代中国教育的根本任务，英语学科核心素养是英语学科育人价值的集中体现。所谓学科育人，就是以学科知识为载体，以育人为目标，挖掘学科的德育内涵和人格养成价值，培养学生的学科核心素养。学科教育最后要通过学科教学来完成（冯建军，

2019)。学科育人是深入挖掘学科本身内在精神价值的过程，是让学生像学科专家那样思考和解决问题的过程，是从学生年龄特征和思想实际有效育人的过程，是教师在教学过程中实施人格影响的过程(柳夕浪，2018)。

发展学生核心素养就是基于并超越学科知识和技能的学习，注重学生的情感态度价值观的发展，从本质上体现人的全面发展要求(梅德明，2022)。英语课程内容的选取要遵循培根铸魂、启智增慧的原则，紧密联系现实生活，体现时代特征，反映社会新发展、科技新成果，聚焦人与自我、人与社会和人与自然三大主题。英语课程内容的组织要以主题为引领，以不同类型的语篇为依托，融入语言知识、文化知识、语言技能和学习策略等学习要求，以单元的形式呈现。教师在教学中要做到三个坚持：坚持学思结合，即引导学生在学习理解类活动中获取、梳理语言和文化知识，建立知识间的关联；坚持学用结合，即引导学生在应用实践类活动中内化所学语言和文化知识，帮助学生加深理解并掌握初步运用英语的技巧；坚持学创结合，即引导学生在迁移创新类活动中联系个人实际，运用所学解决现实生活中的问题，形成正确的态度和价值判断(梅德明，2022)。

学科育人是一种润物细无声的过程。在阅读教学中，教师通过创建学习理解、应用实践和迁移创新类语言学习活动，培养学生积极的学习态度，促进学生语言、情感、态度与价值观的发展并提升学生的英语语言素质和综合人文素养，将知识传授、能力培养和价值引领相统一，在教学中践行教书育人。

第十二节　深度学习

深度学习是指在理解学习内容的基础上，学习者能够批判性地学习新的内容和思想，将它们融入已有的认知结构，并在众多思想间进行联系，从而实现将已有的知识迁移到新的情境中，最终作出决策，实现解决问题的学习(何玲、黎加厚，2005)。深度学习是在教师的引领下，学生围绕具有挑战性的学习主题，全身心积极参与、体验成功、获得发展的有意义的学习过程(刘月霞、郭华，2018)。深度学习注重对学习内容的分析与理解，强调学习的联系与整合，促进批判性思维发展与新知识建构，推动学生知识的迁移运用与问题的解决(张敏、张鹏，2021)。深度学习是体验性的学习，是对事物本质深度挖掘的学习，是高阶思维训练的学习，是态度价值观养成的学习。

所谓深度学习，就是指在教师引领下，学生围绕具有挑战性的学习主题，全身心积极参与、体验成功、获得发展的有意义的学习过程。在这个过程中，学生掌握学科的核心知识，理解学习的过程，把握学科的本质及思想方法，形成积极的内在学习动机、高级的社会性情感、积极的态度、正确的价值观，成为既具独立性、批判性、创造性又有合作精神、基础扎实的优秀的学习者，成为未来社会历史实践的主人。（郭华，2016：27）

在此基础上，郭华（2016）总结提炼了深度学习的五个特征：①联想与结构：经验与知识的相互转化；②活动与体验：学生的学习机制；③本质与变式：对学习对象进行深度加工；④迁移与应用：在教学活动中模拟社会实践；⑤价值与评价："人"的成长的隐性要素。王蔷等（2021a）在郭华提出的深度学习的五个特征的基础上，补充了"内化与交流"这一特征，强调学生需要围绕主题和新的知识结构开展以描述、阐释、交流等实践活动为主的内化活动，以巩固新的知识结构，实现深度学习，达到促进知识向能力、能力向素养转化的目的。

为了实现深度学习，教师可以依据莫提默·J. 艾德勒和查尔斯·范多伦（2004）提出的阅读的四个层次，即基础阅读、检视阅读、分析阅读和主题阅读，来设计阅读教学（转引自范晓晶，2020）：第一个层次是基础阅读阶段，要求认识文中的词句等基础信息。教师通过帮助学生有效建构已有知识之间的关联，为深度阅读奠定基础。第二个层次是检视阅读，也叫系统化略读或预读，强调用最少的时间了解文本大意。学生通过整体感知，有效把握、理解和分析作者写了什么，对文本有全局的感知。第三个层次是分析阅读，也叫全盘阅读、完整阅读，就是要咀嚼、消化文本，重在理解。换言之，就是学生运用高阶思维中的分析能力、判断能力和理解能力等进行深度阅读。第四个层次是主题阅读，要求学生运用整合能力和评价能力对文本进行主题探究和迁移应用，并从评判视角拓展内涵。

第十三节　交际能力

交际能力（communicative competence）是基于语言能力的概念发展起来的。这一概念首先是由美国语言学家 Chomsky 在讨论语言研究的目的时提出来的，他区分了语言能力（language competence）和语言行为（language performance）。"语言能力主要涉及理想的说话人/听话人，在完全同质的言语社团里，理想的说话人/听话人完全掌握该语言。在语言的实际运用中，应用语言知识是不受与语法无关的条件诸如记忆限度、干扰、注意与兴趣的转变、（杂乱或有特点的）误差等的影响"（Chomsky，1965：3）。"因此我们从根本上区分语言能力（说/听者的语言知识）和语言行为，即具体情况下语言的实际运用"（Chomsky，1965：4）。语言能力可理解为本族语者内化的语言规则体系。正是由于这种语言能力，本族语者能够理解并产生以前从未接触过的合乎语法的句子。语言能力说明了本族语者为什么能够区分合乎语法和不合乎语法的句子，为什么能够理解和生成新的合乎语法的句子等问题。语言行为是本族语者在交际场合使用的话语。说话者的语言行为由于心理因素，如紧张、兴奋等因素的影响，语言行为不能完全反映他的语言能力。由以上可以看出，Chomsky 的语言能力主要指句法知识，但句法知识只是语言能力的一部分，其他知识如语音、词汇、构词和语用等都是语言能力不可或缺的。语言行为除了受到心理因素的影响，还受到生理因素（如疲倦）、社会文化因素（如地域、种族、社会阶层）等的制约。

成功的交际不仅需要一套内化的语言规则体系，而且还必须遵循其他交际规则。本族语者必须同时掌握这些交际规则，才能正确地运用语言进行交际。基于这个原因，社会语言学家 Hymes（1972）提出了交际能力（communicative competence）的概念。Hymes 认为Chomsky 的认知模型忽视了社会文化语境下语言使用的得体性。没有语言使用规则，语法规则就没有用武之地。他提出交际能力应包括语用知识和能力，即在语言运用过程中，交际双方不仅需要知道交际话语的结构正确与否，还需要知道交际话语在特定语境中的可行性、得体性和目的性。也就是说，交际能力使得本族语者能够在适当的场合、适当的时间用适当的方式进行交际。交际能力包括：①形式上的可能性（possibility），指某种说法是否（以及在多大程度上）在形式上可能（正确）；②实施手段上的可行性（feasibility），指某种说法是否（以及在多大程度上）在实施手段上可行；③语境中的得体性（appropriateness），指某种说法是否（以及在多大程度上）在语境上得体，④现实中的实施状况（the performance is done），指某种说法是否（以及在多大程度上）实际出现了。Hymes 对交际能力的界定并不是十分明确，涉及的方面也不全面。

Canale 和 Swain（1980）拓展了语言能力的内涵，提出了交际语言能力模型，认为交际语言能力由语法能力（grammatical competence）、社会语言能力（sociolinguistic competence）和策略能力（communication strategies/strategic competence）三部分组成。Canale（1983）进一步将交际能力分为四种能力：①语法能力（grammatical competence），即掌握语音、词汇知识、词法规则、句法和语义的能力；②社会语言能力（sociolinguistic competence），即在具体语境中得体地使用语言的能力；③语篇能力（discourse competence），即能够在交际中构建和保持连贯的话语和篇章的能力；④策略能力（strategic competence），即在交际受阻时采取补救措施以提高信息传递率的能力。Canale（1983）将原来的社会语言能力进一步划分为社会语言能力和语篇能力。语言即语篇（language as discourse），McCarthy 和 Carter（1994）提出把语言作为语篇来组织教学，将语篇能力作为外语教学的新目标。社会语言能力、话语能力和策略能力相当于语用能力（pragmatic competence）。语用能力指的是听话人对语境的认识能力和在认识语境的基础上理解别人的意思和意图，从而准确表达自己的意思和意图的能力。

Leech(1983)将语用能力分为语用语言能力(pragmalinguistic competence)和社交语用能力(sociopragmatic competence)。语用语言能力指的是按本族语者的语言习惯正确地理解和恰当地使用不同的语言形式和语用功能准确地表达交际意图的能力。社交语用能力指的是根据不同文化背景的语言交际者习惯得体地、合适地使用语言的能力。学生在语用层面发生的错误称为语用失误。

与 Leech 提出的语用能力的两个方面相对应，Thomas(1983)将语用失误分为语用语言失误(pragmalinguistic failure)和社交语用失误(sociopragmatic failure)。语用语言失误是语言本身引起的语用失误，包括两个方面：一是表达不符合英语本族语者的语言习惯，误用英语的表达方式；二是不懂英语的正确表达方式，受语言负迁移的影响，按母语的语意和结构套用英语。社交语用失误是在跨文化交际中，由于不了解谈话双方文化背景差异而影响语言形式选择的失误，该类失误与谈话双方的身份、熟悉程度、语域等有关。

Van Ek(1986：35)提出六维度的交际能力模型，这六个维度分别为：语言能力(linguistic competence)，指产生和解释符合语言规则和规约的有意义话语的能力；社会语言能力(sociolinguistic competence)，指意识到语言形式与交际情境、人际关系、交际意图等因素之间关系的能力；语篇能力(discourse competence)，指能够运用合适的策略构建和解释语篇的能力；策略能力(strategic competence)，指能够使用恰当的交际策略解决交际中遇到的困难的能力；社会文化策略(socio-cultural competence)，指能够意识到社会文化差异并得体使用语言的能力；社会能力(social competence)，指与他人交际的意愿和技能、动机、态度、自信、移情等要素。

进入 20 世纪 90 年代，Bachman 提出了交际语言能力学说(communicative language competence)，该学说更加全面和系统。Bachman(1990)进一步发展了 Canale(1983)的模型，认为交际语言能力是把语言知识和语言使用场景特征结合起来，创造并解释意义的能力。交际语言能力包括三个方面的内容：语言能力(language competence)、策略能力(strategic competence)和心理生理机制(psychophysiological mechanisms)。语言能力由四种能力构成：语法能力(grammatical competence)，即语言结构知识，包括词汇、词法、句法和语音/拼写；语篇能力(textual competence)，即语言运用中组句成章的能力；功能能力(illocutionary competence)，即语言运用的概念功能、操纵功能、启发功能和想象功能；社会语言能力(sociolinguistic competence)，即根据社会文化特征和语篇特征，如方言、语域、语言的自然性、文化所指和修辞，在不同的语言使用环境中恰当得体地使用语言的能力。策略能力分评估、确定目标、制订计划和实施四个部分。策略能力是人们使用语言进行交际时的心理认知过程。心理生理机制指语言使用所涉及的神经和生理过程。

Bachman 和 Palmer(1996)后来又对交际语言能力模型进行了重构,重构后的模型由五个部分构成:语言知识(language knowledge)、情感图式(affective schemata)、个体特点(personal characteristics)、话题知识(topical knowledge)和策略能力(strategic competence)。其中语言知识包括组织知识(organizational knowledge)和语用知识(pragmatic knowledge),前者由文本知识(textual knowledge)和语法知识(grammatical knowledge)组成,后者由词汇知识(lexical knowledge)、功能知识(functional knowledge)和社会文化知识(sociocultural knowledge)组成。

Celce-Murcia 等人(1995:10)在 20 世纪 90 年代也提出了一个五成分模型,该模型包括:语篇能力(discourse competence)、行动能力(actional competence)、社会文化能力(sociocultural competence)、语言能力(linguistic competence)和策略能力(strategic competence)。

Littlewood 和 Li(2006)也指出交际能力包括五个方面:① 语言能力(linguistic competence),指掌握和运用词汇、语法、语义和音位知识的能力;② 语篇能力(discourse competence),指构建连续语篇的能力,如在较长的书面语语篇中组织观点、保持较长的话语语轮、参与互动、开始和结束会话等的能力;③ 语用能力(pragmatic competence),指第二语言说话者运用语言资源在真实语境中表达和解释意义的能力,包括处理由于知识的差异而造成的问题情境的能力;④ 社会语言能力(sociolinguistic competence),主要指在社会语境中得体地使用语言的能力,如合适的语体、直接性等;⑤ 社会文化能力(sociocultural competence),指说话者意识到背景知识和文化观念会影响意义的表达,可能会导致跨文化交际中的误解。

> 语言的使用包括语言学习,是由人作为个体和作为社会成员所采取的行动构成的。他们在行动过程中,发展了自己的一系列能力,包括一般能力和交际语言能力。他们能根据各种不同的场合,在不同的条件和限制下,运用所掌握的各种能力,去从事语言活动,包括在语言处理中去产出或接受具体范畴中特定主题的文本,运用恰当的策略去完成语言任务。参与者对其行为的监控进一步加强和改善了语言使用者和学习者的能力。(Council of Europe,2001:9)

《欧洲语言共同参考框架:学习、教学、测评》认为交际语言能力包括语言能力、社会语言能力、语用能力，每个组成部分又由知识（knowledge）、技能（skills）、应变（know-how）、生存能力、学习能力等要素构成（Council of Europe，2001：13）。语言能力包括词汇能力、语法能力、语义能力、语音能力、拼写能力、正音能力；社会语言能力包括表明社会关系的标识性词语、礼仪规则、大众智语、语体差异、方言与口音；语用能力包括话语能力、功能能力（刘壮等，2012：617）。知识指对世界的认知以及社会文化知识、跨文化意识，是全部交际活动的基础；技能指跨文化技能与应变、应用性技能与应变；生存能力指与交际活动相关的态度、动机、价值观、信仰、认知方式、性格特点等；学习能力指善于调动和运用各种知识、技能和生存能力，是在发现、应对其他语言和文化中形成的（Goullier，2008）。

综上所述，交际能力的范围非常广泛，涵盖了交际中的各种因素，如语言、社会、文化、语用、心理等因素，这些因素相互作用、相互制约，形成一个复杂的知识和能力体系。交际能力不仅包括口语表达能力，还包括书面语能力。交际能力的提高离不开传统的语法学习，同时学习者也应了解和掌握口语特点。交际能力不仅注重对语言知识和文化知识的掌握能力，还注重语言的使用能力。交际能力的培养和获得并非易事，特别是对外语学习者来说更是如此。

第十四节　跨文化交际能力

跨文化交际能力包括：跨文化交际（Cross-Cultural Communication，简称 CCC）、跨文化沟通能力（Transcultural Communication Competence，简称 TCC）和跨文化交际能力（Intercultural Communication Competence，简称 ICC）。CCC 多指本族语者与非本族语者之间的交际能力，强调文化交往，ICC 和 TCC 同指不同国家、民族和地区间的跨文化交际能力，强调文化比较。跨文化交际能力是运用语言知识、社会文化知识、语篇知识、语用知识和交际策略等方面的知识和技能与来自不同文化背景的人进行准确得体交际的实践能力，即"在跨文化交际实践中表现出来的基于跨文化知识、技能和态度的有效、恰当的沟通能力"（Deardorff，2006：247）。

跨文化交际能力是我国英语教学的重要培养目标之一。关于跨文化交际，国内外学者众说纷纭。总的来说，跨文化交际能力涉及认知、情感、技能、行为等方面，是一个内容较多的综合体。

Spitzberg 和 Cupach（1984）认为跨文化交际能力由知识、动机和技能三个因素构成。知识指交际对象、语境以及交际行为要求等信息；动机指交际愿望和情感联想；技能指从事交际行为应具备的能力，包括模糊容忍能力、自我平静能力、移情能力、自我行为调节能力、准确预测与解释对方行为的能力等。

Byram（1995）构建了包含知识（knowledge）、做事的能力（knowing how）、态度与价值观（attitudes and values）、学习的能力（ability to learn）四个基本要素组成的跨文化交际能力模式（转引自 Coperias，2009：245）。其中知识包括书本知识和亲身经历获得的知识；做事的能力指执行某一行为程序的能力；态度和价值观是个体特征的综合体，包括个性特征以及对个人形象、他人观点和交际意愿所持的态度；学习能力涉及生存能力、陈述性知识和技能的获取能力等。

Kim（2001：98-118）提出跨文化交际能力应涵盖认知能力、情感能力和行为能力三个层面。认知能力要求交际者必须具备解码不同言语和非言语行为的能力；情感能力要求交际者具有跨文化意识，并能尊重异族文化，克服民族中心主义等交际障碍；行为能力是跨文化交际能力的最终体现，包括技术能力、谋略能力和应变能力。

Deardorff（2006）建立了金字塔式的跨文化能力模式，第一层面是塔底——必备的态度，第二层面是知识与理解及技能，且两者是互动关系，第三层面是理想的内在结果，具备了适应性、灵活性、民族文化相对观念和移情能力。

贾玉新（1997：480-502）认为跨文化交际能力是由基本交际能力、情感和关系能力、情节能力和交际方略等系统构成。基本交际能力系统包括交际个体为达到有效交际所应具备的言语和非言语行为能力、文化能力、相互交往能力以及认知能力。情感和关系能力系统包括移情能力和交际者在交际中使用正确的交际策略的能力。情节能力系统包括遵循意义和行为之逻辑的一般情节能力及超越和改变自己习惯遵循的规则的能力。交际方略系统包括在交际过程中因语言或语用能力有缺陷而达不到交际目的或造成交际失误时所采用的一系列补救方略。

文秋芳（1999：9）提出的跨文化交际能力模式由交际能力和跨文化交际能力两个板块组成。交际能力板块包括语言能力、语用能力、策略能力；跨文化交际能力板块包括对文化差异的敏感性、宽容性和处理文化差异的灵活性。

杨盈和庄恩平（2007）认为跨文化交际能力要素应包括全球意识、文化调适、知识和交际实践四大能力系统，四者共同构成跨文化交际能力框架。全球意识是跨文化意识和跨文化知识的综合体。文化调适能力是一种在跨文化环境中根据文化特征调节自身行为的能力。知识分为交际文化和知识文化，包括价值观、社会习俗、历史与宗教等方面。交际实践能力包含语言交际能力、非语言交际能力和交际策略，指综合运用各种知识进行有效、得体、满意的交际的能力。

张卫东和杨莉（2012：10）则提出了由文化意识、文化知识以及交际实践等组成的跨文化交际能力。文化意识维度需要交际者认识到文化无优劣好坏之分，愿意寻求和抓住机会平等地与异文化成员交流，要尊重对方的文化身份，入乡随俗。文化知识维度要求交际者理解和掌握中国文化和目的语文化知识，了解不同国家之间的文化差异以及当前关系，公正对待文化差异。交际实践维度表现为具体的语言运用能力，指能够运用外语得体地交流，能基于对方的文化特点恰当地运用肢体语言，能适当地运用交际策略，包括使用近义词、举例等转述策略和语码转换、语言迁移等补偿策略，能适当地运用交际技能，包括解释技能、协调技能、发现技能和互动技能。

胡文仲（2013：4-5）将跨文化交际能力归纳为认知、情感（态度）和行为三个层面的能力。在认知层面，交际者不仅需要一般的文化知识，还需要具备特定的文化知识以及关于本国和其他国家的政治、经济、地理、历史、人文、宗教、习俗等方面的知识。情感层面包括交际者对文化差异的敏感度、对不同文化的包容度、对自己文化的深刻理解以及对其他文化的尊重等。行为层面主要是指交际者的各种能力，如语言能力、非语言能力、变通能力、处理人际关系的能力、心理调适能力、适应环境的能力以及在异文化环境中做事的能力等。

顾晓乐（2017：82-84）在批评借鉴国内外跨文化交际模型的基础上，构建了跨文化交际互动理论模型，包括态度、知识和技能三个宏观维度。态度是跨文化交际成功的前提，知识是跨文化交际的基础，技能是跨文化交际的保障。态度维度涵盖全球意识、语言文化意识和交际动机；知识维度包括语言/肢体语言知识、本国/他国文化知识、交际策略知识和各类必要知识；技能维度包括语言知识和策略运用能力、基本认知能力、高级批判思维能力和调适能力。

英语阅读教学通过循序渐进的学习活动培养学生的语言能力、思维能力、交际能力和跨文化意识，这也是核心素养的内在要求。阅读教学中词汇、语法、语篇、文化知识的获取促进了语言能力的发展，同时语篇所蕴含的文化、价值观等培养了学生的跨文化意识。培养思维能力是阅读教学的重要目标之一，从低阶到高阶思维，从认知到情感层面，思维能力在活动中得到发展。英语学习活动观指导下的英语阅读教学将互动贯穿整个教学过程，通过师生互动、生生互动渐进地培养学生的交际能力。

第十五节　阅读策略

学习策略是学生为改善学习而采取的行动和步骤，学习策略在语言学习中的重要性在于它们是实现积极的自我导向投入的工具，有利于培养交际能力（Oxford，1990）。实际上，第二语言学习本身就是以策略为基础的认知过程。自主学习能力要求学习者对学习进行计划、调控和评估，这离不开学习策略的运用（Benson，2005）。学习策略在自主学习能力的培养中占据核心地位（谈言玲等，2011）。学习策略包括六个维度：①记忆策略；②认知策略；③补偿策略；④元认知策略；⑤情感策略；⑥社会策略（Oxford，1990）。

《普通高中英语课程标准》（2017年版2020年修订）指出，学生在学习和运用英语的过程中常用的策略包括：元认知策略、认知策略、交际策略和情感策略等。其中，元认知策略指学生为了提高英语学习效率，计划、监控、评价、反思和调整学习过程或学习结果的策略；认知策略指学生为了完成具体语言学习活动而采取的步骤和方法；交际策略指学生为了争取更多的交际机会、维持交际以及提高交际效果而采取的策略；情感策略指学生为了调控学习情绪、保持积极的学习态度而采取的策略。通常这些策略可以组合运用以解决学习中较复杂的问题。

《义务教育英语课程标准》（2011年版）指出，英语学习策略包括认知策略、调控策略、交际策略和资源策略等。认知策略是指学生为了完成具体的学习任务而采取的步骤和方法；调控策略是指学生对学习加以计划、实施、反思、评价和调整的行动和步骤；交际策略是学生为了争取更多的交际机会、维持交际以及提高交际效果而采取的行动；资源策略是学生合理并有效利用多种媒体进行学习和运用英语的方式和方法。《义务教育英语课程标准》（2022年版）要求学生掌握并有效运用元认知策略、认知策略、交际策略和情感管理策略等。

英语阅读策略也不例外，亦可分为元认知策略、认知策略、社会情感策略、资源策略。元认知策略指的是对阅读活动的计划、监控、调节、评价、反思；认知策略指的是学生为了完成阅读任务而采取的方法和行动，如略读、寻读、关键词法、词义猜测、复述等；社会情感策略指的是在完成阅读任务的过程中与他人协作、调整自己情绪的方式方法等；资源策略指的是学生为完成阅读任务，利用和整合各种资源以达成对话题、文本或主题的理解以及知识的拓展。

在英语阅读教学过程中，教师需要教会学生阅读方法，提高学生的阅读效率。例如如何处理生词、如何快速获取主要信息、如何查找细节信息、如何复述语篇内容、如何与同桌和小组成员合作完成阅读任务、如何与他人交流、如何查找相关主题的资料、如何拓展和深化对主题的认知、如何反思和评价自己的阅读效果及如何制定更好的阅读计划等。

第十六节　教、学、评一体化

《普通高中英语课程标准》（2017年版2020年修订）提出，处理好教、学、评的关系，达到以评促教、以评促学的目的。完整的教学活动包括教、学、评三个方面。"教"是教师把握英语学科核心素养的培养方向，通过有效组织和实施课内外教与学的活动，达成学科育人的目标；"学"是学生在教师的指导下，通过主动参与各种语言实践活动，将学科知识和技能转化为自身的学科核心素养；"评"是教师依据教学目标确定评价内容和评价标准，通过组织和引导学生完成以评价目标为导向的多种评价活动，以此监控学生的学习过程，检测教与学的效果，实现以评促学、以评促教。可见，教、学、评三者本质一致，共同指向发展学生的学科核心素养：教以目标为导向，指向学科核心素养的培养；学是为了发展核心素养，与教的内容保持一致；评则是为了促教和促学（王蔷、李亮，2019）。

英语阅读教、学、评实施原则包括：主体性原则、一致性原则、过程性原则和反馈性原则（涂剑，2022）。主体性指阅读教学的主体是教师与学生，教师是教、学、评的主导者，学生是参与者（学习者、观察者、自评者、评价者）；一致性需要教、学、评三个维度目标达成一致，教学目标统领教师的"教"与学生的"学"，教与学的过程性评价以教学目标为基准；过程性原则指的是课堂评价必须将教与学整合起来，是教学过程的一部分；反馈性原则强调师生共同获得教与学的反馈，对教师来说，反馈信息可以帮助调整教学计划和方法，对学生来说反馈信息可以帮助学生调整学习计划、方法和情绪。教、学、评一体化的活动方式符合课标倡导的英语学习活动观，要求学生在主题意义的引领下，依托语篇，将语言知识学习、文化内涵理解、语言技能发展和学习策略运用融合在学习理解、应用实践、迁移创新等一系列体现综合性、关联性和实践性的语言与思维活动中，让学生积极主动地参与探究主题意义的学习过程，学会运用所学语言分析和解决问题，达到发展学科核心素养的课程目标（骆永聪，2022）。

教、学、评三个活动齐头并进，贯穿英语阅读教学的整个过程。阅读前，需要检查学生已有的语言、内容和结构知识。阅读中，需要实时监测学生对语篇内容、主题和结构的理解。阅读后，需要评估学生对本节课内容的掌握情况，作业设计亦应考虑如何评价学生的作业质量。教师是引导者，通过设计丰富多彩的学习活动，循序渐进地带领学生理解和创新运用语言大观念，准确表达主题大观念，层层挖掘主题意义。学生是主角，是学习活动的主要参与者，是学习任务的承担者和完成者。评价的形式可以灵活多变，可以是开放式评价，如访谈、观察、言语反馈、问答等；也可以是封闭式评价，如问卷、选择性测试等。

第二章
英语阅读教学相关理论模式

英语教学基于一定的理念，阅读教学也不例外。英语阅读教学理论模式层出不穷。本书从第二语言习得的角度出发，将与英语阅读教学相关的理论分为以下几种：认知模式、功能模式、互动模式和系统模式。

认知模式认为语言学习是一项复杂的认知技能的学习，语言学习是语言信息处理的过程，学习者是独立的信息处理者，学习者的中介语系统处在不断地组织和重构过程中。阅读教学认知模式强调在阅读教学过程中学习者对阅读语篇的信息的感知、理解和内化。

功能模式认为语言是功能性的，语言的功能就是构建意义。语言系统是实现语言功能的载体，语言功能是由语言系统来实现的。功能模式主张语篇教学，通过分析语篇中语言的词汇、语法特征，探究阅读语篇的信息功能、人际功能和语篇功能。

互动模式认为在语言互动中学习者接受可理解性输入，或者通过意义协商来理解语言输入，可理解性输入和意义协商有利于学习和内化语言形式。社会文化学习理论认为目的语语言互动不仅仅是自动的内部学习机制的输入来源，在语言学习中互动就是学习过程，该学习过程就是社会化过程。语言是文化工具和符号，语言是社会互动和活动的媒介，语言学习通过社会互动得以实现。阅读教学互动模式关注教学过程中的师生互动和生生互动，其目的是促进学习者语言能力的发展、思维能力的提高、文化意识的增强。

系统模式则认为语言系统的复杂性特点说明语言本身是一个由若干子系统组合成的复杂系统，即语言是由语音、语法、词汇、句法等子系统组成，这些子系统又包含更小的嵌套子系统，这些复杂的系统彼此之间的交互作用形成了语言。系统动态理论（Dynamic System Theory，简称 DST）认为，语言学习包含三个子系统，即语言因素、环境因素和学习者因素，子系统中环境因素又包括社会环境、语言环境和学习环境。学习环境主要指语言学习的正式环境（课堂环境）和非正式环境（自然环境）（戴运财、王同顺，2012）。

第一节 英语阅读教学认知模式

阅读是一种积极的认知活动，是对视觉信息进行分析和理解的过程。我们一般认为，阅读从理解单个的词开始，然后是较大的单位——短语、小句、句子；在理解句子的基础上，理解段落和整个语篇。但问题是，有时每个单词的意思都很清楚，但是依然弄不懂语篇信息。所以逐字逐句读懂文字并不一定能获取语篇信息。阅读也是一个自上而下的信息处理过程：读者从语篇信息出发，根据已有的知识，对文章进行推测或假设，然后层层向下推进。以上两种阅读方法并不是相互排斥的，而是互为补充，根据不同的阅读材料采用不同的方法。但无论采取上述何种阅读方法，都离不开读者的图式知识。

阅读教学的认知模式主要有：自上而下模式、自下而上模式和相互作用模式（Grabe & Stoller，2002）。在这三种模式中，图式都起着重要作用。

一、自上而下模式（Top-Down Model）

自上而下的阅读理论模式认为阅读是"心理猜测游戏"，就是主动的"猜测—证实"活动。这种教学理论模式认为阅读过程是一个主动的、有目的的创造性心理过程，强调学生的认知图式在阅读过程中的作用。学生在阅读过程中不是逐字逐句地去理解而是结合自己已有的图式预测文章的内容和结构，理解文章的主题、结构及作者的意图，然后对文章中的段落、句子和词语进行加工，以验证自己的预测，并在已有信息的基础上进行推理。这种理论模式强调学生对整体语篇的理解，但可能忽视了学生基本的词汇、语法等语言基础知识的学习。

二、自下而上模式（Bottom-Up Model）

自下而上的阅读理论模式则相反。该阅读模式认为学生对语篇的理解应该从低层次到高层次，即从字母到单词、短语，然后从短语到句子、段落，再到篇章，最后把握作者的写作意图。在阅读教学过程中，教师首先帮助学生弄清词语和句子的意义，然后理解段落大意和文章的主旨。这种阅读模式注重夯实学生的基础语言知识，但有时由于过于关注语言形式，而没有培养学生更高层次的思维能力，比如预见和推理。另外，还有一个可能性，即学生可能理解了所有词语的意思，但是依然不会概括文章的中心思想。

三、相互作用模式（Interactive Model）

相互作用模式，顾名思义，就是结合自上而下和自下而上模式的优点，在实际阅读过程中，二者交互出现。何时采用何种方式取决于文章的类型、语言的难度、学生的背景知识。一般在导入部分，教师需要介绍与话题相关的内容，涉及自上而下模式；但是如果学生对标题中的字词存在理解问题，教师首先要帮助学生清理语言障碍。在文章分析部分，如果句子过于复杂或者词语过于陌生，教师最好先采用自下而上模式，帮助弄清楚词句的意思后再进入文章内容的理解和分析。因此英语教师需要根据自己对学生的认知以及学生的反应，适时作出调整，作出课堂决策。一般来说，分析一篇文章时，两种模式是交互进行的，既要达到有意义阅读的目的，又要兼顾学生语言知识的习得。

第二节　英语阅读教学功能模式

系统功能语法为阅读教学提供了新的视角。系统功能语法的目的就是"构建一种用于语篇分析的语法，这种语法可以对现代英语中任何语篇，无论是口语还是书面语，进行合理的、有用的描述和分析"（Halliday，1994：xv）。在阅读教学中，教师不仅要引导学习者理解文章的主题和大意、结构、词汇和语法知识、相关文化背景知识，更要让学习者领悟作者的写作目的和风格、作者所要表达的语篇语义，以及如何运用词汇、语法实现这些语篇语义，以达到写作意图。这样，学习者在阅读学习中增强了读者—作者意识，明确了文章体裁，领会了写作意图及其实现手段。语言体系和语言功能是实现和被实现的关系，这种关系反映了意义和词汇及语法之间的内在联系。

系统功能语法（Systemic-Functional Grammar）重视语言运用，是解释和分析语篇的一个重要工具。该理论认为，"语言的运用是实现语言功能""语言的功能是生成意义""这些意义受语言使用的社会文化语境的影响""语言使用的过程是一个符号过程，一个通过选择来生成意义的过程"（Eggins，2004：3）。语境可以分为情景语境（语域）和文化语境（体裁）（Butt et al.，2000；Eggins，2004）。语域理论是系统功能语法中的重要理论。语域包括语场（field）、语旨（tenor）和语式（mode）（Halliday，1985；Gerot & Wignell，1994；Butt et al.，2000；Eggins，2004）。语场指的是"正在发生什么事？"，包括社会活动的性质和所进行的话题；语旨指的是"参与者的社会关系"，包括"权力和地位""情感""联系"三个方面；语式指的是"语言是如何运用的？"，包括"交际渠道（是口语形式还是书面形式）"以及"语言是用来行事还是表达观点"（Gerot & Wignell，1994：11）。语域具有预测语篇（text）和反映文化（context of culture）两大功能。我们可以根据所处的语言环境类型预测语篇，即预测什么样的意义有可能在这一语境中交换，从而大致预测语篇的结构以及所用的词汇和语法类型。反之，如果知道了语篇特征也可以预测语篇情景的特征。另外，我们还可以根据语言来预测讲话者所处的社会环境及其文化背景（Butt et al.，2000；Eggins，2004）。语域的这三个变量共同决定了意义选择的范围和内容表达的语言形式。人们通过这些语言形式实现语篇的三大"元功能"（metafunctions）（Halliday，1994；Thompson，1996；Butt et al.，2000；Halliday & Matthienssen，2004；Eggins，2004）：① 意念功能（ideational function），即人们用语言来描述周围所发生的事件或情形，谈论内心和外部世界；②人际功能（interpersonal function），即人们通过语言影响其他人的行为，建立和保持人际关系，表达自己的看法和态度；③语篇功能（textual function），即人们用语言组织信息，表达意念和人际意义，实现思想表达的完整性和连贯性。不同的功能由不同的语言形式来实现。意念功能由及物系统来实现，人际功能由语气系统来实现，语篇功能由主位系统来实现（Butt et al.，2000；Eggins，2004）。

及物系统包括六种不同的过程（Thompson，1996）：物质过程（material process）、心理过程（mental process）、关系过程（relational process）、行为过程（behavioral process）、言语过程（verbal process）和存在过程（existential process）。这六大过程表达了意念功能。语气系统主要包括语气和言语功能分析、情态分析（Butt et al.，2000；Eggins，2004）。主位系统中，主位是整个小句的起点。小句就是按这个主位展开的，被展开的部分叫述位。主位又分为非标记性主位和标记性主位，如果一个功能成分及其相应的形式是在典型的或通常的情况下出现的，那么就是非标记性的，反之则是标记性的。主位有三种：话题主位（由及物系统中的参与者、过程或环境成分实现）、人际主位（由疑问语气中的限定成分、呼语、语气副词状语或评论附加语实现）和语篇主位（由连接词实现）（Eggins，2004）。

在国内的很多外语学习课堂里，阅读教学还沿用着传统模式，如理解大意、回答问题、阅读技能和技巧训练、结构分析、词汇和语法解释等。但是学习者往往未能将语言形式和功能结合起来，缺乏作者和读者意识。而这正是阅读的主要目的，因为语言是符号性的、社会的，用于实现特定的写作目的。学习语言就是要学会怎样运用语言来实现交际意义。正是因为"语言是一种社会体系"，语言的使用"只有将其与社会文化大环境联系起来，才能得到真正的理解"（Kawashima，2004：1）。体裁是语境变量之一，它是"作为文化成员的说话者参与的一种阶段性的、有既定目标的、有意图的活动"（Martin，1984：25，转引自 Gerot，1995：18）。但是同一体裁，修辞目的不一样，语篇传递的信息截然不同。因而有必要引导学习者挖掘语篇的深层含义，并了解作者是如何使用语言体系来实现这些意义的。系统功能语法为解决这一问题提供了分析手段和方法。系统功能语法对阅读教学有着重要的参考价值。

一、体裁分析

体裁识别包括三个层面："语域的三个变量的共现""语篇的图式结构"和"语篇的词汇语法的实现特征"（Eggins，2004：56）。这些层面随着体裁的不同而不同，但即使是同一体裁，其中的变量也可能有所不同，比如语域变量中语旨和语式不同，而且语旨和语式的语言实现特征也不一样。在阅读教学中，引导学生识别体裁是非常重要的。Eggins（2004：56）列举了诸多体裁种类，如文学体裁、通俗小说体裁、通俗非小说体裁、教育体裁，以及日常生活中常见的体裁，如交易、索取和提供信息、讲故事、闲聊、预约、交换意见、面试、与朋友聊天等。在英语阅读语篇中，出现频率较高的体裁有说明、议论、描写和记叙，这些体裁都有各自的修辞目的和语篇功能。

二、语域分析

体裁是文化语境，语域是情景语境，语域是来实现体裁的（Butt et al.，2000）。在阅读教学中，教师要引导学生分析语篇的语域三要素：语场、语旨和语式。由于语域三要素在不同语篇中交互作用，不同的语篇在语言使用层面各有特色。在阅读教学中，教师应引导学生分析语域要素。理想的阅读教学是通过比较分析在某一要素上相似的语篇。如果没有相似的语篇，教师可以引导学生分析阅读语篇的语域三要素，然后改变任何一要素，预测新语篇的语域特征。

三、语言功能分析

"任何语篇同时实现三大功能：意念功能、人际功能和语篇功能"（Eggins，2004：110）。在阅读教学中，教师引导学生分析所学语篇的三大功能，对于理解文章的信息内涵、人际功能和信息组织特点非常重要。如果两个阅读语篇具有对比性，在深刻读懂文章传递的信息的基础上，比较两篇文章在三大功能上的差异，作者的创作意图便一目了然。

四、词汇语法分析

词汇和语法特征用于实现语篇的三大功能。对语篇的掌握不能仅仅停留于宏观意义和功能的理解，学生应深刻体会作者是如何运用语言系统来实现语言功能的，以增强其语言能力。语言系统包括及物系统、语气和情态系统以及主位系统等。但这并不意味着对每一个语篇的分析必须面面俱到，而应侧重于凸显的语言功能及其语言特征。通过词汇、语法分析，学生可以深刻地领悟作者是通过什么语言手段达到修辞目的的，其他的词汇和语法结构为什么不能实现作者的写作意图。

第三节 英语阅读教学输入与互动模式

阅读过程是读者与文章进行互动的过程。阅读教学要引导学生与文章进行对话,这就需要增强学生的阅读动机、增加阅读材料的可读性、提高学生的语言掌握能力及其对相应话题的熟悉程度。在国内的许多外语学习课堂里,英语阅读教学的输入仅限于教材,不管教材内容难易如何,教师并未对教材进行有效的二次开发,导致语言输入过于简单,或者超出了学习者现有的水平。因此,英语阅读教学输入的质与量值得关注。同时英语阅读教学不是教师一言堂,而是师生、生生、学生与文本的互动过程。在课堂互动中,学习者接受可理解性输入,或者通过意义协商来理解语言输入。可理解性输入和意义协商有利于学习和内化语言形式。语言学习中的互动就是学习过程,是社会化的过程,即学生个体在特定的文化历史语境中成长的过程。

一、输入假说

Krashen(1985)的监控理论比较全面地解释了二语习得过程。输入假说一共有五个假设:①自然习得与课堂语言学习假设。该假设认为自然习得是一种下意识的过程,正式学习是一种有意识的过程。②自然顺序假设。该假设强调学习者在语言习得过程中遵循一个不变的先后顺序。③语言控制调节假设。该假设认为每个人都有一个语言控制、调节系统,学习者利用这一系统调节自己的语言行为。④语言输入假设。该假设认为当学习者能够理解超出其语言水平的语言输入(i+1)时,语言习得才会发生。⑤情感过滤假设。该假设阐释了说明感情因素对第二语言习得的影响。

(一)习得与学习区别假说(The Acquisition-Learning Hypothesis)

Krashen理论的出发点和核心是对"习得"和"学习"的区分,并探讨它们各自在第二语言能力形成过程中所起的作用。"习得"是一个潜意识过程,是注重意义的自然交际的结果。例如,在儿童习得母语的过程中,习得的语言系统处于大脑左半球语言区,是自发语言运用的根本。"学习"是一个有意识的过程,即通过教师的课堂讲授并辅之以有意识的练习、记忆等活动,从而了解所学语言和掌握其语法概念。"学习"系统虽然也在大脑左半球,但不一定在语言区。Krashen认为,只有"习得"才能直接促进第二语言能力的发展,才是语言的产出机制,而对语言结构"学习"的结果只是在语言运用中起监控作用,而不能被视为语言能力的一部分。

（二）监控假说（The Monitor Hypothesis）

监控假说同习得与学习区别假说密切相关，揭示了语言习得和语言学习的内在关系，认为语言习得与语言学习的作用各不相同。语言习得系统，即潜意识语言知识，是真正的语言能力。而语言学习系统是有意识的语言知识，只在第二语言运用时起监控或编辑作用，这种监控功能既可能在语言输出（说、写）之前，也可能在语言输出之后发挥作用（图 2-1）。

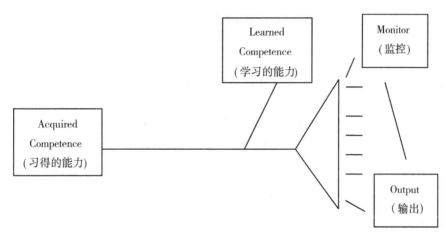

图 2-1　Krashen 的监控假说

监控功能能否发挥作用依赖于三个先决条件：①足够的时间，即语言使用者必须要有足够的时间才能有效地选择和运用语法规则；②注意语言形式，即语言使用者的注意力必须集中在所用语言的形式上，也就是说，必须考虑语言的正确性；③知道规则，即语言使用者必须具有所学语言的语法概念及语言规则知识。在口头表达时，人们一般注意的是说话的内容而不是形式，没有时间去考虑语法规则。因此，在进行口头表达时，如果过多地使用语法监控，不断地纠正自己的语法错误，说起话来就会结结巴巴，妨碍交际的正常进行。但在书面表达时，这种情况就会好很多，因为作者有足够的时间推敲字句、斟酌语法。

（三）输入假说（The Input Hypothesis）

输入假说也是 Krashen 语言习得理论的核心部分。Krashen 认为，只有当习得者接触到可理解性语言输入（comprehensible input），即略高于他现有语言技能水平的第二语言输入，而他又能将注意力集中在对意义或对信息的理解而不是对形式的理解时，习得才可能发生。Krashen 用 i+1 来表示可理解性输入，i 代表习得者现有的水平，1 代表略高于习得者现有水平的语言材料。

Krashen 认为，理想的输入应具备以下几个特点：①可理解性（comprehensible）。可理解性输入的语言材料是语言习得的必要条件。②趣味性和相关性（interesting and relevant）。要使语言输入对语言习得有利，必须对它的意义进行加工，输入的语言材料趣味性越强、相关性越大，学习者就越能在不知不觉中习得语言。③非语法程序安排（not grammatically sequenced）。语言习得的关键是足够的可理解性输入。如果目的是"习得"而不是"学习"，按语法程序安排的教学不仅没有必要，而且不可取。④足够的输入量。要习得新的语言结构，仅仅靠几道练习题、几篇短文是远远不够的，它需要连续不断的、广泛的阅读和大量的会话才能奏效。

（四）情感过滤假说（The Affective Filter Hypothesis）

情感过滤假说认为，有可理解性输入的环境并不等于学生就可以学好目的语，第二语言习得过程还受到情感因素的影响，语言输入必须通过情感过滤才有可能变成语言吸收（intake）。Krashen 认为影响语言习得的情感因素主要有：①动机。学生的学习目的是否明确直接影响学习效果。目的明确则动力大、进步快；反之，则收效甚微。②自信心。自信、性格外向、乐于置身于不熟悉的学习环境、自我感觉好的学习者在学习中进步较快；反之，则较慢。③焦虑程度。焦虑感较强者，情感屏障高，获得的语言输入少；反之，则容易得到更多的语言输入。情感过滤的过程如图 2-2 所示：

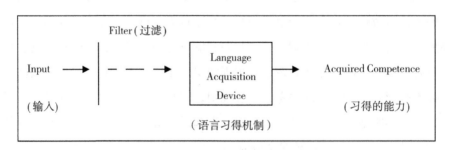

图 2-2　Krashen 的情感过滤假说

（五）自然顺序假说（The Natural Order Hypothesis）

自然顺序假说认为，学习者对语言结构知识的习得是按自然顺序进行的。有研究表明，儿童和成人将英语作为第二语言学习时，掌握进行时先于掌握过去时，掌握名词复数先于掌握名词所有格等，如图 2-3 所示。Krashen 认为，自然顺序假说并不要求教师按这种顺序来制定教学大纲。如果目的是习得某种语言能力的话，可不按任何语法顺序来组织教学。

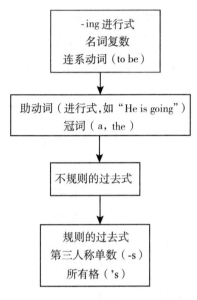

图 2-3　Krashen 的自然顺序假说

二、认知互动论

第二语言习得中的互动理论主要分为认知互动理论和社会文化互动理论。这两种互动理论分别代表认知派和社会文化派。认知互动理论是针对行为主义和普遍语法的语言学习理论提出的。行为主义学习理论强调语言环境的决定作用，语言学习是一个模仿、强化和操练的过程。普遍语法走向它的反面，关注学习者内在机制的作用，强调儿童与生俱来的语言知识和语言学习的能力，语言输入只起到"触发器"的作用。前者忽视了学习者内在的语言信息处理能力和创造性，后者则忽略了语言环境中的输入和意义协商的作用。在语言互动中学习者接受可理解性输入或者通过意义协商来理解语言输入有助于学习和内化语言形式。认知互动的主要观点如下：

（1）意义协商。早期互动假说认为输入是语言习得的必要但非充分条件。除了语言输入，会话参与也是必需的。因为对话交流中话语调整有助于输入的理解，可理解性输入促进语言习得，所以话语调整可以促进语言习得。该假说主要涉及一种特定的认知互动，即意义协商。意义协商可以帮助学习者理解输入，解决交际障碍。会话互动调整有利于语言的习得，因为通过意义协商，学习者可以理解新的语言材料，这些可理解性的新信息可能被学习者吸收(Larsen-Freeman，2000)。

但是早期互动假说存在不少缺陷。首先，该假说认为互动式调整的语言输入比预先调整的输入能更有效地促进理解，但是实证研究并不完全支持该假说。其次，该假说认为理解促进习得，但是对语言材料意义的理解不能保证语言规则的习得，因为这种理解在很大程度上依赖非语境和个人常识等。最后，该假说认为互动式调整输入特别有益于习得的发生，但研究证明预先调整语言输入也能有效促进理解，进而促进习得的发生(Gass & Varonis，1994)。

(2)选择性注意和负面反馈。Long 和其他支持者进一步发展了这一假说。"外部环境是借助于学习者的选择性注意力及其发展中的第二语言处理能力对习得产生作用的，而在意义协商过程中，这些资源能更加有效地形成合力，尽管意义协商并不是其形成合力的必备条件。从意义协商或其他方面得到的负面反馈能提高第二语言习得，至少对母语和第二语言之间有明显冲突的词汇、词法和句法等方面起作用"(Long，1996)。由此可见，修改后的假说关注选择性注意和负面反馈在语言习得中的作用。选择性注意是信息处理的前提条件。大脑的信息处理能力是有限的，学习者很难同时关注意义和形式。为了有效地利用认知资源，学习者在意义协商的过程中，将注意力转向那些产生交际障碍的语言形式。在意义协商中，对方会提供正面反馈让学习者注意到目的语的正确形式。在某些情况下，学习者也会接受负面反馈。负面反馈是对学习者产生的不标准的语言形式的反应，其有两种表现形式：检验自己的理解是否正确，请求说话者说明其话语内容。负面反馈有助于学习者意识到自己的语言表达与目标语之间的差距，有利于语言规则的习得。

三、社会文化互动论

社会文化互动理论由 Vygotsky(1978)首先提出、Lantolf 和 Thorne 等人(2006)加以发展而成。社会文化学习理论认为目的语语言互动不仅仅是内部学习机制的输入来源，在语言学习中互动就是学习过程。社会文化学习理论强调文化的主导作用，语言学习过程是社会化过程。语言是社会互动和活动的媒介，语言学习通过社会互动得以实现。语言是思维的载体，也是思维发展的工具。

(一)低级机能和高级机能

Vygotsky(1978)将人的心理机能划分为两种形式：低级心理机能(lower mental functions)和高级心理机能(higher mental functions)。前者具有自然的、直接的形式，如饥饿和感知，在这些活动中不存在真正的思维。后者具有社会的、间接的形式，如言语思维、逻辑记忆、概念形成、随意注意和意志等。高级心理机能是在人类文化发展过程中由那些低级机能转变而成的。作为人类文化发展的重要方面，高级心理机能与低级心理机能的区别在于高级心理机能以心理工具或者符号为中介。这些符号包括语言、各种号码和计数、记忆装置、艺术作品、信件、图表、图纸、地图等。语言是最重要的符号和中介，用于组织思维。个体通过符号与外部世界建立联系。

心理机能从低级向高级的发展源于社会历史文化的发展。就个体来讲，儿童在与他人的社会互动中掌握了向高级机能发展的工具——语言。心理活动最初是自然的、随意的、直接的。语言是低级心理机能向高级心理机能发展的中介。通过语言，心理活动向高级心理机能发展。高级心理活动的形式首先是社会性的，逐步向个体转化。

（二）中介与中介学习

中介（mediation）是社会文化理论的重要概念，高级心理活动通过中介来进行。人类并不直接作用于物质世界，而是通过物质工具和劳动与物质世界相互作用。人类也通过符号工具来调节个体与环境、个体与个体之间的关系。物质工具和符号工具都是人类文化创造的产物，并代代相传。符号工具包括数字和算术、音乐、艺术、语言等，其中最重要的是语言。与物质工具一样，人类使用符号工具与他人、与世界建立一种间接的或中介的关系。

社会文化互动理论认为学习是中介过程，语言是中介工具。学习也是社会中介过程，因为学习依赖于面对面的互动和共享过程，如共同解决问题和讨论。儿童认知世界通过与年龄较大的儿童或成人互动。在互动中，他们使用语言作为交际的媒介。例如，年龄较小的儿童和年龄较大的儿童共同解决数学问题。开始的时候，他们对问题的理解是不同的。年龄较小的儿童知道的较少，可能不知道解决问题的办法。年龄较大的儿童知道的较多，知道解决方案。他们通过对话之后，年龄较大的儿童为年龄较小的儿童提供思路，年龄较小的儿童慢慢地学会了解题的方法。在这个过程中，他们用语言作为互动的中介，寻求问题的解决方案。同样地，在语言学习中，学习者讨论某个句型或单词的用法。他们通过对话，找到该单词或句型的正确用法。不论何种学习，社会文化学习理论都强调语言的中介作用，学习就是学习者之间对话的过程，学习就是语言交际的过程。

（三）调节、最近发展区、主体性和支架

成熟的个体都有自我调节（self-regulation）功能。儿童或不成熟的个体总是在其他较成熟的个体（父母、老师等）的指导下完成任务和活动，这就是他人调节（other-regulation）。这种方式一般是通过语言进行的。通过对话，儿童或学习者被引导着去解决问题，直到达成共识。最后，他们能够吸收或内化新的知识和技能，成功地完成从外在精神活动向内在

精神活动的转变，从社会性向个体性的转变。

他人调节是自我调节的前提条件，自我调节是个体发展的目标，但是二者并不仅仅是简单的线性关系，而是循环发展的。一旦自我调节实现了，学习者在获取新的知识和技能时，还需要新的他人调节，这种新的他人调节会带来新的自我调节。如此反复，学习者的知识和技能不断得到增长。

要实现他人调节到自我调节的转变，最近发展区（The Zone of Proximal Development）是一个重要因素。最近发展区是指学习发生的最佳阶段。在这个阶段内，学习者虽然不能自身独立完成任务，但能在他人的帮助下取得所期望的成果。Vygotsky（1978：85）将最近发展区定义为"儿童能够独立解决问题的现有发展水平与借助成人的指导或是同伴的合作帮助能够解决问题的可以达到的较高水平之间的差距"。认知发展的现有水平是对儿童当前认知水平的评估。最近发展区是对儿童认知发展可能性的期望。Vygotsky（1978：86-7）进一步解释道，"最近发展区主要指的是那些尚未成熟但在趋向成熟的认知能力。这些能力在不久的将来就会成熟，但现在仍处于胚胎期。这些能力可以被视为认知发展的花蕾或花儿，而不是果实。认知发展的现有水平表示到目前为止认知发展的水平，最近发展区则表示认知的未来发展……最近发展区可以让我们描述儿童认知的近期发展以及动态发展状态，可以让我们知晓儿童认知已经发展的水平，还可以让我们知晓儿童正在趋向成熟的能力"。这样，儿童在某一阶段现有的认知发展水平与达到下一阶段认知发展水平之间的差距就构成了最近发展区。与最近发展区密切联系的另一个概念是学习。Vygotsky 总结了学习与认知发展的关系（Lantolf & Thorne，2006）。他认为，参与性学习先于并决定认知发展。认知发展过程滞后于学习过程，通过学习实现认知的发展。

要成功实现最近发展区需要具备两个特征：主体性（subjectivity）和支架（scaffolding）。主体性指的是两个个体在开始从事某项任务时，对该任务有不同的理解，最终达成共识，完成任务。支架就是在儿童最近发展区内，通过会话，鼓励和引导他们关注环境的关键特征，一步一步帮助他们完成原本无法独立完成的任务，获得新的知识和技能的过程。

（四）内化

Vygotsky 的内化（internalization）学说将生理因素和社会文化因素有机地统一起来（Lantolf & Thorne，2006）。生理因素是认知发展的必要条件，但不是充分条件。社会和文化活动为人类控制自己的认知和物质活动提供了中介工具。内化是人类控制自然的心理活动的机制。人类之所以能够实现对记忆、注意力、计划和认知发展的掌握，是因为人类能够借助文化构建符号系统。这样，人类能够将外部的社会文化中介制品内化到思维活动中去。Vygotsky 内化学说的基础就是工具论。符号，尤其是语言，是人类开展高级心理活动的工具。低级心理活动是直接的、自然的，不需要语言的参与。只有当个体掌握了语言这个符号工具，低级的心理机能才能转化为间接的、高级的、社会历史的心理机能。人类运用语言进行高级心理活动。高级的社会历史的心理活动形式首先是作为外部形式在个体之间进行，之后才内化，转化为内部心理活动，在个体思维中进行。

模仿（imitation）是内化实现的机制（Lantolf & Thorne，2006）。模仿不仅仅是机械的复制行为，而是一种有目的的、复杂的、潜在的转化过程。

（五）微观起源

社会文化学习理论认为，学习首先被看作社会的，其次是个体的。意识和概念的发展，首先被看作一种外在的心理现象，可以在不同的个体间分享。然后，个体发展自己的知觉意识，使其变为一种内在的心理现象。不仅是对人类还是个体，语言是意识发展的最重要的符号中介工具。人的一生都有学习的能力，成熟的个体可以通过具体的学习活动来获得新的知识和技能。这种学习活动从本质上来讲是一样的。个体通过社会或互动的方式来学习新的概念，在专家与新手的谈话过程中可以很明显地察觉到这一学习过程。这个发生在个体所在环境的语境化学习过程被称为"微观起源"（micro-genesis）。任何具体的学习过程都是微观起源。学习由无数个微观起源构成，因为微观起源是在特定的时间和地点、特定的社会历史文化语境中发生的，因此学习过程也是社会文化的学习过程，是社会化过程。

（六）个体话语和内在言语

根据社会文化学习理论，儿童的认知发展经历从物体调控（object-regulation）、他人调控（other-regulation）到自我调控（self-regulation）的过程。在这个过程中，语言的作用经历了从社会言语（social speech）、自我中心言语（egocentric speech）、个体话语（private speech）到内在言语（inner speech）的发展过程。个体话语就是个体对自己自言自语，而不是针对外在的谈话伙伴。社会文化学习理论把个体话语看作儿童自我调节能力发展的体现。个体话语最终会发展成内在言语，内在言语是个体调节内部思维的语言，是不出声的思维。个体话语是个体语言运用得到发展的一个信号，具有社会性和互动性。完全成熟的个体把个体话语发展成为内在言语。内在言语是一种思维工具，无须像个体话语一样具有具体的语音形式。

（七）活动理论

活动指的是"为心理发展提供条件的社会实践的方方面面"。"它包括一套复杂的概念工具，用以阐释人类的行为和认知，使社会实践的区别性理论分析成为可能"（Lantolf & Thorne，2006：209）。活动理论将个体学习发生的社会语境概念化。活动发生在一定的社会文化背景中。在活动理论中，活动包括主体、客体、行动和操作等（Donato & McCormick，1994：455）。主体是活动的参与者，如第二语言学习者。客体是学习者参与活动的目标，激励着主体付出努力以达到目标，并指引着主体前进的方向。在第二语言学习中，学习者的目标有多种可能，例如，提高口语交际能力、找到好工作、拿到学位、出国旅游、阅读外文文献等。为了完成目标，主体必须付诸行动。行动一般是以目标为导向的。为了实现某一个目标，学习者可能采取不同的行动和策略。在第二语言学习中，学习者使用不同的学习策略来增加语言知识、提高语言技能。操作就是为了使行动能够成功执行所采取的方式。它取决于这种行动执行的条件。例如，学习策略的选择取决于学习活动的性质、学习资源等条件的限制。这种行动的操作可能会常规化（routinized）和自动化（automatic）。活动理论中的活动模式并不是静止不变的。如果目标实现的条件发生变化，常规化的操作或自动化的策略就会变成一种有意识的以目标为导向的行为。

四、输出假设

第二语言学习者不仅需要接触大量的可理解性输入，更需要语言输出以提高语言表达的流利性、准确性和得体性。学习者必须不断地练习口语或写作，才能更加自信地运用第二语言。语言的输入和输出涉及不同的认知过程。输出时，学习者需要更深入地处理语言信息，要付出更多的认知努力。理解输入时，学习者主要理解语言信息的意义，有趣的是他们在没有理解的情况下，假装已经理解，但在输出时，学习者必须注意语言的形式和内容以检验自己的语言知识和语言能力（Swain，1995）。总之，理解输入时，学习者的主要任务是语义理解。输出语言时，学习者不仅要考虑交际意图，还要处理语法规则，以表达自己的意图。因而语言输出有助于学习者学习和内化目标语的词法和句法。

输出假说的提出源于20世纪70年代在加拿大推行的法语沉浸式教学。在沉浸式教学中，法语是教学语言，学生可以得到十分丰富的可理解性输入。但研究发现，以英语为母语的沉浸班学生的听力和阅读理解能力与以法语为母语的学生相当，但前者的口语和写作能力却远不及后者。Swain认为这一现象主要是因为沉浸班的学生缺乏语言输出练习，语言学习仅仅停留在信息理解的程度上，不能最大限度地运用他们的语言资源和充分发挥语言能力，从而降低了语言输出的可理解性和准确性。

综合Swain（1995）、Swain和Lapkin（1995）以及Skehan（1999）的研究，语言输出在语言学习中发挥着八大功能：引起学习者对目的语的注意（noticing/triggering）、有助于学习者对目的语进行假设检验（hypothesis testing）、元语言功能（metalinguistic function）、增强流利性(developing fluency/automaticity)、生成更好的输入(generating better input)、迫使学习者进行句法处理(forcing syntactic processing)、帮助学习者提高语篇能力(developing discourse skills)、有利于学习者学会表达自我(developing a personal voice)。前四种功能是语言输出的主要功能。

第四节　英语阅读教学动态系统理论模式

动态系统理论(Dynamic System Theory)始于数学领域,用来研究时间流逝中的复杂系统,主要指动态系统随着时间的变化而发生自身性能的改变。动态系统理论又称为复杂理论或混沌理论。Larsen-Freeman(1997)首次在应用语言学领域提出用动态系统理论来看待语言和语言习得中的问题,总结了动态系统的主要特点:动态、复杂、非线性;初始状态敏感性、不可预测性;开放性、自组织性、反馈敏感性和自适应性。这些特点同样适用于对语言和语言学习的理解。Larsen-Freeman(1997)将语言看作动态复杂系统,他认为:①认为语言是动态的,随时间发生共时和历时变化。②语言是复杂的,有众多互动的相关次系统(语音、词汇、句法、语篇等)。③语言是非线性发展的,有时是混沌的、不可预测的。④语言是开放的,具有对初始条件的敏感性。⑤语言是自适应性、自组织性和反馈性的,在发展中具有引子的状态。引子具有稳定的趋向性,比如二语习得"石化"现象,即学习者将错误的信息储存在大脑里,并在言语行为中误入引子状态而难以纠正(Labov,1996)。

一、复杂、动态、非线性

语言是复杂的系统。语言不是一个单一的系统,是由若干子系统构成的复杂系统,是系统的系统。语言这个大系统由语音、词汇、语法、语义、语用等子系统组成,这些子系统又包含着更小的子系统。这些系统彼此之间的交互作用形成了语言。第二语言习得的过程是一个复杂的过程,受到诸多因素的影响,比如母语、目的语、母语和目的语的标记性、输入的类型、互动和反馈的数量与类型、语言环境等。第二语言习得的结果取决于多个因素,比如年龄、社会心理因素、个性、学习风格、学习策略等。语境是语言复杂系统的一部分。语言学习和语言活动的语境存在于学习者的内在动态性中,即语境是每一个个体所带入到学习活动中的内容的软集合,包括六个维度:①认知语境,如参与者的思维活动和记忆活动。②社会语境,如教师和学生的相互关系。③文化语境,如教师和学生在某一特定文化下的行为以及交际方式。④教学语境,如教学材料、任务以及目标的设置。⑤社会政治环境。⑥物理环境。这些语境条件的集合构成了复杂的、动态的、适应性的系统

（王涛，2011；林明东，2021）。

Larsen-Freeman 认为语言的出现、发展、变化、使用和被学习者习得是一个动态的过程（冀小婷，2008）。语言是动态的系统，其并非静止的，而是在时刻发生变化。语言本身只是在一定时期内保持相对的稳定，而语言处于绝对的变化之中，处于不停地进行自我调整和改变的过程。第二语言习得是一个动态过程，学习者的中际语处于不断的发展变化之中；而且学习者使用语言的过程也是一个动态的过程。

语言的变化和语言学习是非线性的。语言随着时间的变化而变化，会增长、衰退或者跳跃式前进。语言学习不是一个线性过程，学习者不会在掌握一个语言形式后再转移到另一个语言形式，语言学习是非线性的曲线，有高峰和低谷、进步和倒退。

二、混沌性、不可预测性、初始状态敏感性

混沌性是指复杂非线性系统的不规则性和不可预测性，具有完全随机的特征。语言学习中有诸多不可预测性，比如学生的习得不可预测、学生对老师及其教法的反应不可预测、影响个体语言学习的因素不可预测等。语言的发展对初始条件非常敏感。语言系统初始状态的一些细微变化有可能引起将来的巨大改变。"具有不同初始条件的系统行为，不管开始多么相似，都会随着时间的流逝以指数方式流变"（Larsen-Freeman，1997：144），即通常所说的"蝴蝶效应"。初始状态是语言发展的先导。语音意识会影响母语的阅读、口语甚至其他各方面能力的发展。母语中的语音意识和词汇识别技能影响二语词汇识别，而母语水平的高低对于二语习得的成败起着关键作用（武和平、魏大为，2013）。

三、开放性、自组织性、自适应性、反馈敏感性

语言的开放性特征说明了语言系统"对新的事物和能量输入是开放的"（Larsen-Freeman，1997：144）。语言中的词汇会随着社会、文化、经济、政治等方面的变化而变化，并不断丰富和发展。在跨文化交际中，两种语言接触之后，一种语言借用另一种语言的某些成分，吸收另一种语言的特点或具体规律来丰富和发展自己。

语言的自组织性与自适应性表明语言内部子系统按照规律各司其职，有序地运动。语言在发展过程中，由于受到诸多因素的影响，有些系统发生了变化，比如语音、词汇、语法等，语言系统可以自我调节成有序的系统。中际语系统是典型的自组织系统（self-organizing system）。自组织系统是复杂动态系统，具有灵活性和适应性的特征，根据优化原则选择适应变化规则的路径。每个学习者都是一个自组织系统，并由此发展出自身的中际语系统，因为学习者总是根据输入状况发展出一套反映自身独特发展个性的高度自主化系统（王涛，2011；林明东，2021）。语言的发展对反馈同样敏感。语言环境中的消极反馈

可以让学习者调节中际语语法，使之更接近目的语。

动态系统理论已经运用于第二语言研究的多个方面，如阅读、动态纠正性反馈、学习态度、产出实践、词汇习得、语法习得、阅读与写作、翻译、动机研究等（雷鹏飞，2022）。外语阅读策略是一个复杂的动态系统，由阅读策略、学习者、教师、阅读文本和学习环境等变量构成，且变量之间存在复杂的联系。系统中各变量在自我组合和相互适应中经历从不平衡到相对平衡，再到不平衡等各种过程，使系统发展具有动态复杂性、非线性、初始状态/反馈敏感性、开放性等特征（徐锦芬等，2017：9）。

第二部分

实践篇

第三章
小学英语阅读教学案例评析

第一节　输入假说指导下的小学英语阅读教学
——以 Richard Scarry 的经典绘本 *I Am a Bunny* 为例

施卜丹

一、课例背景

本课例是由湖北大学附属小学教师付洁设计并讲授的阅读课。课例材料来源于 Richard Scarry 的经典绘本 *I Am a Bunny*。授课时长为 40 分钟。

二、教学分析

（一）教学内容分析

该绘本以小兔子尼古拉斯的视角讲述自己的快乐生活，为孩子完美地展示了自然四季更迭之美。学生可以看到小兔子享受大自然生活的可爱模样，小兔子的各种行为、各种动作，或站，或跑，或躺，或坐，都在模拟人类的行为，向孩子揭示四季变化的秘密。书中精心设计的微小细节引导孩子长时间地观察和阅读，培养他们的观察力和想象力。

（二）学情分析

这些学生处在三年级，年龄在 8~9 岁，他们具有以下几个方面的特点：

(1)语言能力：大多已在一、二年级时接触过英语，但以听说、游戏为主要任务，还有部分孩子才刚刚开始接触英语。

（2）学习能力：记忆力好，形象思维好、模仿力强、可塑性好，但缺乏理性思维，逻辑思维不强。

（3）情感与态度：具有好奇、好活动、爱表现、善模仿等特点。他们喜欢新鲜事物，对陌生语言的好奇心能激起他们对外语的兴趣。

（三）教学目标

通过本次课程，学生能够学会：

（1）理解故事内容。

（2）朗读故事。

（3）复述故事或者编写自己的故事。

（四）教学设计思路

1. 备课思维过程

《义务教育英语课程标准》（2022 年版）对阅读要求的字数变多，难度变大，突出强调了孩子对英语文章更深层的理解。除了阅读要求更高外，新课标的英语写作要求学生要有批判性思维，一定要发表自己的观点，做到"言之有物，言之有理，言之有序"。因此，加强课外阅读要从小抓起，长期坚持。

二语习得的输入假说（Krashen，1985）由五个部分组成，分别为习得-学习假说（The Acquisition-Learning Hypothesis）、自然顺序假说（The Natural Order Hypothesis）、监控假说（The Monitor Hypothesis）、输入假说（The Input Hypothesis）以及情感过滤假说（The Affective Filter Hypothesis）。其中最重要的假说为"语言输入假说"（The Input Hypothesis），又称"i+1"假说。这一假说强调学习者在语言习得过程必须要接触"可理解性输入"（comprehensible input），这样语言习得才有可能发生。

Krashen 认为，要产生理想的习得效果，就要给习得者提供"可理解的语言输入"，即输入的语言水平要略高于习得者的现有水平，而习得者又必须把注意力集中在对意义或信息的理解而不是对语法形式的理解上。输入假说提出了最佳语言输入的四个必要条件：第一，语言输入必须是可以理解的。只有学习者将语言输入、理解、消化并吸收以后，内在的机制才能开始运行，语言水平才能提高。第二，语言输入必须是有趣的和密切相关的。学习者对语言产生浓厚的兴趣时，学习过程中的焦虑感降低，此时为语言输入的最佳状态。第三，语言输入并非根据语法序列进行。以语法为基础，可理解性输入的质量降低，破坏了交际的焦点，这种语言输入是枯燥无味的。第四，语言输入必须是足量的。

在英语课堂中，绘本阅读对培养学生的智力和语言的发展具有积极的意义。英语绘本的使用不仅可以提高学生的阅读水平，还可以提高他们的自觉性，充分拉近师生的距离，增加师生互动的频率。在实际阅读中，教师要充分利用绘本阅读的特点，激发学生英语学习兴趣，保证课堂学习效果。与课本不同，绘本能把课外知识带入到课堂使学生体会到阅读的乐趣并且让他们身临其境地感受故事情节。教师要弄清学生现有的水平"i"，预测学生在阅读过程中可能存在的理解障碍，在阅读前或阅读过程中讲解相应的背景和文化知识，并在教授环节中把握好新信息的输入量。教师所选的绘本材料应该略高于学生的现有水平，内容应该富有知识性与可读性，难度上不宜过深或过浅，这样才能增强学生的语言吸收能力，通过可理解性的输入促进学生进行"i+1"的阅读。

2. 课堂教学活动

教学开始时，教师首先利用歌曲进行导入，激发学生头脑中对于小兔子的印象后引入文章主题：小兔子住在哪里？然后对绘本封面图片进行描述并展示四季的图片，让学生对此进行描述。略读课文后填补空缺句，随后再次跟读课文以加深印象。教师复述"春季"的故事后，将复述其他三个季节的机会给学生，核对答案后进行全文总结，最后让学生进行小组讨论，对本节课内容进行回顾的同时写出自己的故事。

三、教学过程

◎ Step 1　Warming up

1. Sing the chant *A little bunny*.
教师利用儿歌进行故事导入。

☞ 设计意图

阅读导入的目的在于激活学生的背景知识，使学生沉浸在目的语的语言氛围中，更好地学习和掌握英语。材料的趣味性是至关重要的，有趣的、熟识的、与生活息息相关的材料有助于激发学生的学习兴趣和阅读意愿，为后续活动的展开提供有效保障。其次，语言材料的输入方式也要有所选择。由于学生年龄小，注意力集中时间较短，教师利用歌曲这一听觉输入方式进行课程导入，能够充分调动学生学习的积极性，使学生更容易投入其中。

2. Describe the bunny.
教师鼓励学生利用句型 *It has got...* 对小兔子进行描述，接着提出问题：小兔子住在哪里？

☞ 设计意图

在利用歌曲激发学生的兴趣之后，教师通过造句引导学生回顾兔子的形象。一方面能够激活学生对兔子的背景知识的联想，更好地投入后续绘本的阅读；另一方面，描述动物的形象也有助于调动学生的学习积极性，促进学生的语言输出。

◎ Step 2　Presentation

1. Introduce the cover.

教师对绘本的封面图片进行描述，并介绍作者及小兔子的名字。封面图片中小兔子穿着小朋友的衣服举着蘑菇避雨。

师生对话如下：

T：Look, this is a... (hollow tree). Oh, what's this?

Ss：It's a bunny.

T：Yes, this is Nicholas. Today we will learn a story about Nicholas, *I Am a Bunny*. This book is written by Ole Risom, illustrated, which means drawing the pictures, by Richard Scarry.

☞ 设计意图

教师在教学中，应该选取与学生有关的校园和社会生活话题，以主题为单位，选择最佳语言样本进行单元教学。这种教学模式符合理想输入的特点，即语言材料越有趣、越关联，学习者越能自然习得语言(王珍，2019)。语言习得的关键是足量的可理解的输入，要以学生的语言水平为基础，循序渐进地为习得者提供新的语言材料。封面图片贴近学生的生活，对于背景知识的介绍可以使学生在后续阅读中更加深刻地理解故事内容。

2. Show and discuss the four pictures.

教师给出了四张不同的图片，图片展示了四个季节，要求学生猜测每张图片分别描述了什么季节。

师生对话如下：

Picture 1：the falling snow

Picture 2：birds, strawberries.

Picture 3：flowers, what colour are the flowers?

Picture 4：palm civet, where is the palm civet? In a room? Squirrel, what is in its mouth?

　　　　　Nuts. Why? Getting ready for the winter. Will you collect food for the winter?

☞ 设计意图

交流是关键，信息是内容；交流只是手段、工具、载体，传递的信息是重点、源泉，学会使用英语才是目的。通过交流不同的信息或学生感兴趣的内容实现语言的内化，即把外在的语言逐渐吸收转化为自己的语言单位并再输出。这是一个相对漫长的过程，也是语言逐步积累的过程。利用图片作为交流工具能够激发学生使用语言进行交流，猜测季节贴近学生的生活实际，在猜测的过程中学生会展示自己的思维过程，有利于教师及时掌握学生当时的想法。

3. Tell the story and check the answer.

教师将故事中的图片进行口头描述，并且留出空白让学生进行填写后集中进行答案讲解。

师生对话如下：

Picture 1：What's this？（Bunny.）Yes. I am a bunny. My name is Nicholas. I live in a hollow tree.

Picture 2：In the spring, there are many...（flowers）. Wow, it smells good. I like to pick flowers.

Picture 3：Look！...（butterfly）. Can you fly like a butterfly? I am Nicholas. I chase the butterflies, and the butterflies chase me. I am very happy.

Picture 4：Listen, what's the animal? In the summer, I like to watch the birds.

Picture 5：And ...（I like to watch the frogs.）

Picture 6：Which season？（Fall）What are these？（Leaves）. What color are the leaves？（Yellow and orange）. Are the leaves on the tree? The falling leaves. The falling leaves are so beautiful. I like to watch the falling leaves.

Picture 7：And I like to watch the animals getting ready for the winter.

Picture 8：When winter comes, it is very...（cold）. What colour is the winter? What is white? I like to watch the falling snow.

Picture 9：It is too cold. I get in my hollow tree and then dream about spring.

☞ 设计意图

教师应加大可理解性输入，而且应不断地根据学生的反馈调整自己的语言输出，以确保对学生的输入是可理解的。在学习一种语言时，其本身的语法规则、语用规则和文化内涵彼此相生相伴，统一于一个整体系统内。教师利用图片一句句复述故事内容，同时进行单词和句型"I like to..."的教学，将词汇和语法教学融汇到故事复述中去，显得不枯燥无聊，学生更容易接受新的知识点。

4. Read the story.

教师引导学生精读课文，并且找出文中的动词，最后跟读课文。

☞ 设计意图

小学生作为英语的初学者，语言储备和英语水平较低，在交际中经常不能完整或准确表达语义，这就为教师抓住机会通过各种"意义协商"帮助学生增加可理解性语言输入，促进语言习得提供了有利条件。教师利用精读让学生找出故事中的重点句型"I like to..."，加深了对于这一知识点的印象，学生在寻找动词的过程中能够接触到句子的表达，将语法知识融入句子中使得学生更容易理解绘本内容，有助于后续活动中的语言表达。

◎ Step 3　Practice and Production

1. Refell the four seasons.

将故事根据季节进行分段，教师对"春天"部分进行复述，其他三名学生复述剩下的三个季节。

☞ 设计意图

在教学中，教师要通过设计多重教学任务并利用各种教学资源，向学生输入丰富但同时又不过分超出他们现有语言水平的英语语言信息，让学生能够大量感受和广泛接触英语，为话语能力的产生进行语言储备和奠定基础（高越，2012）。文章中的分段明显，所以教师进行部分教学，先给出一个复述样本，再把其他锻炼口语的机会留给学生进行复述。

2. Talk about ourselves.

学生结合自己的经历谈谈在春天喜欢做什么。

☞ 设计意图

教师应该充分利用有限的课堂时间给学生提供更多的说和写的机会。以学生为中心的教学模式让学生有机会获取更多的可理解性输入，帮助学生积累语言知识，为语言产出作准备。根据绘本内容进行拓展，让学生结合自己的生活实际进行描述。

3. Group work.

（1）Read the story.

(2) Retell the story.

(3) Tell your own story.

教师让学生进行小组讨论，对本节课内容进行回顾的同时写出自己的故事。

☞ 设计意图

教师应该合理安排课本材料，引入具有时效性和趣味性的阅读材料供学生阅读，进而在输入的基础上，采用生生互动的方式，进行适当的输出。合作学习可以减少学生的焦虑感。小组合作有利于学生的相互理解和交流，学生能够通过小组活动巩固课堂所学知识。

四、教学反思

（一）优点

1. 输入质量高

语言输入具有创意性和相关性，材料选择是有趣味性。在小学阶段，由于学生还处于儿童期，所以在小学英语教学中，教师在进行教学时应针对性地选择有趣味性的材料，来激发学生的学习兴趣。本绘本的选择符合学生的年龄特征，是学生易于接受的。教学中采用朗读、填空、复述等方式加深学生对内容的理解，在语言输入的同时将趣味性贯穿其中。

2. 语言输入多样

语言输入要有足够的量。这就需要为学生创设优越的英语语言环境，教师应尽量使用英语与学生交流，避免使用母语。如有不理解的地方，教师可运用身体语言，尽快让学生理解并继续交流。教师应转变观念，让学生在交流中不知不觉地习得英语，而不是背单词、背句型、背习惯用语。本次教学中学生接触到大量可理解性输入，首先对绘本封面进行描述，接着利用图片在填空和略读中学习关键知识点，然后通过复述跟读进行巩固，最后对课堂内容进行巩固。

（二）存在的问题

1. 生生互动较少

教学过程中学生之间的互动相对缺乏，主要是教师在进行语言输入，学生的任务主要是理解教师的输入，进行听读活动，学生只在最后总结部分进行了小组讨论。

2. 课后作业缺乏

该教学课例中教师没有布置作业。在阅读课程结束后需要设置一定的作业让学生对本节课的内容进行进一步的回顾，以加深学生的理解。对于低年级学生来说，可以进行一些课外材料的听说读训练。

（三）改进建议

改善输入环境需教师有意识地创设自然、宽松、和谐的输入环境，设置较为有趣的游戏环节，如竞猜游戏、单词接龙游戏、传话游戏等来进行教学。此外还可借助英语童谣，对学生进行音乐熏陶，通过歌谣活跃课堂气氛，以增强课堂的趣味性。采用趣味性教学活动需确保语言输入在可被理解的同时还应具备挑战性，并坚持贯彻真实交际的原则。

在新课标环境下，英语课程量的设计并不紧凑，课时也并不充分，而小学阶段的学生与英语的接触时间较少或者间隔时间较长，无法保障输入数量，进而造成输入低效的局面。但在实际生活中，英语输入仍然可以完成。教师应鼓励学生将在校所学的英语知识适当地向父母展示，或者与同学进行良好的交流，从而营造浓厚的英语学习氛围。语言技能的练习可以通过布置作业的方式完成，例如：进行相关主题的绘本阅读。这样可以促进学生整体水平的提升，并有效促进英语语言的大量输入。

五、课后评析

小学英语教学的目的是激发和培养学生学习英语的兴趣，学生在这一阶段学习所产生的心理感受和体验对他们今后的英语学习会产生深刻的影响，甚至决定他们未来语言学习的成败。因此，在贯彻语言输入原则方面，教师也要对兴趣的作用有深刻的理解和认识，但使用各种趣味性的教学活动要确保语言输入在可理解性的同时还应有一定的挑战性，并且应贯彻真实交际的原则。同时在实际阅读中，要充分利用绘本阅读的优势，培养学生英语学习的兴趣，以确保课堂教学效果。

第二节　互动理论指导下的小学英语阅读教学
——以 *Join In* 三年级上册第三单元 Colors 为例

崔雨晴

一、课例背景

本课例授课时长为 40 分钟。本课例以互动理论为基础，教师利用多种教具促进多主体间互动，既实现了教学目标，又调动了学生的学习兴趣和积极性。

二、教学分析

（一）教学内容分析

本篇课文选自外研社 *Join in* 剑桥小学三年级英语上册第三单元 *Colors* 第 4 部分的小故事 *The Wizards*。课文主要讲述了两位巫师配魔法药水却意外收获了让植物变得巨大的药水的故事，故事趣味性较高。从语言来看，该故事主要涉及与日常问候、传递物品和颜色描述有关的语言表达，比如 Here you are，green，yellow 等。

（二）学情分析

本次课程的学生为三年级学生，虽然他们刚开始在学校教育中接触英语课程，但英语学习的时间有较大差异。有相当大的一部分学生已经学习英语较长时间，但是仍然有部分同学刚接触英语。因此，教师应该在确保按课程标准和教学计划上课的同时，适当地补充一些教学内容，以满足部分已经接触过英语学习的同学的需要，同时也应该关注之前没有接触过英语的同学，不能让其产生焦虑。

（三）教学目标

根据《义务教育英语课程标准》（2022 年版）》一级目标中对阅读的描述、对核心素养的界定，以及对文本特点的解读，教师确定了如下教学目标：

（1）语言能力：学生能够使用"Good morning！""Good night！"相互致以简单的问候；能够在传递物品时正确使用"_____, please." "Here you are."。

（2）学习能力：学生能够在图片的提示下听懂、读懂小故事 *The Wizards*，并能进行简单的角色表演。

（3）思维品质：学生能够积极思考，主动探究，善于发现语言规律并应用。

（四）教学重难点分析

（1）教学重点：帮助学生巩固 green，red，pink，blue，grey，yellow，orange，white，black，purple 等表示颜色的单词；所有学生能读懂小故事 *The Wizards*；部分学生能够表演小故事 *The Wizards*。

（2）教学难点：能够听、说和认读句型"_____, please." "Here you are." "Good night！"并能在情境中运用这些句型。

（五）设计思路

基于互动理论和《义务教育英语课程标准》（2022 年版），本课例聚焦于小学英语课堂中的师生互动和生生互动。

社会互动是指在一定的社会文化情境中人与人之间，人与环境之间相互作用的表现形式，其内涵是人与人、人与群体、群体与群体等在心理、行为上相互影响、相互作用的动态过程(李芹，2012)。课堂中的学习和发展究其本质来说就是一种社会化的过程，师生、生生的互动就是社会化的过程。教学的本质是一个互动的过程，教师的教和学生的学构成了教学的双边活动。在这个活动中既有主体自我间的互动，又有主体之间的互动。整堂课以生生互动开始，紧接着教师通过颜色闪卡、图片、音频与学生开始了紧密的师生互动，最后教师将互动延向学生和家长之间，扩展了互动的时间和空间。

《义务教育英语课程标准》（2022 年版)在课程内容中的教学提示中指出，低年级学生刚开始接触英语，语言学习以视、听、说为主，课堂上创设良好的学习氛围，引导学生注意倾听、乐于模仿、大胆表达；注重学生的体验、感知和实践，激发低年级学生的英语学习兴趣，调动学生多感官参与学习，利用视频、图片、实物等带领学生声情并茂地朗诵故事；采用以激励为主的评价方式，鼓励学生大胆开口、乐于参与学习活动，通过口头表扬、发放英语点赞卡等方式，调动学生学习英语的积极性，帮助学生增强自信心，获得成就感。本节阅读课充分体现了新版课标对教学的要求。教师在导入时通过课代表带读、播放视频以及复习上节课内容的方式，创设了轻松愉快的良好学习氛围。教师奖励回答正确的学生一个 sticker，调动了学生学习的积极性，为学生建立信心。在读前和读中部分，教师分别利用图片、音频引导学生感知和理解故事，在读后部分采用朗读或表演的教学形式，积极鼓励学生参与口语活动。

三、教学过程

◎ Step 1 Warming up

课程伊始，教师让课代表带读本单元单词，随后为学生播放关于颜色的短视频，学生边看边听边说。教师走下讲台，拿出颜色闪卡，随机抽取一张向身边的学生提问"What colour is it?"。若学生回答正确，则奖励一个 sticker，教师与学生互动六次。

师生对话如下：

T：Good morning!

Ss：Good morning, Miss Dong.

T：Today，we learn Unit 3.

Ss：Colours.

T：Very good. Let's watch a short video first. Look，listen and speak. Again. Look，listen and speak.

☞ 设计意图

在教学过程中，学生之间也存在着一定的交互行为。作为社会存在，课堂内的每个学生都不是孤立的个体，他们通过各种形式的口语活动相互交往，逐步形成群体。遵循教学规律，有目的地组织学生之间的语言交互行为，是英语教学的重要辅助手段(张兰玲，2001)。对于小学低年级的学生来说，英语教学以巩固为主，教学内容较少，为强化学生的记忆，时常需要反复强调与回顾教学内容，教师主要采用游戏、跟读的方式组织课堂。

教师在课程一开始设计了课代表带读，其余学生跟读的互动活动，将学生组织在一起进行口语练习，为本节英语课营造了轻松的学习氛围。教师为学生播放关于颜色的短视频，学生通过看、听与说来巩固上节课"颜色"的学习内容，为本节课的学习做了充分的铺垫。教师通过颜色闪卡与学生进行互动，学生将上节课的学习成果以说的形式与教师对话，体现了互动的知识性。颜色闪卡能够调动学生学习的兴趣和积极性，体现了互动的趣味性。同时在此师生互动中，教师走下讲台，同学生一起互动，拉近了师生间的距离，建立起一种平等关系，学生能够愉快地汲取知识。最后教师通过奖励方式将英语学习置于宽松、活跃的学习氛围中。

◎ Step 2　Pre-reading

在正式阅读课文之前，教师播放课文录音，引导学生边听边思考如下问题：故事中有几个人物？教师随后提问，学生回答。学生答案不一时，教师追问后公布答案并展示故事中两位主人公的图片。教师进一步追问主人公的名字及身份，并提供图片和做出肢体动作与学生互动来还原课文内容。

师生对话如下：

T：OK！Today，we learn a new story. Do you like stories？

Ss：Yes.

T：OK. Now，we listen to a story and look at here. While listening，how many characters are there in the story？

Ss：Two/Three.

T：Tell me the number. Two or three？

Ss：Two!

T：Very good! There are two characters in the story. Who are they? What's his name?

Ss：Pit.

T：Say a complete sentence. His name is Pit.

Ss：His name is Pit.

T：Very good! What's his name?

Ss：His name is Pat.

T：Beautiful! Who are they? Are they students?

Ss：No, they are wizards.

T：Good! What are they doing? Look at this picture.

Ss：Pit and Pat are making...

T：Pit and Pat are making this. They add the colorful potion into the pot. Now you tell me how to do, OK?

T：Here you are.

Ss：Blue, please.

T：Here you are.

Ss：Pink, please.

T：Here you are.

Ss：And now yellow.

T：Yellow. Boom! Open the door! Help! Phew!

T：What's this?

Ss：It's moon.

T：Good! What's these?

Ss：They are stars.

T：Good! And what colour is the sky?

Ss：Black.

T：Good!

T：Pit said "Good night." And he falls asleep.

Pat said "Good night." And he falls asleep.

T：What's this?

Ss：Sun.

T：So it's morning! Good morning!

T：Pit and Pat woke up and stretched. The next day. What happened? Can you find Pit and Pat? Where are they?

Ss：Point to Pit and Pat.

T：Wonderful! They are here. They are at the window. They look out of the window. And what do they see?

Ss：A flower.

T：Yes, very good! A flower. And the flower is big or small?

Ss：Big.

T：Yes, very very big. You did a good job!

☞ 设计意图

师生互动中，当教师行为倾向于控制型时，学生会产生一种逆反心理；而当教师行为倾向于综合型时，面对教师的认同、表扬、赞赏与有效协助，学生会自发地要求解决问题，而且乐于为群体贡献力量(张兰玲，2001)。小学生的阅读材料大多数是图文并茂的故事，图画中的人物能唤起学生的共鸣，图中的细节也能激发孩子的兴趣。

在读前部分，教师围绕故事本身设计了许多综合型的互动来还原课文中的故事，师生在一问一答中充分互动。教师充分挖掘图片信息，与学生积极互动，对学生的回答给予表扬和赞赏，这样既能吸引学生的注意力，调动学生的兴趣，又能在一定程度上帮助学生捕捉信息，培养学生的理解能力。该阅读素材的插画较为生动有趣，教师让学生先看图片，再读文章，把图片和文字的内容结合起来，便于学生理解故事。

◎ Step 3　While-reading

教师为学生播放课文录音，全体学生边听边读。第二遍播放课文录音时，学生分角色跟读，女生跟读 Pit 部分，男生跟读 Pat 部分。第三遍播放课文录音时，男生和女生角色互换，即女生跟读 Pat 部分，男生跟读 Pit 部分。

师生对话如下：

T：Now, let's listen and read the story. OK?

T：Now girls you are Pit. Boys you are Pat. Read again.

T：Now, exchange your roles. Girls you are Pat. Boys, you are Pit. Read again.

☞ 设计意图

目前小学生的阅读能力尚处在初级认识阶段，在阅读方式和技巧上尚有不足，学生对阅读的理解也不到位。英语朗读在整个小学英语教学中有着极其重要的作用。

读中阶段，教师设计了三次边听边读的活动，由全体学生一起跟读到女同学和男同学分角色、换角色跟读。学生先从整体感知两个角色，再分别感受两个角色的不同。这种由整体到局部的活动安排，符合学生的认知规律，充分激发学生的朗读兴趣，同时教师利用音频，为学生朗读创造了有利条件。

◎ Step 4　Post-reading

教师提供了两个不同难度的任务，分别是分角色朗读课文和表演故事。学生两两一组，任选一个任务并完成。随后，教师邀请三组学生进行成果展示，一组同学朗读故事，两组同学表演故事，并给予反馈。

教师指令如下：

T：Now，choose a partner. Read the story or act out the story! You have 5 minutes.

T：Now who wants to read the story? Now who wants to act the story?

☞ 设计意图

小学生对趣味性、多样化的活动有天然的喜爱和好奇，教师在进行课堂互动设计时，要多从小学生的特点出发，通过丰富的、有针对性的互动形式吸引学生的注意力，激发学生的探索欲，将原本单一的听课受教过程转变为主动参与一个个活动并有所收获的过程（蒋辰侯，2022）。

在读后教学环节，由师生互动过渡为生生互动。教师依据教学内容、时间以及学生学习水平的差异，设计了灵活的朗读课文和表演故事的互动活动，在提升学生参与积极性的同时，增进了伙伴间的交流与沟通。教师不仅为学生提供了展示的机会，也为他们提供了学习他人长处和纠正自身错误的机会。课堂能够在每一次生生互动中形成合力，最大限度地体现课堂互动在学习中的价值。教师在活动中随时关注学生在互动中的表现，根据学生的实际情况给予反馈，调控学生的学习行为。

◎ Step 5　Homework

学生读课文中的故事，并将该故事表演给家长。

☞ 设计意图

小学英语家庭作业是课堂教学的有效延伸，是巩固课堂教学的有效手段，也是学以致用的平台。教师依据学生的年龄和个体差异，设计多种形式的作业，帮助学生增长知识、发展智力。"双减"背景下，小学英语作业的内容和形式应当是灵活合理的。

教师将互动延伸至学生和家长间，使英语家庭作业向互动化方向发展。低年级小学生乐于表达，且教师在课上已引导学生感受故事内容，学生多次边听边读该故事，在课堂上已掌握该故事的基本内容。这一作业符合学生的年龄特征和实际学习情况，为学生提供机会演该故事，让学生在与家长的互动中享受"双减"带来的快乐，培养了学生的学习兴趣，让学生养成"乐学""会学""善学"的学习习惯，从而达到事半功倍的效果。

四、教学反思

本节课有以下优点：

第一，多方互动，充分发挥了学生在教学环节中的主体性和独特性。师生互动、生生互动及学生与家长之间的互动渗透在教学的各环节中，充分体现了学生的主体性。教师在读后环节，考虑到不同学生的英语水平差异，设计分层活动，尊重了学生的独特性。

第二，强调多模态的刺激与回应。本节课中教师充分调动了学生的视觉、听觉等多种感官，通过反复问答吸引学生的注意力。由热身阶段的视频播放和闪卡互动到读前阶段的音频播放、图片展示和教师自身的动作表演，再到读中阶段的音频播放，最后是学生的朗读或表演，充分调动了学生的多重感官，能够激发学生学习的积极性和热情。

本节课存在几点不足：

第一，课程环节安排不够妥当，读前活动花费时间较长，读中部分互动不足，且缺少必要讲解。教师可以适当调整整堂课各个环节的时间占比，将读前的部分互动调至读中环节，在读中部分进行必要的知识讲解，与学生进行有效互动。

第二，课程环节不够完整，缺少课堂总结。总结部分是教师帮助学生追溯教学目标，进一步深化学习的重要环节。教师能够利用这个教学环节培养学生反思的习惯，激发学生对于下一阶段学习的兴趣和好奇心。本节课中教师在读后环节邀请三组学生展示后就布置家庭作业，结束本节英语课。读后环节中，教师可以增加总结这一教学环节，带领学生回顾故事及重点单词、句型，以巩固学习成果。

第三节　基于英语学习活动观的小学英语阅读教学
——以 *Join In* 五年级上册第二单元 Mascots 为例

施卜丹

一、课例背景

本课例材料来源于外研社 *Join In* 剑桥小学英语五年级上册第二单元 Mascots 的第 6 部分 *The Necklace*，授课时长为 40 分钟。

二、教学分析

(一)教学内容分析

The Necklace 讲述了一位名叫 Joe 的男人因为所谓的"吉祥物"而遭遇不幸,然而这条项链其实预示着别人的好运。通过对这个故事的探究,学生可以了解故事的体裁特点,感受到主人公的离奇经历,并从他对项链的看法和态度的巨大转变中学会一些道理。

(二)学情分析

10~11 岁的五年级学生具有以下几个方面的特点:

(1)语言能力:学生具有基本的阅读能力,但大多数学生在英语学习中对概括大意和提取细节信息感到困难。

(2)合作学习能力:学生对小组作业和小组活动并不陌生,在课堂上能够进行合作学习,也愿意参与小组作业。在教学过程中需要有更多的机会来积极地表达自己的观点。

(3)情感与态度:学生很好奇为什么主角 Joe 改变了对项链的态度。教师应该帮助学生发现和理解这种变化背后的原因。

(三)教学目标

通过本次课程,学生能够学会:

(1)语言能力:找出故事的特点,使学生熟悉困难的单词和短语:potatoes, hurt, a Puma Ranch, a bag of, in a minute, a hundred dollars。

(2)思维能力:养成批判性思维。

(3)阅读技巧:预测文章内容。

(4)文化意识:对项链等贵重物品培养积极理性的态度。

(四)教学设计思路

1. 备课思维过程

《义务教育英语课程标准》(2022 年版)(以下简称《新课标》)强化了课程育人导向,优化了课程内容结构,研制了学业质量标准,增强了指导性,加强了学段衔接。《新课标》强调英语课程工具性和人文性的统一,围绕核心素养的内涵,体现课程性质,反映课程理念。新课标对阅读要求的字数变多,难度变大,突出强调了学生对英语文章要有更深层的理解,要求三至四年级课外阅读量达到 1500~2000 词,五至六年级课外阅读达到 4000~

5000 词，初中课外阅读量达到 150000 词（教育部，2022）。

故事是主题、内容、情节、语言、价值观等各种因素的融合。在故事中，学生在理解故事主题与情节、预测故事发展结果、理解故事语言的过程中语言和思维等也得到了发展（教育部，2022）。在故事教学中，教师应引导学生关注故事的图片与文字，让他们在预测故事主题、观察故事图片、理解故事寓意等过程中，建构故事主题意义。图片是表达故事主题意义的重要方式。教师要善于引导学生观察图片所蕴含的意义，深入理解故事主题（李彩霞，2021）。

在小学英语阅读教学中，教师可以尝试基于英语学习活动观，通过综合性、关联性、实践性英语学习活动，提高英语阅读教学效率，发展学生英语学科核心素养，让学生在丰富、多元、充满挑战的学习活动中，快乐地走进语篇和感知语篇内容，有深度地探究语篇的主题意义（韦莲香，2022）。在小学英语阅读教学中践行英语学习活动观，教师要依托主题语境和语篇类型，深度解读文本，制订合理的教学目标，设计学习理解、应用实践、迁移创新三个层面的教学活动，优化问题的设计，促进英语学科核心素养的提升（陈世克，2019）。

2. 课堂教学活动

课程开始后，教师首先通过 3 张图片引入文章主题，并通过预测文章内容激起学生的好奇心，接着略读找出该故事的特征：时间、地点和主要人物。然后教师让学生进行分组练习，每一小组的练习任务不同。接着学生根据录音跟读文章后进行角色扮演，并分小组讨论图片内容。最后教师带领学生回顾整篇文章的体裁、语言点和内容。

三、教学过程

◎ Step 1　Lead-in

教师分别展示了 3 张图片：一条项链、一袋土豆和一个叫 Joe 的人，并要求学生预测文章的内容。

☞ 设计意图

学习理解类活动主要包括感知文本内容，获取文本信息，并对文本有一个整体的认识。在这一环节中，教师可以通过呈现主情境图、播放视频、开展韵律活动等形式，激活主题，创设文本阅读的主题语境，激活学生已有的背景知识，激发学生的思维活力。教师通过 3 张与文章主题相关的图片导入文章内容，激发学生的兴趣，通过预测活动猜测文章的大致内容。

◎ Step 2　Pre-reading

教师将学生的注意力吸引到文本的体裁上——故事，并引导他们通过略读找出故事的主要信息：时间、地点和主要人物，从而帮助学生识别故事的特征。

☞ 设计意图

文本解读是落实学习活动观，实现学科育人价值的逻辑起点。在小学英语阅读教学中，教师首先要深度解读文本，对文本的内容、主题、语言特征等具有深刻的认识。教师深入理解文本后才能了解"故事"这一体裁的结构性，然后在此基础上利用略读寻找故事的三个特征，帮助学生更深刻地认识故事的特性，并抓住文章的关键信息。

◎ Step 3　While-reading

Activity 1：Reading and thinking

教师将学生分成三组，给出 5 分钟浏览故事。在略读时要求学生对图片进行编号，并思考这个故事可以分为几个部分，同时思考 Joe 更喜欢土豆还是项链。

☞ 设计意图

在实践类活动的设计中，教师要注重学生的自主阅读，要通过获取信息、精细加工信息等阅读任务，有针对性地培养学生的阅读策略。此外，在设计问题链的过程中，要注重问题之间的关联性和进阶性，以问题推进学生的主体探究，循序渐进地培养学生解决问题的能力（韦莲香，2022）。在读中阶段，学生从语篇初读中感知大意，完成图文匹配，再通过获取信息来掌握故事的基本内容。这些活动合理运用了各种阅读策略，有效培养了学生的自主学习能力，帮助学生掌握故事的结构和主旨。教师将学生分为三组，每一组给出不同的问题，但总体都是通过略读故事获取关键信息，同时引出文章的主旨。

Activity 2：Reading aloud

教师引导学生跟着录音逐句读，并帮助学生理解一些较难的单词和短语，同时要求男生和女生扮演不同的角色朗读台词。

☞ 设计意图

面对一群刚刚接触英语学科的小学生，教师可以通过开展一系列互动活动，让学生大胆开口说英语，使其在与同伴的交流练习中发展英语能力，增强对英语学科的学习兴趣。此外，教师还可以采用游戏教学法，这种教学方式不仅能为学生提供更多展示自己、与同学交流合作的机会，也能寓教于乐，让学生在游戏过程中享受学习，在游戏中成长。跟读活动对学生来说更容易接受，在跟读过程中学生也可以再一次梳理文章内容。在讲解重难点单词和短语之后，角色扮演让学生身临其境，在增加与同学交流机会的同时能更好地让学生投入到故事中去，帮助学生理解文章内容。

◎ Step 4　Post-reading

教师让学生分小组讨论这两句话有什么区别："愚蠢的项链！""愚蠢的我！"。

☞ 设计意图

迁移创新类活动都是语言输出活动，需要学生运用高阶思维，联系生活实际，同时提升学生的文化意识(傅京、陈静，2021)。学生需要在故事这一语境中进行思考，并结合自己的实际，通过观察故事中的图片对 Joe 的情绪变化发表自己的意见。

◎ Step 5　Summary

课堂结束时，教师引导学生回顾在课堂上所学的内容：
1. 故事的体裁特点
2. 语言点(关键词和短语)
3. Joe 对项链的态度发生巨大转变的原因

☞ 设计意图

描述与阐释主要指通过描述或阐释等活动把故事主题与内容内化。在这个过程中，教师引导学生用自己的语言把故事的主题意义表达出来，从而实现对故事主题意义理解的内化(李彩霞，2021)。在总结部分，教师引导学生从三个方面回顾课堂内容，加深学生对本节课重点内容的印象，同时强化文章主题：对项链等贵重物品应保持积极理性的态度。

四、教学反思

(一)优点

1. 灵活使用各类活动
教师在教学过程中使用各种类型的活动进行互动和导入，激发了学生的兴趣，利用图片、录音、跟读的方式进行阅读教学，同时有效利用小组讨论，增强学生的课堂参与感，先略读再精读讲解的方式有助于学生理解故事内容。

2. 围绕单元教学主题

教师结合教学主题，从整体上进行单元教学内容的补充、拓展与重组，使教学内容更具层次化和开放性，能更有效地体现教学主题。在小学英语课堂教学中，一个教学主题的讲解需要多个课时，而每个课时中教学内容的设计与衔接关乎教学主题的整体教学效果（徐珊珊，2022）。本单元的主题为树立学生对奢侈品的正确价值观。学生对这一话题的理解很有可能停留在表面，不能深刻理解"价值观"这一概念的内涵，容易造成一定的误解，但是通过故事的讲解，学生能够联系到自己的生活，更好地理解单元主题。

（二）不足

1. 缺乏迁移创新类活动

超越语篇的迁移创新类活动是阅读的延伸，它使得阅读教学具备一定的弹性，不仅能丰富学生的阅读体验，而且还有助于不同层级学生能力的发展。这类活动主要包括推导、想象、评价等，指向学生高阶思维的发展，当学生具备发散性与创造性思维时，才能为升华主题奠定基础（韦莲香，2022）。在本次阅读教学中，教师缺乏对学生发散思维的引导，对文本的扩展内容较少，主要集中在对文本内容和体裁的解读上。

2. 缺乏作业的布置

对于阅读来说，知识运用阶段就是指让学生将学到的、获得的用起来，实现认知往能力上的转化，这就需要教师设置实践类、创新类学习活动，重在让学生实践和创造。本次阅读教学中，学生能理解文本，但在运用阅读来指导行为还稍显不足。其实用阅读来指导行为的能力是学生的重要素养，也是小学英语阅读的目的。阅读不仅仅是让学生从文本中获得一些相关的词汇与短语，还要让他们学会将阅读中习得的各方面的能力用起来（姚盛，2021）。在阅读课程结束时需要通过一定的作业让学生对本节课的内容进行进一步的回顾，从而加深理解。

（三）改进建议

在教学中，教师可以引导学生联系自己的生活实际，整合自己独特的阅读体验，对文本进行创造性复述，并在复述的过程中，形成自己的观点，对故事内容及任务进行评价。

在布置作业环节可以让学生对故事进行续写，在续写时需充分按照原有逻辑进行推论，发挥想象，这不但能提高学生的语言表达能力，而且能培养英语思维能力。同时可以利用线上教学 App 对学生的作业完成情况进行客观评价，使学生感受到教师的尊重和认可，进一步落实英语学习活动观。

五、课后评析

《新课标》学习活动观的提出，为小学英语课堂教学优化、创新改革指明了崭新的发展方向。教师在小学英语的单元整体教学设计中，应积极地融入学习活动观以此实现小学英语阅读教学内容的合理构建、教学目标的层次化制定以及教学活动的主题性设计(徐珊珊，2022)。

小学英语教学是发展学生语言建构能力、审美素养、文化理解、思维品质等的关键时期，英语学习活动观在阅读教学过程中的落实能够进一步发展和培养学生对英语词汇、语法知识的学习兴趣，使他们在阅读的过程中养成良好的学习习惯，从而有助于构建高质量的阅读教学课堂，推动学生实践能力和创新意识的有序发展。

第四节 核心素养视域下的小学英语阅读教学
——以 *Join In* 六年级上册第三单元 Festivals 为例

崔雨晴

一、课例背景

本课例授课时长为 40 分钟。该课基于核心素养，采用略读和寻读的阅读方法来挖掘阅读材料，让学生接触中外的节日文化，既提升了学生的语言能力和学习能力，又培养了学生的文化意识和思维品质。

二、教学分析

（一）教学内容分析

本篇课文选自外研社 *Join in* 剑桥小学六年级英语上册第三单元 Festivals，是一节阅读课。本单元的话题是节日，通过学习学生能够知晓中国和外国的节日，了解中西方的文化差异。

文章包含了大量关于中西方节日文化的学习内容，整篇文章分为两个段落和三张配图。两个段落是对中国的中秋节和美国的感恩节在日期、活动和食物三个方面的知识性介绍，配图展示了三个与两个节日相关的图片。阅读材料语言逻辑严谨、简单易懂。

（二）学生分析

授课对象为小学六年级的学生，他们对英语学习有浓厚的兴趣，学习较为积极。通过三年的英语学习，学生们有一定的听说读写基础，也有一定的自学能力和语言组织能力。在本课学习中，教师所设计的内容面向全体学生，由易到难，学生能够在教师设计的任务中逐步捕捉关于美国感恩节的细节信息，并在获取信息后深入思考。上节课教师已教授文章中第一段有关中秋节的知识，学生已较为熟悉文章的结构及我国中秋节的相关知识，为本节课学习美国感恩节的内容做了一定铺垫，符合学生的认知规律，能够在一定程度上降低学生学习的焦虑。

（三）教学目标分析

在本课结束时，学生能够在以下方面得到提升：

（1）语言能力：学习并使用 Thanksgiving, turkey 等新词；能够根据已有知识介绍相关国家的节日。

（2）学习能力：通过阅读语篇感知和理解文本内容，获取、梳理、概括美国的感恩节；能够使用不同的阅读策略完成不同的阅读任务，即通过略读掌握文章大意，通过寻读发现文章的更多细节。

（3）文化意识：了解世界各国节日，增进对我国节日文化的认同和增进对其他国家节日的理解；认识中国传统节日的重要性。

（4）思维品质：学会比较和对比不同文化中的节日。

（四）教学重难点分析

（1）教学重点：学生能够掌握新的单词，把握文章大意。

（2）教学难点：学生能够通过略读和寻读提升阅读技能，能够尊重其他国家的文化，并提升对我国的文化认同意识。

（五）教学设计思路

英语课程围绕核心素养，体现课程性质，反映课程理念，确立课程目标（教育部，2022），因此核心素养的培养在英语教学中扮演着重要角色。英语课程要培养的学生核心素养包括语言能力、学习能力、文化意识和思维品质，2017 年版课标对核心素养有明确的定义，2022 年版课标在此基础上作了必要调整。新版课标在语言能力方面，强调语言和非语言知识以及各种策略的使用；在学习能力方面，强调策略、意识和能力；在文化意识方面，强调文化认同；在思维品质方面，强调思维品质的差异性。本节阅读课在设计时考虑了新课标中对核心素养的要求。

2022 年版课标(教育部，2022)在界定课程性质时指出："义务教育英语课程体现工具性和人文性的统一，具有基础性、实践性和综合性特征。学习和运用英语有助于学生了解不同文化，比较文化异同，汲取文化精华，逐步形成跨文化沟通与交流的意识和能力，学会客观、理性地看待世界，树立国际视野，涵养家国情怀，坚定文化自信，形成正确的世界观、人生观和价值观，为学生终身学习、适应未来社会发展奠定基础。"这一界定既继承了 2011 年版课标的合理阐释，又体现了时代发展的新要求(梅德明，2022)。"文化"一词共出现五次，可见文化是义务教育英语课程的关键，这足以说明英语课程在培养学生文化意识和跨文化交际能力方面的重要作用。2022 年版课标将英语学习的价值提升到文化的高度，体现了党中央关于树立文化自信的重要思想(程晓堂，2022)。教师在处理本篇阅读文本时，先从我国的中秋节入手，再讲解美国的感恩节，学习内容既涉及目的语文化，也涉及本国文化，教师能够引导学生了解本国和目的语国家的相关文化信息，对目的语国家节日文化进行分析和鉴别，从多重角度看待他国节日文化，不贬损也不盲从任何国家的文化。

三、教学过程

◎ Step 1　Warming up

教师创设如下情境：假设你是一名国际导游，你会选择哪个国家作为目的地？根据学生的不同回答，教师接着追问：你们知道目的地国家的节日吗？

☞ 设计意图

语言能力是参与特定情景下相关主题活动时表现出来的能力。它不是随时随地都能表现出来的，而是在参与语言活动时表达出来的。这些语言活动有一些限定，一是特定情境，二是相关主题(程晓堂，2022)。情境的创设应适合学生主体并对学生主体产生作用，使其有一定的情感反应，促使其积极主动进行学习活动的。语言学习需要置身于主题情境之中，学生在体验中使用语言，感知语言并习得语言，完成对语言的理解和表达，重视情境的运用和创设，为学生语言能力的发展提供一个良好的环境(刘丹红，2022)。

教师围绕本单元"节日"这一主题，设置学生是国际导游的情境，要求学生选择目的国家并介绍这个国家的节日，这一问题贴近学生生活，一方面能够激活学生已有的关于节日的背景知识，促使学生根据已有知识加深对主题的理解，为本课的学习做好铺垫；另一方面也可以让学生有兴趣参与、有信心表达、有经验分享。教师设计此问题时强调了语言能力在主题意义活动中的表现，符合义务教育阶段学生学习英语和使用英语的实际情形。

◎ Step 2　Pre-reading

教师利用投影仪向学生播放感恩节历史的短视频，并教学生相关的重要单词。

☞ 设计意图

2022 年版课标中将文化意识二级学段目标定为：能在教师引导下，通过故事、介绍、对话、动画等获取中外文化的简单信息，感知与体验文化的多样性。在英语教学中，视频教学主要包含以下两方面：动画视频的设置，教师根据教学内容，即课文中常出现的英文词汇和短语，进行动画内容的制作，帮助学生提前熟悉知识点；相关英文电影片段的播放，教师要帮助学生熟悉相应的英文语言环境、风俗习惯等。小学生一般通过简单地听音、观察对词汇进行学习，然后通过模仿的方式对词汇进行记忆。

在读前，教师通过视频引出课文的主题：美国感恩节。视频的播放能够使学生通过视觉和听觉了解美国的感恩节，接触大量的感恩节历史的相关信息，扩大学生的视野范围，增加课堂教学的容量，为学生提供感知和理解美国感恩节的机会，调动学生了解国外节日的兴趣，提高学生的文化意识。该视频中又多次出现新单词：Thanksgiving 和 turkey，能够突破传统单一的单词教学模式，让学生在短时间内通过感兴趣的方式多次听到关键词，加深学生对单词的理解和认识。图片和单词同时呈现在学生眼前，也能够加深学生对新单词的记忆。视频播放完后，教师进一步讲解单词，能够帮助学生加深印象。

◎ Step 3　While-reading

教师在读中阶段设计了两个任务：略读和寻读。

任务一：教师为学生播放课文录音，要求学生快速阅读课文并完成连线练习。连线练习如下：

Sentence one　　　1. The date of Thanksgiving Day.

Sentence two　　　2. What people do on Thanksgiving Day?

Sentence three　　3. What families do on Thanksgiving Day?

Sentence four　　　4. What people eat on Thanksgiving Day?

任务二：教师再次为学生播放课文录音，为学生提供更多的时间去阅读，学生完成填空练习。填空练习如下：

1. The (　　　) in (　　　) is Thanksgiving Day.

2. On this day, families (　　　) and have a (　　　).

3. People usually eat (　　　), (　　　) and (　　　).

4. Many people will (　　　) in the street and (　　　) their holiday (　　　).

☞ 设计意图

2022 年版课标对应的二级语言能力学段目标为：学生能够读懂语言简单、主题相关的简短语篇，获取具体内容，理解主要内容。其思维品质对应的二级目标要求为：学生能识别、提炼、概括语篇的关键信息、主要内容、主题意义和观点。略读是指以尽可能快的速度阅读，要求学生有选择地进行阅读，可跳过某些细节，以抓住文章的大概，从而加速阅读速度。在教学中，教师应通过一两个牵动全篇的主旨大意和语篇结构的问题，引导学生获取文本中的主要信息，教授学生快速阅读的方法，掌握在阅读中快速捕捉有关信息的技巧(王玉玲，2014)。寻读是以最快的速度从一篇文章中找出你所期望得到的某些细节的阅读方式。

小学生略读技巧的培养需要逐步引导，在读中环节的任务中，教师先为学生播放课文磁带，让学生从整体上感知课文。教师将课文中的信息设置为连线练习，可以帮助学生梳理文章的脉络，理清思路，更好地理解文本。在任务二的寻读部分，教师要求学生先看问题，弄清所要查找的信息，并再次播放课文的磁带，为学生创造寻读的时间，真正让学生沉下心来，充分地集中注意力搜寻所需要的信息。填空练习可以让学生抓住文章的重点，达到对阅读材料的深层理解。总的来说，读中的两个任务达到了新课标中对于二级语言能力的要求，即读懂语篇，理解主要内容，获取具体内容。

◎ Step 4　Post-reading

教师板书一些关键词，学生两人一组，根据板书向同伴复述课文。

☞ 设计意图

2022 年版课标中学习能力的二级目标为：能在学习活动中与他人合作，共同完成学习任务。对文本进行复述，是小学英语语篇教学的重要环节，它融理解、记忆、归纳、表达于一体，对提高学生口语表达能力有着重要的作用。复述分为重复性复述和创造性复述，在小学高年级英语教学中，运用多种复述方法，可提升学生的综合语用能力，培养学生的语感(毛静，2021)。

读后活动中，采取同伴间合作，根据教师的板书，共同完成复述任务，能够培养学生的合作能力，进而提升学生的学习能力。教师从文章中提取重要的单词来帮助学生复述文章的主要内容，将复述训练和阅读教学紧密结合起来，可以发展学生的语言能力。因提示的单词具有零碎性，学生需要在真正理解文本的基础上以词带句、连句成篇进行复述，这样可以锻炼学生的思维能力。

◎ Step 5　Summary

教师请一些对子在全班面前进行课文复述，然后针对各个对子的表现给予反馈之后，对典型性、普遍性问题进行再次总结和讲解。

☞ 设计意图

2022 年版课标中学习能力对应的二级目标为：学生应能了解自己在英语学习中的进步与不足。评价具有激励、引导和修正的作用，因此在复述教学中不能忽视对学生的评价（毛静，2021）。教师的评价可以为学生的综合语言运用能力和学习效果提供支撑（孔令楠，2022）。学生是学习的主体，教师只是学生与知识之间的"纽带"，教师的作用是当好"导演"，创造条件指导学生演好"主角"。

教师邀请学生展示，把"主角"的地位还给学生，为学生创造了动口表达的展示机会。教师提供反馈，能够让学生认识到自己在复述过程中存在的问题，帮助学生提高学习能力；同时也可以了解学生的学习情况，及时调整教学计划。教师强调典型错误，可以使学生直观地认识到常犯的学习错误，及时掌握住正确的知识。

◎ Step 6　Homework

学生选择自己喜欢的节日，并参照文章的结构，设计该节日的海报。教师可以给出样例，并在下节课邀请同学讲解自己设计的海报。

☞ 设计意图

2022 年版课标对应的文化意识二级学段目标为：学生对了解中外文化有兴趣，体现爱国主义情怀和文化自信。英语的学习是在实际运用中不断进行假设、体验、反思、修改，逐步构建知识和能力，形成包括思维品质与文化意识在内的综合素养，英语学习强调学以致用。

设计海报这一作业具有开放性和创造性，学生可以根据所学内容和已有知识充分发挥想象，同时也可以继续探索课本之外的相关知识，自主挖掘更多的节日内容，丰富文化知识，在完成作业的过程中更深入地了解我国节日文化和外国节日文化，做到学以致用。

四、教学反思

本节课存在以下优点：

第一，教学各环节充分体现核心素养。导入部分设置情境培养学生的语言能力，读前播放视频能够发展学生的文化意识，读中部分的略读和寻读能够提升学生的语言能力和思维品质，读后的复述活动和总结部分的教师反馈能够进一步提升学生的学习能力。

第二，海报设计体现趣味性和创造性。设计节日海报这一作业并没有单纯地围绕知识点展开，也未采用常见的抄写形式。海报设计具有趣味性，能够调动学生学习的兴趣和提升学生学习的主动性。学生能够依托课文对于美国感恩节的介绍以及教师给的海报样例，自主设计所喜欢节日的海报，充分发挥主观能动性和创造性。

本节课存在以下不足：

第一，读后复述环节形式较为单一。教师设计复述活动时既要重视语篇的体裁、内容、特点，也要考虑到学生的知识水平和身心发展特点，进而采用切实可行的形式。在本课中，教师仅使用单一的关键词提示法，没有考虑到学生知识水平的差异。对于基础较为薄弱的学生，教师可采取这一简单地方法引导学生复述。但对于基础较好的学生可以采用表演等创造性复述法，为学生提供更多展示的方式。灵活多样的复述形式能极大地调动学生的积极性，让学生在复述中既能内化知识，又能体会学习的快乐。

第二，评价主体较为单一。在总结部分，教师邀请学生上台进行复述展示，并给予反馈，教师在此环节就成为教学评价的唯一主体，学生在整个评价过程中始终是被动的。学生话语权的缺失，违背了"以学生为主体"的原则。此外，在小学阶段，学生有强烈的表达欲，被动接受教师的评价可能会导致学生的英语学习兴趣减弱，进而阻碍教学质量的提升。在评价环节，学生本人、同伴、教师都应成为参与者，共建多元化评价的共同体。

第四章
初中英语阅读教学案例评析

第一节　图式理论指导下的初中英语阅读教学

——以 2012 年人教版《英语》七年级上册第四单元 Where's My Schoolbag？为例

崔雨晴

一、课例背景

本课例授课时长为 40 分钟。本课基于图式理论，重视单词教学，采用快速阅读和仔细阅读的方法，挖掘阅读材料并传递其内涵，以培养学生良好的生活习惯。

二、教学分析

（一）教学内容分析

本课例选自人教版《英语》七年级上册第四单元 Where's My Schoolbag？的 Section B 2a-2c。本单元的话题是谈论物品位置。通过学习本单元，学生能运用所学语言谈论房间中物品的位置，并能简单描述物品的所有权；能正确使用物主代词，并能回答是非问句；能了解不同人的生活习惯。Section B 在 Section A 的基础上扩展了物品方位的表达，进一步深化听说技能和加强读写训练。

本课的主题是讨论 Kate 和 Gina 房间物品的摆放位置，2a 部分有一张关于房间布局的图片，图中有许多物品：收音机、时钟、录音机、书包、帽子、书柜。2b 全文共 82 词，涵盖了以下三个要素：人物是谁，谁的物品，摆放在哪里。其中表达"摆放在哪里"的信息时，既有第一人称也有第三人称，均使用了一般现在时来描述物品的方位。阅读材料贴近学生生活，语言逻辑严谨，内容具有评价性。本节课的任务是：2a 要求学生写出图片中所知道的物品名称；2b 要求学生整体阅读文章并回答 Kate 和 Gina 是否爱整洁。接着学生通过细节阅读将文章中 Kate 和 Gina 的物品及其所在位置填入 2c 的表格中。2a-2c 部分从谈论 2a 图片中的物品到 2b 文章的阅读，将本单元的知识点，即认识物品名称及其方位、学习物主代词，以文本的形式呈现，显得真实自然。设计本课时应遵循有逻辑、有梯度、有层次、有升华的原则。

（二）学情分析

本单元 Section A 部分出现了相关物品及表示方位的单词，使用了一般现在时和物主代词。授课对象为七年级学生，他们学习过物品和表示方位的单词，接触过物主代词，使用过一般过去时，学习基础和习惯良好，基本能够适应全英文教学。文本难度对学生来说属于中等水平。谈论物品位置这一话题贴近学生生活，生活趣味浓，能够调动学生已有的经验，激发学生交流的欲望。教学活动的设计遵循由易到难的特点，课堂话语简洁、清晰。

（三）教学目标

在本课结束时，学生能够：

（1）语言能力：掌握 radio，clock，tape，tape player，model plane，hat，bookcase，schoolbag，tidy，but，everywhere 和 always 的意思及用法。

（2）学习能力：理解 Kate 和 Gina 各自房间的信息，能够掌握房间内的物品名称及其所在位置。

（3）文化意识：根据 Kate 和 Gina 的房间信息，评价 Kate 和 Gina 的生活习惯，知道整洁的重要性。

（4）思维能力：根据所学知识，为 Tom 保持房间整洁提出建议。

（四）教学设计思路

图式理论认为图式是个体获取的某种知识在大脑中的存储方式，每个人记忆事物也是以图式为基础，随后通过同化与顺应的认知过程来丰富、完善和重构现存的认知结构。

针对学生无法有效处理、获取文本信息这一问题，本课例将图式理论应用于初中七年级英语阅读教学。教师在本课阅读的不同阶段，采取了不同的有效方法，激活学生的图式，帮助学生更好地理解文章。本课例着眼于七年级英语阅读教学，设计出基于图式理论的阅读教学模式。在导入阶段，教师创设 Tom 妈妈生气了这一真实的生活情景，并利用三张图片激活学生头脑中的相关图式，调动其主动性与积极性，作好背景知识的铺垫，并引导学生对文章内容进行预测，有助于学生对文章的理解。在读前，教师为学生展示 Kate 房间的照片，与学生一同找寻房间内的物品后带读单词，能够激活学生已有的单词图式，强化学生的语音图式。在读中阶段，教师引导学生运用表格整理 Kate 和 Gina 的物品和摆放位置，将复杂的内容简单化。先找寻简单问题，再看细节，分层阅读，培养学生获取信息和对信息的处理和分析能力。在读后阶段，教师设计角色扮演，让学生根据所学分别扮演 Kate 和 Tom，然后进行对话并给出保持房间整洁的建议，既巩固和丰富了图式知识，又发展了思维能力。在总结阶段，教师利用图片展示 Kate 和 Gina 房间内的物品及部分方位表达，进一步巩固课文内容，强化学生对所学单词及方位信息的理解。在作业部分，教师向学生展示图片——一个整洁的房间，强化学生对整洁的认识，同时通过写作进一步巩固学生的已有图式。在初中英语阅读教学中，利用图片、表格能更清晰地展示阅读文本信息，使学生的思维可视化，促进其阅读能力和思维能力的发展。

三、教学过程

◎ Step 1　Lead-in

Guess

教师展示图片并提问："Tom's mother is angry! Can you guess why?"之后呈现三张图片（图 4-1），并为学生提供相应的短语，让学生根据图片和短语造句，并按照座位顺序，让学生选择图片依次回答。

（1）fail the exam　　　（2）play the game　　　（3）waste food

图 4-1　Tom 的行为

学生观察图片和短语后描述图中 Tom 的行为。师生对话如下：

T：The following are some phrases to help you guess. They are：*fail the exam*, *play the game* and *waste food*. Can you use them to make sentences? This line one by one, choose one picture, please.

S1：The first picture. Tom didn't pass the exam.

S2：The third picture. Tom played the game all day.

S3：The second picture. Tom wasted food.

☞ 设计意图

适当的图式存在并不意味着它能在阅读中发挥作用，关键在于将其激活。背景图式知识是理解特定语篇所必须具备的外部知识世界(温燕杰，2010)。根据生活中的常见情景，教师让学生展开想象汤姆母亲生气的原因。因学生输入有限，教师提供图片和相应的短语供学生造句，激活学生已有的背景图式，可以加深学生对图片的理解并锻炼口语能力。按座位顺序发言具有随机性，能够随机检测学生关于一般过去式的图式。

◎ **Step 2 Pre-reading**

1. Check.

教师展示 Tom 房间的图片(图 4-2)，揭晓 Tom 妈妈生气的原因，并让学生回答问题——如果自己是 Tom 的妈妈，是否会生气，并说出原因。教师和学生再次看图，一起将图片中的物品和单词对应起来。

1. radio _____   3. tape player _____   5. tape _____

2. clock _____   4. model plane _____   6. hat _____

图 4-2 Tom 的房间

☞ 设计意图

根据图式理论的观点，任何语言材料都是由一系列的符号构成，其本身并没有任何意义，它们只起到一个承载并传递作者思想感情的作用，具体体现在为读者提供线索和方向，使读者按照材料中的线索去搜索大脑中存储的背景知识和经验。根据此观点，在阅读教学中，首先要解决的是学生的词汇问题。语言图式指的是学生先前的语言知识，也就是学生已经掌握的有关语音、词汇和语法等方面的语言知识。如果学生缺少语言图式，就会在阅读中遇到障碍，具体表现为无法对阅读材料中的语言文字进行解码，难以运用已有的背景知识去理解、分析文章，因此，语言图式是阅读的基础。图 4-2 是 Section B 1a 中的图，学生在上节课已经学习过，此处通过将单词和图片中的物品对应起来方式复习单词 radio, clock, tape player, model plane, hat，能够激活学生原有的语言图式。同时 Section B 2a 中再现 radio, clock, tape player, hat，Section B 2b 再现 clock, model plane，这两处的单词学习可为接下来的学习作铺垫。

2. Think.

通过了解 Tom 的房间信息，学生可以推测 Tom 的生活习惯。师生对话如下：

T：What is Tom's daily life like? Let's imagine.

S1：His life is so messy. He may often forget where his things are, and he has to spend lots of time looking for them.

S2：He may often forget to take his things to school, and he has to ask his mom to bring these things to him.

☞ 设计意图

"imagine"一词能够让学生展开想象的翅膀，调动已有的知识与经验，进行发散性的思考。想象 Tom 的生活习惯，可以帮助学生了解到生活混乱的严重性，进而认识到整洁的重要性，完成本课中文化意识有关的学习目标，同时为读后活动的角色扮演积累素材。

3. Find and read words.

教师创设情景：Tom 的妈妈非常生气，并告诉 Tom 不能总是这样，应该做出改变了。Tom 非常沮丧，他不知道该怎么办。但幸运的是，他知道好朋友 Kate 在学校把东西摆放得整整齐齐，总是能很快找到物品。因此，他向 Kate 求助，Kate 给了 Tom 一张房间的照片（图 4-3）。教师展示该照片并让学生找照片内的物品，呈现单词后每个单词使用升调和降调带读单词。最后教师通过图片（图 4-4）向学生介绍文章中的人物 Kate 和她的妹妹 Gina。

图 4-3　Kate 的房间　　　　　　　图 4-4　Kate 和她的妹妹

☞ 设计意图

情景创设使读前阶段到读中阶段过渡自然。从语音图式来看，加强朗读练习，可以丰富语音图式，从而把握语言的特点(傅冰玲，2021)。教师不仅再现单词，而且带领学生读单词能够激活学生的语言，图式特别是语音图式，为读中和读后活动做准备。

◎ **Step 3　While-reading**

1. Fast reading.
教师让学生快速阅读文章并回答：Is Kate tidy? Is Gina tidy? 并向学生解释"tidy"的意思。全班同学一起核对答案。

☞ 设计意图

文章提供激活图式的线索不够，学生不具备相应的基本图式，可能导致阅读理解产生困难(温燕杰，2010)。快速阅读策略是一种语言学习策略。扎实的语言知识能够帮助学生进行精确解码。这两个问题是课本中的问题，学生通过快速阅读找到答案有利于完成课时任务。学生之前未接触"tidy"这个词，未获取该词的图式，所以该词在文章第二句出现时，不能理解该词。教师通过用"clean"和"in order"解释该词便于学生对文章精确解码。

2. Teach the language point "but".
教师讲解答案所在句的语法点并让学生造句。师生对话如下：

T：Now let's study the sentence together. Here "But" is a conjunction. It joins each pair of the sentences. For example, we can say that my book is on the desk, but my baseball is under the desk. Can you make another sentence by using the word "but"?

S：I like singing, but he likes dancing.

☞ 设计意图

语法教学就是让学生将语言的形式、意义和功能有机地结合起来，使其通过实际的语言使用去运用和内化语言规则，建构系统的语法图式。此句话是课本中阅读问题的答案句，学习此句可以帮助学生理解"but"的用法，为学生构建新的图式，并造句帮助学生运用"but"，强化其语法图式。

3. Read again and complete the chart.

学生再次阅读文章，并完成 Section B 中的 2c 任务：填写表格（图 4-5）。教师将表格信息板书在黑板上。

Kate		Gina	
things	where	things	where

图 4-5　Section B 2c 表格

☞ 设计意图

表格是形式图式的一种，在阅读教学中的应用较为广泛，教学中加强形式图式和内容图式的结合，能很好培养学生各种图式的调用技能（傅冰玲，2021）。解读文本旨在帮助学生快速理清文本的线索和脉络，并加深学生对文本信息的理解，帮助其把握文本内容。教师针对文本的脉络，让学生完成 Section B 2c 的表格内容，帮助学生理清房间内物品的位置信息。同时，填表的过程就是思维活动的过程，可以帮助学生将散乱的信息整合成相互关联、完整的信息网。

4. Teach the language point "everywhere".

教师讲解文章中两句长难句的语法点，并让学生根据要求造句。师生对话如下：

T：Let's look at the sentence together. Gina's books are everywhere—on her bed, on the sofa and under the chair. Pay attention to the word "everywhere". "Everywhere" is an adverb. It means here and there. For example, we can say that students are everywhere after class. Can you make another sentence by using the word "everywhere".

S：I can't find my pencil every where.

T：OK, very good. Now let's look at the last sentence of the passage. "Where are my keys? Where's my ruler? Where's my schoolbag?" Gina always asks. Can you find out the rule? What rule is here?

S：When the subject is the third person singular, the verb should be changed to the third person singular form.

T：I will give you one example. My friend always goes to school on foot. Can you give me another sentence by using the word "always"?

S：I always get up early.

☞ 设计意图

图式理论认为，理解的过程是文本信息与图式知识相互作用的过程。加强词汇意义的解释，了解语言结构的用法，都是在增加语言知识，是理解过程中不可缺少的一个方面。同时，精读能够加深学生对课文的理解，构建文本语义图式。教师分别讲述两个句子中"everywhere"和"but"的用法，并展示例句，有助于学生更好地理解整句话，帮助学生构建了图式。学生根据所学进行造句，通过语言的使用及时强化新图式。

◎ Step 4 Post-reading

Role-play

教师创设情景：有一天 Kate 邀请 Tom 来家中做客，学生猜想会发生什么以及 Kate 会给 Tom 怎样的建议。教师给出参考建议：make the bed every day, find a place for everything 和 clean the room regularly，并邀请两位同学上台表演。师生对话如下：

...

S：Tom cleans the room regular.

T：Pay attention to your sentence. Tom cleans the room regularly or Tom cleans the room regular? Pay attention to the last word of the sentence. Regular or regularly? They are different.

☞ 设计意图

《义务教育英语课程标准》(2011 年版)指出："现代外语教育注重语言学习的过程，强调语言学习的实践性，主张学生在语境中接触、体验和理解真实语言，并在此基础上学习和运用语言(教育部，2012)。教师根据课文内容创设了 Kate 邀请 Tom 到家中做客的情景，让学生身临其境，激活了相关图式，激发了学生的学习兴趣，促使学生在轻松愉快的氛围中运用所学知识。此情景架起了一座教材到生活的桥梁，达到了获取知识、提高能力、发展思维和活跃课堂气氛的目的。

在读后阶段，教师通过角色扮演来检查学生的理解程度，有助于学生巩固和积累所学知识，巩固已有图式。为了完成该输出任务，学生需要运用课文所学的相关内容和语言，发表自己的看法，并进行模仿创作。

角色扮演活动侧重口语的流利性，教师在学生表演完后指出学生的错误，表演过程中不干扰学生的语言表达，注重了表达的完整性。

◎ Step 5 Summary

Retell

教师通过图片向学生展示 Kate 和 Gina 房间的物品(图 4-6、图 4-7)，与学生一起复述 Kate 和 Gina 房间的相关信息。通过对比复述 Kate 和 Gina 房间的物品活动，使保持房间整洁非常重要这一主题得到升华。

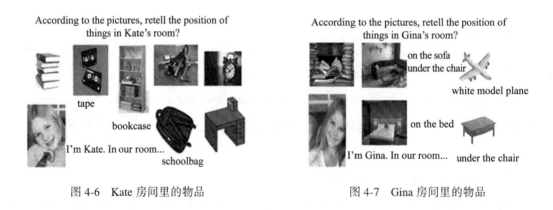

图 4-6 Kate 房间里的物品   图 4-7 Gina 房间里的物品

☞ 设计意图

复述是学生对文本理解和应用的再创造，既能培养学生语言输出的能力，又能够有效地锻炼学生的思维能力(李杰，2013)。通过文章的学习，学生已经知道 Kate 和 Gina 房间的物品及其摆放位置，在头脑中已有相关图式。教师与学生一起利用图片和短语复述文章信息，能够进一步理清文章思路，巩固图式。

通过阅读文本及完成 Section B 中 2c 的表格，学生已构建相关图式，对比复述后，学生认识到整洁的重要性主题得到升华。

◎ Step 6　Homework

教师询问学生的房间是否整洁，并展示一幅整洁房间的图片(图 4-8)。请同学们在下一节课展示自己的房间并介绍房间内的物品及其摆放位置。布置作业如下：

(1) Clean your room and take a picture.

(2) Write about where the things are in your room.

图 4-8　整洁的房间

☞ 设计意图

课后作业是课堂的延伸。教师可通过设置迁移创新类活动，帮助学生解决实际问题，使所学知识在实际生活情景中得以建构，促进其价值的升华(李威峰、鲍闽芳，2021)。本节课的作业将实践与理论相结合，既整理了房间又巩固了所学知识。

整理房间是一种有情感体验的活动，能够使学生明白整洁的重要性，帮助学生养成良好的生活习惯。写出房间内物品的布局是一项开放性的输出任务，能够使学生在深入理解文本内容的同时学以致用，激发创新的动力，训练创新的能力，实现思维迁移与创新。Section B 中的 2a 为学生呈现了房间中的常见物品，Section B 中的 2b 通过句子展示了房间物品及其所在位置。角色扮演时学生使用了相关句式，总结部分教师带领学生复述，学生具备完成作业的相关图式。本次作业能帮助学生进一步巩固和内化相应的图式。

四、教学反思

本节课有以下几点较好的做法：

(1) 运用图式理论激活、建构和巩固学生的图式。

本课很好地运用了图式理论，通过看图、造句、读单词等方式不断激活学生已有的图式知识。教师在读中阶段通过讲解重点句子，分析 Kate 和 Gina 房间信息并梳理图表，帮助学生获取新的图式知识，扩充了原有的图式库，最后通过角色扮演和写出房间内物品及其位置来巩固和运用已有图式，层层递进，环环紧扣。

(2) 充分利用图片资源，挑选、匹配适当图片。

本节课把较多图片融入课堂，充分利用了图片资源。图片有助于激活学生原有的图式，激发学生的学习兴趣，培养学生"看"(viewing)的语言技能，提升学生的综合语言运用能力。在导入环节，教师充分发挥了主观能动性，结合自身对文本主题和内容的理解，以及对学情和教学目标的把握，创造性地选择了三张图片向学生展示 Tom 妈妈可能生气的原因。在总结部分，教师精心挑选了与文章内容一致的图片。图片直观、生活，便于呈现信息，帮助学生理解文本内容。

(3) 强化写作技能，融入课后实践。

作业部分既关注了学生的认知，又关注了学生的行为；既关注了课内，又关注了课外。整理房间并拍照可以锻炼学生的实践能力，以写的方式描述房间的物品及位置可以促使学生运用并巩固所学知识。下节课邀请同学展示照片并介绍房间内的物品及摆放又再次回到课堂。

本节课在实际教学中有以下几点缺憾：

(1) 讨论和小组活动较少。

导入阶段让学生根据三张图片造句来回答 Tom 妈妈生气的原因。教师可以设计更多的讨论，让学生探讨 Tom 妈妈生气的原因，进一步激活学生的原有图式。此外在读前阶段可以增加小组讨论，引导学生预判文本材料，帮助学生激活头脑中存在的相关图式知识以便他们更好地理解文本。

(2) 肢体语言较少。

教师展示和讲解课文语法知识点时，不够生动形象。比如，讲解"Where are my keys? Where's my ruler? Where's my schoolbag?" Gina always asks. 时，教师可以利用实物并做出"找"的动作，充分利用直接引语帮助学生更好地理解文本，建构新的图式。

第二节　基于支架理论的初中英语阅读教学

——以 2013 年人教版《英语》八年级上册第十单元
If You Go to the Party, You Will Have a Great Time 为例

施卜丹　肖玉琴

一、课例背景

本课例材料来源于 2013 年人教版《英语》八年级上册第十单元 If You Go to the Party, You Will Have a Great Time Section B 中的 Reading 部分, 授课时长为 40 分钟。

二、教学分析

(一) 教学内容分析

本课例的教学内容选自人教版《英语》八年级上册第十单元 B 板块的 2a-2c, 主要涉及一篇阅读以及相关选择题。在教授本节课之前, 教师已经对于本单元的重点句型: If you are…, you should… 进行过语法教学。

课文主要介绍了作为学生的 Laura Mills 日常生活中遇到的问题以及应对策略。文章第一段开门见山, 引出"青少年常见问题及解决措施"这一主题, 并简要介绍了 Laura 对这一话题的观点, 吸引读者兴趣。第二段具体描述了 Laura 丢失钱包的经历、心路历程以及最终的解决办法。Laura 一开始试图掩人耳目不告诉父母, 担心受到父母的责怪, 但最后发现和父母进行沟通才是解决问题的最好方法。第三段讲述了专家 Robert Hunt 对这一话题的建议, 他认为青少年不应该逃避问题, 而应该选择信任的人进行倾诉, 寻求他人的帮助。课文以阅读理解为重点, 旨在帮助学生学会针对不同的问题给出自己的建议。

(二) 学情分析

经过初一年级的学习, 初二学生已具备了一定的语言综合运用能力。本单元的话题贴近现实生活, 通过 Section A 的学习, 学生学习英语的兴趣被激发出来, 能够初步运用"If…, I'll…""I think…"等结构简单地谈论自己的观点和看法。在兴趣被激发和相关图式被激活之后, 学生就会有强烈的学习欲望, 这为有效阅读奠定了良好的基础。

八年级学生对于本单元语法掌握情况较好。刚上初二的学生在身心发展、成长过程中, 其情绪、情感、思维、意志、能力及性格还极不稳定和成熟, 具有很大的可塑性和易

变性，注意力可能不集中，自制力不强。

但学生都能认真听讲，对英语学习保持较大的兴趣，没有抵触情绪，在老师的引导下积极参加课堂学习活动。

（三）教学目标

在本节课结束时，学生能够：

（1）语言能力：听懂、读懂、正确使用新词汇，如 share 以及短语 run away from, keep doing something, cut something in half 等。

（2）学习能力：利用关键词和主题句进行略读，迅速把握段落大意；能够运用寻读策略找到文章关键信息；能够根据对文章的理解，运用所学词汇和固定句型进行互动交流，就问题解决这一话题表达个人观点；能够根据评价表进行自评和他评。

（3）文化意识：懂得如何解决生活中遇到的问题和困难并保持积极向上的心态，形成正确的价值观和人生观。

（4）思维品质：在读前、读中、读后活动链中开展积极的思维训练，产生思维碰撞，提升发散、概括、分析、归纳等思辨技能。

（四）英语教学设计思路

1. 备课思维过程

支架理论 Vygotsky 的"最近发展区"理论和建构主义理论。支架就是指当学习者试图解决超过他们当前认知水平的问题时，教师所给予的支持和引导（Vygotsky，1978）。支架式教学可以帮助学生穿越"最近发展区"（现有水平和潜在水平之间的区域），最终独立解决问题。随着教学活动的进行，逐步减少外部的支持，使学生在没有"支架"的情况下，也能通过独立思考自主地解决问题。

在教师"支架"的帮助下，学生的语言学习思维会更活跃，不断地对新知识进行自我构建，更高效地完成新的学习任务，迈向更高台阶。因此，在初中英语阅读教学中，教师可结合学生已有的语言和生活经验，搭建有效教学"支架"，适时给学生提供"支架"，有效帮助学生提高英语思维能力、语篇理解能力和语言运用能力，使得学生在撤掉"支架"后，也能提升自主学习能力和解决问题的能力。支架式教学模式是能够贯彻"以教师为主导，学生为主体"教学理念的教学模式。在初中英语阅读教学中，教师力求通过确定最近发展区、搭建热身支架、创设情境、独立学习、同伴协作、课堂效果评价六个环节，逐步实现"以教为中心"到"以学为中心"、以"注重教师的知识传授"到"注重学生的自主探究和建构"的过渡（何雪莲、缪秀芳，2018）。

本单元主要讲解了 If 引导的条件状语从句 If you go to the party, you will have a great time! Section A 中用"If you do, you will... You should..."句型和对话来谈论学生熟悉的 party，使学生在完成任务的同时学习语言结构，并引导学生树立正确的人生观。Section B 由听力、阅读和填空三项活动构成。本节课的内容贴近生活，不仅能够培养学生阅读的技巧和能力，还能够使学生养成良好的心态面对生活中的困难和问题。在备课过程中教师发现文章中所探讨的三个问题：与朋友的争执、太多作业以及和父母的交流问题都来源于学生的生活，于是以此作为本课的导入，激励学生积极探索解决问题的方法和策略。文中 if 引导的状语从句的使用并不多，但是出现了一些新词汇和短语需要进行教学。

在阅读教学中，支架式教学模式要求教师应从学生已有认知出发，合理定位学生的最近发展区，针对性设计相应的教学活动和实施步骤，适时为学生提供学习支架，以期激发其内在阅读潜能，主动构建知识，提升分析和解决问题的能力和综合语言运用能力，提高英语阅读课的效率（徐伟娟，2022）。

2. 课堂教学活动

上课伊始，教师首先通过日常打招呼的方式复习上节课的语法句型，对学生头脑中已有的背景图式进行巩固和加强，引导学生进入本课的学习情境。然后教师设置情境支架，由电影导入，引出文章的话题：worry。接着教师利用图片搭建语境和语言支架，实现相关的语言词汇输入。然后，教师根据学生现有知识水平和阅读材料的要求，在正式开始阅读之前，再次引导每个小组就如何解决生活中的某些困难进行讨论。教师通过搭建热身支架，将新的阅读知识与学生已有知识相连接。在阅读开始时，教师搭建任务支架，引导学生从文章的整体出发，进行快速阅读，完成文章主旨信息查找任务。随后，教师搭建了几个层层铺垫、逻辑清晰的核心问题支架，在问题链支架的基础上，老师引导学生积极阅读并构建文本内容，将这些问题串联起来，帮助学生对阅读的难点进行分解，深入感知文本，降低阅读难度。随后，教师搭建了文本关键词和主要支撑细节的图表支架，指导学生通过细读提取段落主题句，理解文本的主要内容，形成语言知识语义场。在阅读后，教师搭建情感支架，强调文章的主旨内容，希望学生能够领悟正确的解决问题的思路和方法，鼓励学生在实际生活中遇到困难时要及时和父母或朋友沟通，共同解决问题。在阅读巩固活动中，教师围绕课文主题，给学生搭建了紧扣文本的语言协作支架。学生通过小组合作学习，构建了一个互为"支架"的合作学习平台，互帮互助，共同提高，在合作过程中学会探索。最后，教师搭建了符合初中学生兴趣和英语水平的文本支架，让学生利用文本支架完成写作任务，初步进入到语言的运用环节，锻炼学生的英语写作能力。

三、教学过程

（一）阅读前：搭建情境支架——走近语篇

此阶段，学生的知识能力不足以让他们立即投入文本阅读与分析，需要教师搭建背景支架、语境支架、问题支架，帮助学生掌握阅读所需词汇知识了解更多主题信息。

1. 搭建背景支架，引入新课话题

在阅读前的导入阶段，教师设计情境活动支架，引导学生进入新话题。教师通过师生间的问候导入主题：How are you today? I am not feeling so good. I am a little nervous now, so could you please give me some advice? 接着提出两个问题将学生引入今天的阅读情境中去：What am I worried about? How to solve the problems?

☞ 设计意图

语言的学习都是在一定的情境中进行的。建构主义强调，学生对新知识的学习是要建立在旧知识的基础之上的。教师提供贴近学生生活的话题搭建情境支架，能够激发学生的阅读兴趣，活跃课堂氛围，使学生思维处于活跃的状态，为将要进行的文本阅读活动做好准备。在课堂导入中，教师扮演了帮助者和支持者的角色，以"如何解决问题"为话题与学生聊天，激活学生大脑中的已有知识和经验，使学生轻松地进入了教师有意创设的语言情境之中。师生互动搭建了"How to solve your problem?"这一话题支架，激活了学生的背景图式，框定和构建了学生的谈论范围和活动趋向。读前环节设计问题支架，能够激活学生相关的知识储备，为读中和读后任务作铺垫。

2. 搭建语境支架，落实语篇词汇学习

教师将学生分成四组，通过呈现学生感兴趣的电影片段提出问题，如：If you are a sea monster, what will you worry about at that time? 学生给出以下回答：friends, myself。教师引导学生进入主题，随后引出 worry 的定义。接着教师展示文章中有关担忧的图片，让每组学生根据口头提示用正确的短语描述图片，并由此猜测文本的主题。教师鼓励学生进行抢答，率先答出且准确的一组可获胜。最后，教师将每组学生的回答汇总，然后将 too much homework, talk to parents, break up with friends 三个短语板书到黑板上。

☞ 设计意图

在英语阅读教学中，词汇教学相对枯燥但却非常重要。教师可通过搭建语境支架，如利用图片来搭建学习支架，实现英语语言词汇的输入。在开展阅读教学之前，通过图片，教师构建了语境支架，以情景对话的形式帮助学生熟悉阅读材料中的新词汇、新句式、新结构，进一步吸收新的知识。此外，教师通过小组竞赛的形式调动学生的参与热情，有利于激发学生的阅读欲望，为读中活动和读后活动作铺垫。

3. 搭建热身支架，激发阅读兴趣

在正式开始阅读之前，教师再次引导每个小组就如何解决生活中的某些困难进行讨论。小组讨论时，教师会观察每一个小组的讨论情况，对有困难无法进行讨论的小组进行一对一的指导，确保每个组都能够顺利地讨论出一些应对措施。五分钟后每个小组需要派出一位代表进行发言，在学生发言过程中，教师就学生的发言进行总结和补充，并鼓励学生使用本节课即将学习的短语来阐述自己的观点：keep doing, run away from, share。Group 1：I will keep doing my homework until night. Group 2：I should share my worries with my parents. Group 3：I shouldn't run away from this question.

☞ 设计意图

在读前环节，教师要充分激发学生的阅读兴趣，唤起他们关于文章主题的知识和体验，使他们处于思维活跃、热情高涨的状态，为将要进行的阅读作好准备（张冠文，2009）。教师根据学生现有知识水平和阅读材料的要求，搭建热身支架，将新的阅读知识与学生已有知识相连接，做到有的放矢。这样不仅能够充分活跃学生的英语思维，帮助他们以一种轻松的状态进入新知识的学习，而且能够培养他们的语言表达能力。

（二）阅读中：搭建任务支架——走进语篇

此阶段，教师主要培养学生运用阅读策略，从文本中获取信息的能力。学生虽然已经掌握相关词汇并具备相关背景知识，认知水平在原来的基础上得到了一些提高，但仍然需要在教师的支架辅助下，逐步提升。

1. 搭建整体任务支架，初步感知语篇

教师首先呈现三句话，引导学生快速阅读文章并进行判断：Which statement expresses the main idea of the passage? 提出阅读任务后，教师没有立即让学生投入阅读中，而是引导学生关注这三个句子的不同之处，并提示学生："The key is to find if we have problems, then what should we do exactly?" 随后，教师建议学生重点关注每一段的中心句 topic sentence，并提醒学生中心句往往出现段落第一句或前几句。

☞ 设计意图

在阅读开始时，教师可以搭建任务支架，引导学生从文章的整体出发，进行快速阅读，完成阅读任务。在本环节中，教师搭建了相应的阅读支架，引导学生从阅读课文的整体出发，完成文章主旨匹配的任务。这项任务并不要求学生理解每个词句，而是借助任务支架，根据关键词和关键句来获取文中特定的信息，并对所获取的信息进行整理，培养快速阅读、信息捕捉和主题概括能力。

2. 搭建分层任务支架，理解细节信息

(1)以问题链为支架，深层次理解文本

八年级上册第十单元 Section B 2b 是一篇以时间为顺序的阅读文本，因此教师设置了八个环环相扣的问题：What is the worst thing to do if you have a problem? What is Laura's first response after losing her wallet? What did Laura do when she lost her wallet? Why didn't Laura want to tell her parents about her lost wallet? What did Laura do in the end? What will Laura do about her problems in the future? What is the first thing you should do when you want to solve a problem? Why can parents give us good advice about our problem?

☞ 设计意图

教师搭建了几个层层铺垫、逻辑清晰的核心问题支架，有展示型的封闭式问题，有参阅型的发展式问题，也有评估型的发散式和批判式的问题。在问题链支架的引导下，学生积极阅读构建文本内容，将这几个问题串联起来，捋清了 Laura 丢失钱包的具体心路历程，感悟到了遇到问题时向父母寻求建议的重要性。经过这些支架的搭建，教师对阅读的难点进行了分解，降低了语言信息处理的难度，帮助学生深入感知文本，降低了阅读难度，提升了阅读的信心，把握了整个文本的核心之处，高效地完成了阅读思维活动(徐伟娟，2022)。

(2)以图表为支架，形成语言知识语义场

八年级上册第十单元 Section B 2b 是围绕"作为学生，如何解决自己生活或学习中遇到的困难"这一话题展开的，因其篇幅长，内容多，学生理解有一定的困难。为此，教师搭建了文本关键词和主要支撑细节的图表支架，指导学生通过细读提取段落主题句，并根据四个关键词 problem, first step, solution 和 implication 分别找出 Laura 和 Robert 两个人物所代表的不同观点。教师利用图表形式引导学生找出提纲式的关键表达，并把握住支撑性细节建立语言知识的语义场，从而领悟文本结构与具体信息间的关系，积极建构文本主要内容的意义，为后续开展复述和写作训练等输出活动做铺垫。

☞ 设计意图

在阅读教学中，学生要在短时间内从长篇大论中找到细节比较困难，这就要求教师根据时间顺序、逻辑关系、发展规律等将文本内容设计成简明扼要的图表支架，帮助学生迅速掌握文本大意，并着重探讨语境下的语言知识所形成的语义场，为读后语境中说和写的活动顺利开展提供语篇和语言支架。

（三）阅读后：搭建活动支架——走向语用

"用"是语言的核心和根本，读后阶段的语言输出是检查学生语用能力、语篇建构能力和思维品质的重要手段。因此，教师要精心搭建支架，帮助学生自信满满地达成这些目标。

1. 搭建情感支架，培养健全人格

教师重新强调文章的主旨内容：We should learn how to solve our problems and deal with our worries in an appropriate way，希望学生能够领悟解决问题的正确思路和方法，鼓励学生在遇到困难时用积极的态度去面对，并适时寻求父母或朋友的帮助。同时，教师升华文章中心主题：Happiness and worries occur together. We should accept both and have an optimistic attitude。

☞ 设计意图

在教学过程中，除了需要培养学生的阅读策略和阅读能力以外，教师还承担着育人的责任，让学生逐步养成适应终身发展的必备品格。为实现认知和情感发展的双重目标，在阅读中教师要研读文本教材，挖掘文本内涵，巧搭情感支架，渗透情感教育，引导学生养成积极向上的情感态度与价值观，在面对困难时，要乐观积极向上，直面困难决不逃避，培养学生健全的人格。

2. 搭建协作支架，提高探究能力

在读后环节，教师展示一张图表，要求学生与身边的同学进行交流，目的是找出他/她最忧虑的三件事情，并进行小组讨论，尝试找出可能有效的解决办法。然后每组选出一位代表向全班汇报讨论的成果。

☞ 设计意图

读后活动要给学生独立完成任务的时间和机会，教师适时撤出支架，不再提供具体支架，只抛出任务，让学生进一步处理和内化所学内容，培养学生独立思考的能力。

在这项阅读巩固活动中，教师围绕课文的主题，给学生搭建了紧扣文本的语言协作支架。教师把学生分成小组，按照设计搭建的话题框架，让学生分组进行交流并做好记录。学生通过问答记录的形式进行小组合作学习，经过调查、问答及汇报，构建了一个互为

"支架"的合作学习平台，互帮互助，共同提高，在合作过程中学会探索。学生有机会真正掌握并内化学习材料，并为下一步的写作活动收集、整合信息搭建好"脚手架"，实现了从读到写的过渡。

3. 搭建文本支架，提高语用能力

在讨论任务结束之后，教师要求学生完成写作任务，即将自己所发现的朋友遇到的问题，以及可能的有效解决办法，用本篇阅读中的核心句子结构表达出来。

☞ 设计意图

语言学习的最终目的是为了输出和运用。阅读是语言的吸收、输入，写作则是语言的表达、输出。当学生储存了一定量的英语语言信息时，教师就应该给学生一定的写作任务，进行适当的语言输出训练。因此，在阅读后的活动设计中，教师要搭建符合初中生兴趣和英语水平的文本支架，查找与所阅读课文内容、话题相契合的素材，并做相应连接。通过文本支架的搭建，教师让学生利用文本支架完成写作任务，在培养学生文本理解能力的基础上，初步进入语言的运用环节，锻炼学生的英语写作能力。教师通过文本支架为学生提供帮助，成功地扮演了"支持者"的角色。信息收集、整合与语言运用既培养了学生的合作学习能力与思考探究能力，又提高了学生英语语言的综合运用能力。

四、教学反思

本节课基于支架教学理论进行初中英语阅读教学，重点关注在不同教学阶段的支架作用，培养学生的阅读能力、自主学习能力，并通过多种活动激发他们学习英语的兴趣，增强学生使用英语的信心，获得英语学习的成功体验。

本节课的亮点如下：

(1)明确师生角色。在支架式阅读教学中，教师和学生都要明确自己所扮演的角色。教师既是知识的传授者、课堂的示范者和引领者、教学活动的组织者，又是学生学习的促进者、引导者和鼓励者。教师需要明确什么类型的支架适合学生，如何为学生搭建合适的支架，知道什么时机搭建和撤离支架能有效地帮助学生完成深度学习和有效阅读。而学生需要明确自己才是学习任务的承担者和课堂学习的主体，应该积极参与课堂，主动提升自己的学习能力。在支架式阅读教学中，教师发挥着引导的作用，将学生的主体性充分调动出来，从而逐渐帮助学生实现知识的掌握和内化。

(2)找准最近发展区。找准最近发展区是实施支架式教学的前提。在阅读教学中，支架式教学模式要求教师应基于学生已有认知水平出发，合理定位学生的最近发展区，有针对性地设计相应的学习活动和实施步骤，适时为学生提供学习支架，以期激发其内在的阅读潜能，主动学习和构建知识，提升分析和解决问题的能力和综合运用语言的能力，提高英语阅读课的质量和效率。

（3）搭建多样化支架。在教学过程中的不同阅读阶段，教师要根据不同的阅读任务，尽可能搭建灵活多样的支架来提高学生的阅读能力，发展学生的思维品质。读前阶段，教师可借助图片、视频等做情境支架引出话题并导入新课，也可借助标题和插图做支架预测文本内容；读中阶段，教师可以搭建问题链、图表或思维导图等文本支架来开展阅读活动，培养学生的归纳大意、厘清结构、寻找细节等阅读能力和思维能力和品质。读后阶段，教师可搭建复述、仿写、情感提升等语篇、语义场和情感支架，促进学生实现高效的语言输出，提升学习能力、综合英语运用能力和思维品质。

本节课也存在许多不足，尚需教师在以后的教学实践中予以反思和改进：

（1）在初中英语阅读教学中，虽然教学形式是多种多样的，但是教学效果的反馈要以评价的形式呈现出来。较为常见的教学评价形式主要有教师评价、生生互评和学生自评。在支架式教学活动中，教师可以在不同的活动中使用不同的教学评价，或者将这些评价方式有机融合，结合学生的实际情况予以相应的指导和评价，使学生明确自己的学习状态，从而不断进步，不断提升自我。然而本节课并没有设计教学评价的环节。比如，在搭建协作支架环节，教师在随机抽取三个小组进行汇报展示后，可以给予相应的反馈点评，完成展示的小组对下一组的表现进行评价，其余小组自评。

（2）阅读教学需体现互动性、合作性、反思性和自主性。阅读不仅是与文本进行互动，理解文字符号的言下之意，还是在领会言外之意的基础上进行分析、评判、创造、表达的过程。阅读更是读者与作者、老师和同伴之间的互动。学生在合作学习过程中使用语言进行高阶思维活动，并进行自我评价和自我反思，从而培养自主探究能力和终身学习能力。这符合当前教育改革背景下以学习者为中心（student-centred）的教学理念。

第三节　基于主题意义探究的初中英语阅读教学

——以 2013 年人教版《英语》九年级全一册第四单元 I Used to Be Afraid of the Dark 为例

施卜丹

一、课例背景

主题是统整教学内容和教学活动的灵魂和纽带（程晓堂，2022）。新课标强调，"内容的组织以主题为引领，以不同类型的语篇为依托，融入语言知识、文化知识、语言技能和学习策略等学习要求"（教育部，2022），赋予了主题前所未有的重要性。然而，在现实教学中，有的教师过于关注语言知识的操练和记忆，对文本的主题意义视而不见，导致主题意义边缘化；有的教师往往只是蜻蜓点水，对文本意义和育人价值的挖掘还不够深入，致使主题意义探究浅层化。这些现象都让学生很难从主题意义层面去理解文本内容，很难实现深度学习。因此，如何设计基于主题意义探究的有趣、有效、有深度的教学活动，是值得深思和实践的课题。

本课例材料来源于 2013 年人教版《英语》九年级上册第四单元 I used to be afraid of the dark 中的 Section B：Reading 部分，授课时长为 40 分钟。授课教师从主题意义探究出发，结合英语学习活动观的三类发展性活动，深入挖掘语篇特点及其背后的育人价值，设计了彼此关联、螺旋前进的活动链，促进核心素养培养目标的达成。本课例旨在为基于主题意义探究的英语阅读教学提供参考。

二、教学分析

（一）教学内容分析——研读语篇

语篇作为教学内容的基础载体，除了呈现语言信息之外，还蕴含着许多承载深层育人价值的主题，是意义探究的切入点。因此，深入解读教学语篇显得至关重要，也是有效实施教学、落实核心素养的关键所在（王蔷等，2019）。教师从 what、how 和 why 三个维度对本节课的教学语篇进行全面分析，从而为后续教学目标的确定和教学活动的设计提供依据。

1. 主题内容

本课教学内容为一篇写人记事类的记叙文，该语篇所属的主题语境为"人与自我"，主题群涉及生活与学习、做人与做事。该单元的话题是"how we have changed"，功能为"talk about what you used to be like"，语言结构指向使用 used to 等重点句型和比较级讲述今昔变化。从故事本身的内容来看，它主要以时间顺序描述了留守儿童 Li Wen 因感到缺少父母的关心与陪伴而导致的一系列行为和情感上的变化。尤其是在经过和父母面对面的沟通后，误会得以解除。Li Wen 理解了父母对他的爱。他意识到父母虽然忙碌在外，但无时无刻不在牵挂着他，父母也会为他获得的小小成就而感到骄傲。自此 Li Wen 一改往日的伤心和沮丧，开始比以前更加努力地学习和生活。因此整篇文章关于 Li Wen 今昔变化的描写形成了明显的对比，呈现了较多由 used to 等短语和比较级构成的句型。文章以记叙文的方式展开，较贴近生活，篇幅不长，加之生词较少，学生在理解文章上没有太大困难。

2. 文体特征

该文章共由四个段落构成，第一段介绍了 Li Wen 的背景信息，描述了幼时在父母陪伴和关爱下的 Li Wen 是一个快乐、学习很好的男孩。但自从父母离开他外出工作，他开始变得郁郁寡欢。第二自然段描写了 Li Wen 曾经因为父母外出打工，缺少与家人的陪伴和相处，误认为父母忽视自己的生活和学习，因此在学校里制造了很多麻烦，试图引起父母的关注以得到他们的爱与陪伴。第三自然段引用了 Li Wen 在和父母交谈后的亲身感受，他理解了父母对他的爱，父母虽然忙碌在外，但无时无刻不在牵挂着他，父母也会为他获得的小小成就而感到骄傲。最后一自然段描写了 Li Wen 的蜕变，他领悟到了和父母进行沟通的重要性，自此一改往日的伤心和沮丧，开始比以前更加努力地学习和生活。本记叙文交代了包含时间、地点、人物、事件、起因、结果在内的六要素，还包含事件的开始、发展、高潮和结果，文章逻辑清晰，层层递进，将一位青少年的真实生活烦恼娓娓道来，引人入胜，人物形象饱满，具有感染力，能够使学生产生共鸣，并获得一定的感悟和启发。

3. 价值取向

教师发现"How we have changed"这一话题十分贴近学生的生活，Li Wen 的经历很可能是当下很多留守儿童真实生活的写照。初中阶段的孩子正处于青春期，也是一个矛盾多发的阶段。一方面，他们情绪多变，容易冲动、意气用事，想要摆脱家长的束缚，有时难免会和发生父母争执和分歧，固执已见。另一方面，这一年龄段的孩子敏感脆弱，需要更多的关爱陪伴和引导。这节课的学习将使学生感知自己的变化，正视自己与父母的矛盾和摩擦，帮助他们审视自己的行为。教师还可以引导学生尝试理解中国父母所表达爱的特殊方式，用心感受父母的关爱，尝试理解父母的选择，同时教会他们懂得如何与父母进行积极有效的情感沟通和交流。本节课不仅要培养学生阅读的技巧和能力，还要教会学生学会如何和父母进行有效沟通，积极表达对父母的爱。

基于上述分析，教师将本课主题确定为"Love and Communication"，旨在帮助学生正确感知自己情感上的变化以及学会如何面对生活中的烦恼，理解父母表达爱的方式并懂得如何和他们进行积极有效的沟通。

（二）学情分析

教学对象为九年级学生，学生对于本单元语法掌握情况较好，教师对学生的学习情况有如下分析：

(1)语言能力：九年级学生已经掌握了一定数量的词汇和足够的语法结构来表达自己的观点。

(2)合作学习能力：学生在课堂上能够积极参与同伴讨论和小组作业，在学习过程中乐于参与团队合作，喜欢探讨，也能够利用图片线索讲述自己的经历，表达自己的观点。

(3)情感与态度：本课的主题是父母的爱。九年级的学生正处于青春期，有时会和父母争吵，固执己见。这节课的学习将帮助学生正视自己与父母的矛盾和摩擦，引导他们尝试理解父母的爱，学会与父母沟通相处，尊重父母的选择。

(三)教学目标分析

经过本课学习，学生能够学会：

(1)语言能力：使用短语 left-behind child, be absent from, make a decision, 以及比较级的用法。

(2)学习能力：通过略读获取文章大意，通过寻读获得详细内容，提高捕捉关键信息的能力；与同伴合作完成给定学习任务。

(3)文化意识：理解中国式父母表达爱的方式并懂得如何和他们进行有效沟通。

(4)思维能力：采用正确的态度和方式去解决问题。

(四)教学设计思路

课程开始，教师首先通过提问引入课文主题，同时交代文章背景：Li Wen 是一名留守儿童，让学生在理解背景的前提下略读前两段，找出描述 Li Wen 变化前后的句子，接着略读全文，将每段的空缺句填入正确的段落中，以便后续进行精读理解。在精读每段文章时，教师利用电影 Turning Red 片段促进学生对文章的理解，使得学生身临其境，切身体会到 Li Wen 的烦恼，从而理解他后续的叛逆行为。之后的分段讲解中，电影片段也穿插其中，教师引导学生复习"used to..."这一句型。然后师生利用表格将谈话前后 Li Wen 的行为进行对比，突出与父母沟通的重要性，点出文章的主题，同时学习比较级的不同形式。复述活动让学生回顾 Li Wen 的整个心路历程，角色扮演给学生提供了进行口语锻炼的机会。最后作业布置环节选择书信模式，展示评价标准的同时留给学生一定的发挥空间，为下节课的同伴互评打好基础。本节课的整体设计如图 4-9 所示：

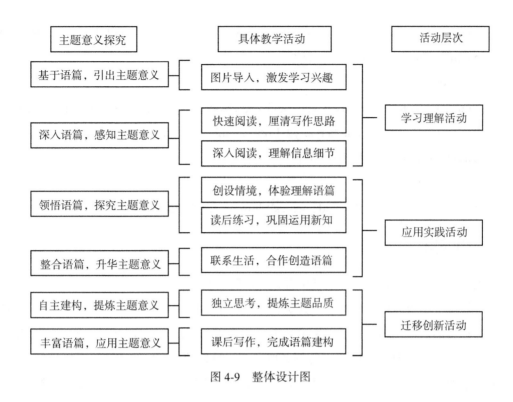

图 4-9 整体设计图

三、教学过程

(一)基于语篇,引出主题意义

在阅读语篇之前,教师通过与主题相关的视频、图片,激发学生的学习兴趣,调动学生已有语言知识和生活经验,充分利用学生已有知识引入主题,激活学生思维,为后续的主题意义探究作铺垫。

活动:Talking about Parents(图片导入,激发学习兴趣)

在课程开始前先抛出问题:"你的父母对你来说意味着什么?"同时给出两张图片。学生需要猜测图片描述的内容,然后想象:"如果你的父母离开你去另一个城市工作怎么办?"教师通过图片教授新词:left-behind child,同时这也是本篇课文的背景。

T:Here is one question for you:what do your parents mean to you? I will give you 2 pictures, please look at the pictures and try to guess what these pictures are talking about. Let's see the first one, so who wants to have a try?

S1:Hero!

T：Yes, great. Your parents mean hero to you, superhero, right? Let's see the next picture, who wants to have a try?

S2：Friends.

T：Your parents mean friends to you, and you always play happily. So what if your parents left you for work in another city? Look at this boy, he is crying and he misses his parents so much, so he becomes?

S：Left-behind.

T：Yes, that's right! left-behind, we call him a "left-behind child".

☞ 设计意图

首先，图片作为一种多模态教学资源，可以吸引全体学生的注意，充分激起学生的兴趣，为进入课文学习做好充足准备。其次，教师展示的图片与文章的背景密切相关，不仅能够营造轻松的学习氛围，帮助学生进入更好的状态，而且能通过与学生的互动落实语篇词汇教学。最后，"聚焦主题"是主题意义视域下语篇教学探究的初始部分，本活动最主要的目的在于教师要精准把握学生所具备的与该主题相关的生活经验，并以此为引领，创设导入情境，让学生有语言可表达，有经验可分享，有兴致来参与(朱双乾，2022)。

（二）深入语篇，感知主题意义

本阶段要求学生对语篇的内容、语言特点、文体结构进行深入的学习与运用，在学习语篇与创造语篇的过程中感知主题意义。

1. 快速阅读，理清写作思路

活动 1：Reading and Initial Analysis

教师让学生阅读文章前两段后找出描述 Li Wen 变化前后的句子和原因。引起 Li Wen 突然变化的原因是父母离开家乡工作，他感受到心里的落差。同时 "left-behind child" 这个单词可以在此时进行回顾。

T：First of all, I would like you to read the first two paragraphs quickly and try to find out sentences that describe changes that happened to Li Wen, I will give you two minutes to finish the task. And check the answer together, there are two sentences describing the changes of Li Wen, so could you find out the reason for his changes? Let's read it together.

S：His parents moved to the city to look for jobs, and his grandparents came to take care of him.

T：So he becomes?

S：A left-behind child.

T：Yes, that's right！

☞ 设计意图

语篇教学的高效展开基于学生对语篇核心思想的理解，学生只有真正理解了作者的创作意图、情感变化才能提高学习质量，实现思维能力、语言表达能力的发展（陈国娟，2022）。略读可以帮助学生在短时间内掌握重要信息。通过快速浏览文章，学生可以了解 Li Wen 的变化，进而找到导致这一变化的原因是父母的离开。

活动 2：Reading and Completing the Passage

教师要求学生略读整篇文章，将每一段所空缺的句子填入文章内。课本中给出了四个空缺句，教师根据每段特点给出线索后由学生自主完成，统一核对答案时讲解选择该句的原因。

A. They had a long talk.

B. Now Li Wen has really changed.

C. However, things began to change a few years ago.

D. His teacher was worried about him.

T：We can see from page 31, there are four sentences here. Could you help me to complete the passage using these four sentences? I'll give you some clues, for example, They had a long talk. Pay attention to "they". I'll give you 3 minutes to do this task. Have you finished?

S：Yes.

T：Let's check the answer together, as for A, it looks for a pronoun in the preceding context. And B indicates the change of time. As for C, it serves as a turning point. And D, looks for a noun phrase in the preceding context.

☞ 设计意图

在考虑语篇基本特征的前提下提高知识任务探索的针对性，使学生提取有效信息，掌握相关语用技巧，并在广阔的交际空间内表达真实想法，从而更好地把握语篇核心思想，提高阅读质量（陈国娟，2022）。文章中每段缺失的句子会影响学生的精读理解，所以在略读前两段后，学生需要浏览整个文章，找出空缺句的线索，并根据教师给出的线索将四个句子填入相应的段落。通过这项活动，学生也可以对文章整体的布局有大致了解。

2. 深入阅读，理解细节信息

活动 1：Watching and Imagining

教师利用电影《青春变形记》作为理解文章的支架。首先，教师介绍了电影主人公 Mei 的背景，然后展示了她在发现自己第一次变成熊猫时的反应。这里展示的情景与课文中 Li Wen 故事的第一段有关。通过观看电影主人公 Mei 的反应，学生可以联想到自己不快乐的经历，从而理解课文中 Li Wen 的感受。

T：As teenagers, we may have many kinds of problems with our parents. For example, in this movie "Turning Red", the little girl Mei has many family rules to follow. However, when she grows up, things become a little different. She has a magic of turning into a giant red panda, when she gets really excited. When you find that you become a red giant panda one day morning, what's your feeling? Sunny, please.

S：I feel excited, the red panda is cute.

T：You will feel really excited, because you think it's really cute, right? Let's see the reaction of Mei.

☞ 设计意图

使用多媒体展示与语篇内容相关的生活故事图片，拉近学生与英语语言之间的距离，激活他们的思维，在此基础上组织自由讨论、游戏互动活动，真正做到聚焦语篇主题自然渗透知识，学生在此语言环境中能够放松身心（陈国娟，2022）。了解课文大意和框架后，教师聚焦语篇的第一段，提问：When you find that you become a red giant panda one day morning, what's your feeling? 电影片段在此时起到了支架的作用。处于青春期的学生会遇到心态上的变化，教学中教师使用女孩 Mei 在青春期变身前后的照片和片段，引导学生回忆自己不愉快的经历，有助于学生更好地理解文本中 Li Wen 发现父母离开时的感受。

活动 2：Reading and Speaking

父母离开后，Li Wen 的情绪发生了巨大的变化。教师提供了一些图片以引导学生发挥想象，猜测 Li Wen 当时的情绪，并用自己的语言表达他们的观点。

T：This is really a big change to everyone, right? So when you find that your parents have left home and you are alone in your own room, what's your feeling? Let's read paragraph 1 and think about possible feelings of Li Wen at that time. There are two pictures to help your imagination.

S1：I will feel excited! I can do anything I want.

S2：I feel sad, I miss my parents.

☞ 设计意图

引入话题后，教师以问题链为引，设计阅读学习活动，帮助学生理解作者提供的论据及其内在逻辑关系（刘彬，2021）。通过电影片段的观看，学生能够回忆起青春期自己与父母不愉快的经历，带着疑问去阅读语篇时，能够猜测并理解 Li Wen 当时的感受，同时激发他们的同情心。

（三）领悟语篇，探究主题意义

主题意义的探究应以解决问题为目的。教师在此阶段创设教学情境，帮助学生领会思想内涵，进一步体验理解语篇，并启发学生围绕所学主题，运用新学知识，在具体情境中运用新知，内化所学，探究深层次的主题意义。

1. 创设情境，理解语篇

活动 1：Watching and Talking

青春期的学生容易和父母产生争执，正如电影片段展示的一样：将不及格的试卷藏到床下。通过观看电影主人公 Mei 的行为表现，学生可以更好地理解 Li Wen 的叛逆行为。

T：Sometimes we don't understand the behaviors of our parents. They will do something we cannot understand. We may be annoyed, and we will try to cause some trouble to attract their attention. Let's see what Mei did in this movie.

T：As we can see, Mei's parents wanted Mei to be a well-behaved girl, but she failed exams and hid the exam paper under the bed. Did you use to do the same thing?

S：Yes!

T：I heard your voice. I have done this before.

☞ 设计意图

授课期间教师应给予学生广阔的思维发展空间，创设主题式生动情境，吸引学生的注意力，让他们在产生身临其境之感后进入自主探索状态，把握好语篇思想内涵（郭慧，2020）。这部分旨在利用电影中的情景引导学生回忆自己在青春叛逆期有过的行为。例如：

将考试不及格的试卷藏到床下。这为学生们创设了一个主题情境，也为课文中 Li Wen 成绩下降、逃课等行为的出现作好铺垫。

活动 2：Reading and Discussing

教师提供了一些与段落相关的图片，引导学生发现 Li Wen 在学校出现的问题。学生们互相讨论，尝试使用"He used to…"这一句型来描述 Li wen 的问题，教师也给出了相应的例子：He used to fail the exam。讨论结束后，教师集中讲解这一段落呈现的问题和空缺的句子。

T：Let's move on to the textbook and read Paragraph 2, and find out Li Wen's problems, after his parents moved to the city to look for jobs. Please remember to use the pattern：He used to…

T：Time is up. Which group wants to be the first one to share your ideas with us？

S1：He used to want to leave school.

S2：He used to have no friends.

T：Yes, great！Let's see it together.

☞ 设计意图

语篇教学注重对文本的整体理解和全文把握，不主张拘泥于逐字逐句的学习，这就需要教师始终围绕主题意义，从整体把握开展教学活动（朱双乾，2022）。"Used to do…"是本单元的重要语法结构，文章中也多次使用了这一句型。学生通过讨论，不仅可以更好地理解所学的"He used to do…"这一句型，还能总结文章信息组成新的句子。这段的缺失句对学生来说相对较难，所以教师圈出关键词进行集中讲解，消除学生的疑虑。

2. 读后练习，巩固运用新知

活动 1：Reading and Doing Exercises

教师将学生从教室中间分成两组进行练习。教师讲解了 Li Wen 谈话前的行为后，第一组学生可以很快地完成表格左边的填空练习。另一组学生完成表格右边的填空练习（图 4-10）。

T：Li Wen really caused a lot of troubles, so his teacher advised his parents to talk to him in person. After the talk, did he really change？Let's read the last paragraph and try to fill in the blanks.

Past	Now
He used to feel _____ and _____	He is _____ now.
He used to _____ classes and _____ his examinations.	He works _____ than he used to.
He used to be _____ and not be able to _____ quickly in school.	He becomes _____ and _____ in school.

图 4-10　The Past-Now Chart

☞ 设计意图

理解语篇的语言特征是理解主题意义的基础。主题意义蕴含在语篇中之中，语篇特有的表现形式也是挖掘主题意义的突破口（罗之慧、王雁，2021）。师生一起回顾段落的主要内容及作者的谋篇布局，使用表格的方式能够清晰展示文章的脉络以及 Li Wen 和父母谈话前后的变化，学生也会对文章主题有更深入的理解。

活动 2：Reviewing Comparatives

教师解释了表格中三种不同类型的比较级：happy—happier；hard—harder；outgoing—more outgoing，然后让学生用这些结构进行造句。

T：We can see that there are 3 different types of comparatives，"happier" "harder" "more outgoing". Could you please use these three patterns to make sentences？ Who wants to have a try？

S1：I want to be more outgoing，because I want more friends.

S2：Li Wen is happier after talking with his parents.

☞ 设计意图

在学生对文本整体内容形成一定理解的基础上，教师聚焦语篇的关键段落和特色表达，引导学生赏读语篇，逐步加深对主题的理解（罗之慧、王雁，2021）。比较级是这一单元的关键知识点，表格中展示了比较级的三种不同类型。为避免学生的混淆，教师通过讲解，让学生更好地理解比较级结构。

活动 3：Retelling

完成文章阅读和讲解后，教师引导学生复习他们在课堂上所学的知识。学生根据时间表重新编排故事，争取能用自己的语言复述整个故事。

T：After reading the whole passage, could you please rephrase the story of Li Wen in your own words? Here is a timetable for you.

S：Li Wen is a left-behind child. His parents moved to the city to look for jobs.

T：Yes, his parents moved to the city to look for jobs, and what's going on? Look at these two pictures.

S：He used to fail his examinations and he was shy and not be able to make friends, and then he talked with his parents. He is much happier now, he works harder than he used to, and he makes some good friends.

T：Give her a clap! Savanna really did a good job!

☞ 设计意图

读全文可以感知语言特色，提升语感与语用意识，加深对文本的理解，为输出表达作好铺垫(罗之慧、王雁，2021)。总结是教学过程中不可缺少的一步，它可以帮助学生培养自主学习和自我反省的习惯。教师将文章的关键词句展示给学生，学生通过复述文章加深对文章内容的理解。

(四)整合语篇，升华主题意义

活动：Role-play(联系生活，合作创造语篇)

学生完成复述文章之后，教师让学生设计 Li Wen 和他父母之间的第一次通话，并在小组内进行角色扮演，同时给出通话中的常用话语和例子。

T：Could you please design the first phone call between Li Wen and his mother or father and role-play it with your partner? One of these two aspects need to be included in you role-play. Let's read it together.

S：Possible questions Li Wen might ask his parents or questions his parents might ask Li Wen.

T：Here is a sample for you. When we are calling, we should use "this is…" to introduce ourselves. For example, this is Li Wen.

Sample

Li Wen：Hello, this is Li Wen. Can I speak to my parents?

Mary：One moment, please, I'll put you through.

Mother：Hello，this is Li Fang，what happened，Wen？

Li Wen：Do you love me？

Mother：Of course，we do.

Li Wen：Why don't you come home to see me more often？

Mother：Sorry，we are really busy with our jobs everyday. Life is not easy in big cities，but we miss you every day…

☞ 设计意图

在进一步梳理文本内涵的基础上，教师要求学生加强与语篇的互动，形成感悟与共鸣；再联系自己的生活经历，结合语篇图文进行开放探究，自主构建主题意义（罗之慧、王雁，2021）。角色扮演让学生有机会在课堂中锻炼英语口语。由于沟通不畅，Li Wen 和他的父母陷入了困境。打电话是一种日常生活中有效交流方式，学生在角色扮演时能够更好地领会文章的主题，同时也能学到英语中的固定表达方式。

（五）自主建构，提炼主题意义

活动：Making a Choice（独立思考，提炼主题品质）

教师提问学生："我们应该如何与父母相处？"，并用 Mei 的视频片段来强调这节课的情感目标：理解和交流。中国父母的爱隐藏在所有的细节中。本节课的学习可以帮助学生理解父母的爱，并学会如何有效地与父母沟通。

T：Here is one question for you：How should we get along with our parents？Which one will you choose？

S：I will choose C. I seldom do that.

T：Let's see what Mei did in this movie. It may be helpful for you to make a choice.

T：What did the mother say？Do you still remember？

S：Don't hold back for anyone. The farther you go，the prouder I will be.

T：So what about our parents？Look at these pictures（show students two pictures）. Are you familiar with them？Our parents are always behind us. They take pride in everything good we do. However sometimes they are just too busy to express their love to us，so we need to communicate effectively with them and express our love to them.

☞ 设计意图

体悟主题是主题意义视域下语篇教学研究的高潮部分，本阶段的学习活动是在语篇学习的基础上进行文本延伸的，鼓励学生联系个人实际进行自我表达，从而彰显语篇所包含的文化内涵与价值观，实现主题意义视域下语篇教学研究的育人价值（朱双乾，2022）。学生紧扣主题意义，探究深层的价值内涵，理解人类共同崇尚的核心观念，形成家国情怀，养成正直乐观、忠诚担当、包容开放的积极情感，树立正确的世界观、人生观、价值观（龙晋巧，2018）。文章所要表达的主题是爱与沟通。从文章中 Li Wen 的故事延伸到日常生活，能够唤起学生的反思："中国式"父母表达爱的方式是什么？自己与父母的沟通是否存在问题？

（六）丰富语篇，应用主题意义

在提炼主题意义之后，教师还要引导学生回归现实生活，鼓励学生将主题意义迁移到实际问题和情境中去，实现学科能力向学科素养的转化。

活动：Homework（课后写作，完成语篇建构）

教师布置了一个写作任务：假如你是 Li Wen，写一封信给你的父母，谈谈交流后的变化，并记得使用以下表达：I used to...，take care of，be absent from，communication with，根据需要在下节课的开始时依据评分量表给同伴进行打分。

☞ 设计意图

从文本主题的解读到文本主题的延伸与拓展，能让学生更好地审视现今社会与自我内心（葛炳芳，2018）。作业布置基于课文内容，给予了学生更大的发挥空间，让学生可以结合自己的生活发挥想象，给出的范例提醒学生在书写时注意信件的格式。作业的布置可以帮助学生加深对所学短语的理解，鼓励学生与父母交流并思考自己的行为。同伴反馈相对容易接受，有助于学生之间的互相学习。

四、教学反思

（一）本次课存在的优点

1. 利用语篇进行主题教学

基于主题意义探究的学习可以提升学生的英语学习兴趣，强化其学习动机。学生在语篇学习的过程中，会反思自己的学习过程，从而获得提升学习能力的方法（朱双乾，2022）。在教学前教师首先确定了课文的主题：爱和沟通。依据这一主题内容进行文章导入，贴近生活以激发学生的兴趣，接着利用文章和电影的搭配延伸教学任务，升华主题，让学生身临其境，在更深刻地理解文章主题的同时学习到一系列阅读的技巧。

2. 活动推动教学

以英语学习活动观为指导，教师设计情境性强、层次丰富、相互关联的活动，有利于学生以大观念为引领，建构文本主线，深刻理解语篇内涵，主动探究语篇的主题意义（顾光才，2021）。教师在教学过程中利用多种活动激发学生的兴趣，促进学生积极参与到文本学习中来。教师两次将学生分成不同的小组，能够促进同学之间的交流。学生根据时间线复述文章有助于学生深刻地理解文章的整个叙述思路。角色扮演锻炼了学生的即兴表达能力。

3. 教、学、评一体化

教、学、评一体化有利于引导教师从教学设计和实施入手，关注教什么、学什么和如何学的问题，并通过对学生学习成效的持续观察和评价，确保目标的达成（屈红钊、马虹霞，2020）。在最后的作业布置中，教师要求下次课同伴互评。同伴互评表不仅对学生的写作提出了一定的要求，而且还可以促进同学间的相互交流和评价，使学生能够及时地取长补短，促进写作技能的提高。

（二）本次课存在的问题

1. 教学设计上的缺失

在略读部分，"Reading and Completing the Passage"的活动具有挑战性且有一点消耗时间。但是由于这篇文章本身是不完整的，可能会影响学生的理解，所以把缺失的句子放入正确段落的步骤是非常必要的。

2. 角色扮演的时间

由于时间限制，教师没有足够的时间让每组学生展示角色扮演。如果有足够的时间，可以邀请更多的小组展示他们的角色扮演，并且进行小组互评。

3. 同伴互评较难

同伴评价对于初中学生来说可能有些困难，教师需要提供相应的支持与帮助。

（三）本次课需要改进的地方

"Reading and Completing the Passage"的练习可以在课前完成。课前，学生已经预习了这篇文章，他们对文章内容已有大致的了解，教师只需要核对答案并讲解选择策略。

对于角色扮演部分，教师可以为学生提供一个评估量表，大致包括发音、内容、表现。然后教师可对量表的各个方面进行详细讲解，并让两到三组学生对另一组的角色扮演进行具体的评价。在同伴评价后，教师可对所有的角色扮演和同伴评价进行总结，让每个学生通过互评学习到更多知识与技巧。

关于同伴反馈，在下一节英语课开始之前，教师可进一步解释作文评分标准，并指导学生进行评分，然后再进行新的课程学习。

五、课后评析

教师语篇研读的效果在很大程度上会影响学生对语篇主题意义的理解和探究。在进行语篇教学时，教师应该注意以下几点：

（一）依据学情定位主题

教师不能以话题取代主题，不能仅从语篇的主要信息来简单界定语篇的主题；而是要将语篇内容、语言特点和价值取向三者关联起来，通过深入挖掘语篇背后的思想内涵和文化价值观来确定主题（罗之慧、王雁，2021）。由于不少教师容易局限在现有文本中进行分析，缺乏对相关主题上位性背景知识的了解和研究，只套用形式并不能实现对文本主题的恰当解读和丰富建构（张金秀，2019）。主题的确定应当充分考虑学生现在有的知识水平和技能，要让学生在能够接受知识的同时有所探究，让学生在进行课堂活动的同时学有所成。

（二）建立主题意义与语言形式的关联

立足学生的英语学科核心素养，围绕主题意义探究，启发学生的图式，通过设计活动及教学任务，帮助学生学习英语语言知识，同时引导学生运用英语语言学习和思考，提升文化知识水平、思维智力水平和思想道德修养。实践证明，主题意义探究过程能够育知、育智、育德，并最终实现科学育人的目标（陈树娇，2020）。主题意义视域下语篇教学活动的开展，应该以聚焦主题意义为原点，以文本主线和精泛读结合为有效途径，使学生在充分参与主题意义活动的过程中逐渐领悟育人价值（朱双乾，2022）。教师应该深入分析语篇的语言特征，发挥主题意义的育人价值，利用文章特有的语言结构设计并实施有创造性的学习活动，让学生在学习新的知识点的同时体悟主题意义。

第四节　基于英语学习活动观的初中英语阅读教学

——以 2013 年人教版《英语》九年级全一册第八单元 Strange Happenings in My Town 为例

李风雨

一、课例背景

在目前的初中阅读课堂中，尽管教师都非常重视阅读教学，但仍存在许多问题，例如过分关注语言知识讲解和操练、缺乏思维培养类活动、对文本育人价值的挖掘还不够深入、学生难以将所学知识有效迁移到实际问题的解决中去。英语学习活动观则为这一系列问题提供了宏观路径。

《义务教育英语课程标准》（2022 年版）指出要"秉持英语学习活动观组织和实施教学"（教育部，2022）。英语学习活动观是指学生在主题意义引领下，通过学习理解、应用实践和迁移创新等一系列体现综合性、关联性和实践性等特点的学习活动，在理解知识、分析问题和解决问题的过程中，将学科知识转化为学科能力和学科素养。

本课例是基于英语学习活动观设计的一节初中英语阅读课，授课时长为 45 分钟。课例材料选自人教版《英语》九年级第八单元 Section A Strange happenings in my town。授课教师从英语学习活动观的视角出发，深入挖掘语篇特点及其背后的育人价值，设计了彼此关联、螺旋前进的活动链，以促进核心素养培养目标的达成，同时也为在英语教学中深入实践学习活动观提供范例。

二、教学分析

（一）教学内容分析——研读语篇

语篇作为教学内容的基础载体，除了呈现语言信息之外，还蕴含着许多承载深层育人价值的主题，是意义探究的切入点。因此，深入解读教学语篇显得至关重要，也是有效实施教学、落实核心素养的关键所在（王蔷等，2019）。教师从 what、how 和 why 三个维度对本节课的教学语篇进行全面分析，从而为后续教学目标的确定和教学活动的设计提供依据。

1. 主题内容（What）

本课教学内容为一篇围绕"strange happenings"展开的悬疑故事，该语篇所属的主题语境为"人与社会"。从教材目录所呈现的宏观内容来看，该单元的话题是"mysteries"，功能为"making inferences"，语言结构指向使用情态动词作推断。从故事本身的内容来看，该故事主要描述作者所在小区近期频频出现奇怪的声音，邻居们都感到十分担忧和不安，纷纷提出了自己的猜想和推断，因此故事中出现了较多情态动词和描写负面情绪的形容词。文章较贴近生活，篇幅不长，加之生词较少，学生在理解文章上相对比较容易。

2. 文体特征（How）

该故事共有三个段落。第一段主要交代了故事发生的背景（quiet）和主要问题（strange noises），二者形成强烈对比，人们的担忧、紧张、不安等消极情绪以及各自的推断贯穿全文。故事末尾也并没有交代清楚噪音制造者的真实面目，而是以作者自己的推断结尾，全文戛然而止。本书作者主要通过故事背景、人物情绪、人物推断等来描述事件的奇异，渲染悬疑的气氛，引发读者的好奇。

3. 价值取向（Why）

从表面看来，该悬疑故事只描述了作者本身所在社区的一件怪诞之事。但通过对上述三个方面的深层分析，教师发现"strange happening"这一话题与学生生活密切相关。初中学生正处于好奇心强但辨别是非能力还较弱的时期，但生活中离奇、怪诞的事件时有发生。与此同时，本故事中的所有人物都处于较为消极的状态，这也映射现实中大多数人在面对怪异事件的心理反应。但是，故事中的人们会积极寻找线索，进行合理的推断与猜测。因此，教师认为应引导学生将故事中的消极转为现实中的积极，引导学生思考在面临类似故事的情境时应该具备什么样的品质（what）和怎样做（how）。

英语学习活动观强调主题意义的引领作用，因此基于上述分析，教师将本课主题确定为"保持冷静，合理推断"，旨在帮助学生正确面对生活中的各种不同寻常的事件。

（二）学情分析

九年级的学生经过了前两年的英语学习，接触过情态动词 must，can't，could，might，may 等的用法，也具备了一定的语言技能。学生在本单元 Section A 1a-1c 的听说部分已经对情态动词进行了复习和表达训练，因此学生对情态动词较为熟悉。小组合作和配对练习在英语课堂上十分常见，学生具备一定的小组合作能力和沟通表达能力。加之学生对自己的同伴也较为熟悉，学生愿意去表达自己的观点。与此同时，九年级的学生对新鲜奇怪的故事有着极大的好奇心，拥有探索未知事物的热情。学生们善于观察事物，具有一定的逻辑推理能力。

（三）教学目标

结合以上教学内容分析和学情分析，教师设计了本课的教学目标。

（1）语言能力目标：学生能够熟练运用有关负面情绪的形容词，如 worried，nervous，uneasy；学生能够明确不同情态动词肯定程度的差异，并熟练运用情态动词作出合乎语法、合乎逻辑的推断；通过对本语篇的学习，学生能够了解如何描述奇怪事件。

（2）学习能力：学生能够通过略读获取文章大意，通过寻读获得详细内容，提高捕捉关键信息的能力；学生能够与同伴合作共同完成给定任务。

（3）思维品质：学生能够仔细观察事物、寻找线索，最终作出合理的推断。

（4）文化意识：学生在面对生活中一些奇怪事件时，能够保持冷静和理智。

（四）教学设计思路

教师首先基于语篇设计了一系列学习理解类活动，在导入环节选取了贴近学生实际兴趣的电影片段，激发学生的好奇心和阅读热情，赋予学生"侦探"的角色。在读前环节，教师通过展示关键人物照片引导学生预测故事内容。在读中活动中，教师设置了从大意、背景，感受推断的问题链，引导学生逐步了解故事谜团，梳理语篇细节信息和语言重点，把握整体结构。

其次，教师开展了深入语篇的应用实践类活动，带领学生在新情境中及时运用所学情态动词和语篇知识。

最后，教师开展了超越语篇的迁移创新类活动，引导学生回顾所学内容，提炼关键品质，加深对主题意义的理解。教师以实际问题为例，鼓励学生综合运用所学知识在新的语境中思考关键品质的运用、探索解决问题的方案，从而引领学生将语篇主题意义的探究迁移到现实生活中，实现深度学习。整体设计如图 4-11 所示。

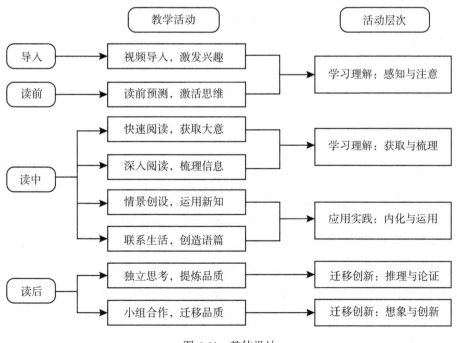

图 4-11 整体设计

三、教学过程

(一)基于语篇的学习理解类活动

学习理解类活动是活动观实施的第一步,主要包括感知与注意、获取与梳理、概括与整合等基于语篇的活动(教育部, 2022)。本课例的学习理解类活动仅涉及前两类,分布在导入、读前和读中环节,是后续应用实践和迁移创新活动不可或缺的基石。

1. 指向感知与注意的学习理解类活动

感知与注意是指基于主题创设对应情境,调取学生相关经验与知识,强化语言知识在导入和读前环节中,学生对主题语境的感知与注意是开启本节课教学的重要保证,因此教师可通过导入与主题相关的视频、图片,激发学生的学习兴趣,调动学生已有的语言知识和生活经验,充分利用学生已知引入主题。

活动 1:视频导入,激发兴趣

教师首先播放了一段关于名侦探柯南的小视频,询问学生视频主人公的名字。在此基础上,教师动员学生与同桌讨论柯南的日常活动,并好奇地问学生是否想成为和柯南一样的小侦探。然后,教师创设了小镇发生奇异事件的情境,鼓励学生一起去探寻真相。

T:Who is the boy in this video?

As a detective, what does he usually do?

He is so cool, isn't he? So do you want to be a detective like him? Wow, everybody wants to be a detective! From now on, you are all detectives. There is a mystery in a small town. Let's solve it together.

☞ 设计意图

首先,视频作为一种多模态教学资源,可以吸引全体学生的注意,充分激起学生的兴趣,为学生进入课文学习作好充分准备。其次,名侦探柯南这一动漫人物为大部分学生所熟悉与喜爱,因此,一方面学生能够立马回答出第一个问题并意识到其身份特点——侦探,另一方面学生也能对柯南的日常侦探活动进行简单的描述,即语言输出。最后,本活动的最终目的在于递给学生打开课文阅读的钥匙,引导学生作为小侦探一起去开解课文中故事的谜团。侦探角色的赋予能够促使学生更加仔细、更加客观地阅读和分析故事,提升学生的参与度与学习热情。另外,侦探这一身份也凝聚了本书主题——保持冷静、理智推断。这一主题贯穿教学活动始终。

活动 2：读前预测，激活思维

在正式进入预测环节前，教师先播放了一段有关小镇的视频并询问学生的感受，然后带领学生仔细观察课文配图，引导学生预测故事内容。

☞ 设计意图

本活动旨在引导学生关注主题语境，培养其预测性思维能力。

在此活动中，教师带领学生由远及近探索谜团。从远视角来看，教师所播放的视频与课文故事完美契合——昏暗的街道、奇怪的声响和慌忙逃走的"嫌疑人"，生动真实的场景能使学生快速进入侦探的角色和探案的氛围中去。从语言层次来看，教师询问学生的感受一方面能引发学生对于有关感受的词语输出，另一方面也有利于学生同故事中的人物产生共情，身临其境。

其后，将镜头拉近，聚焦到故事人物的照片上。故事人物的神态、动作、窗外的景色以及前面所观看的视频皆为学生提供了预测的依据。预测是一项重要的阅读技能，王蔷（2006）指出预测可以让学生注意到文本的主题，更有目的性。因此，本活动有利于激活学生的思维，引导学生建立积极的阅读期待，让学生能够带着自己的疑问和猜测投入到接下来的阅读活动。

2. 指向获取与梳理的学习理解类活动

获取与梳理是指获取语篇信息、梳理语篇结构和逻辑顺序（教育部，2022）。在获取与梳理环节中，教师带领学生逐步学习语篇内容，借助一定的学习策略梳理细节信息和语言重点，并初步感知主题意义。

活动 1：快速阅读，获取大意

教师要求学生快速阅读课文并获取故事大意，然后回答问题："What happened in this town?"。

T：Please read the story quickly and figure out this question：what happened in this town?
    You don't have to read every word when reading it. Where did you find the answer?

☞ 设计意图

学生通过快速阅读，提高略读能力并掌握学习策略。本活动旨在引导学生揭开故事的"谜团"。

活动 2：深入阅读，梳理信息

在完成略读活动之后，教师通过层层递进的活动链引导学生逐步探索故事细节，理解故事的脉络和结构。

（1）Reading for Background

首先，教师要求学生仔细阅读全文并回答"What was the town like before?"。然后，教师询问学生答案在文中所处的位置。

T：Next, please read the first paragraph again and think that what was the town like before.

S：It used to be very quiet.

T："Quiet" here is in stark contrast to "noisy", highlighting that the noises are very unusual. The phrase "used to be" is usually used to introduce the background. Generally speaking, when you are writing a mystery story, you need to introduce the background and problem briefly at the beginning of the story.

☞ 设计意图

以往背景与现存问题存在强烈的对比，因此背景的描述有利于激发读者的好奇心。通过回答问题，学生能够梳理出故事发生的背景信息，明确问题发生的情境。结合 fast reading 环节中的答案定位，本活动旨在引导学生清晰掌握故事开头所必备的要素——背景和主要的问题的简单介绍，以培养学生的语篇意识。

（2）Reading for Feelings and Inferences

学生再次阅读获取故事人物的感受，找出故事人物的观点（推断）以及各自的原因（线索）并完成表格。教师根据表格信息引导学生主动思考并发现各观点句的共同点，继而引出本课的重要语言知识点——用情态动词表推断。紧接着，教师要求学生对推断的确定程度由高到低进行排序。

T：The differences of certainty level are reflected by modal verbs. If we have strong confidence in what we are going to say, we choose "must" or "cannot". But sometimes maybe the clues are not very clear, so we may use "might", "may" or "could". The modal verbs you used should match your certainty level.

在完成上述任务之后，教师将推断必备的两个要素——情态动词和线索——板书至黑板上以进行归纳总结。

T：Now please look at the blackboard. When you are making inferences, you need to consider the modal verbs and clues at the same time. Have you got it? Now, my little detectives, are you confident about your ability to make inferences? Wow, all of you are so confident. Next, let's go to solve two cases.

☞ 设计意图

通过梳理故事人物的心情和情态动词表推断的用法，学生能够获取本书的重要语言表达和结构层次，并初步感知故事人物的处境，为后续运用新知、创造语篇、提炼主题意义作好铺垫。

人物的情绪描写贯穿全文，这也是推理故事不可或缺的一环。本活动旨在使学生了解描写负面情绪的词汇，为后续学生自己的故事创作提供必要的输入。教师借助表格帮助学生对文本信息建立关联，一方面能够引导学生学习使用情态动词作推断这一重要语言知识点，并意识到推断必须基于一定的事实，即线索；另一方面也能帮助学生通过故事人物的推断厘清"噪音制造者"的特点，以便学生在后续的推断环节中能够以此作为线索完成自己的推断。排序任务的设计能够使学生进一步意识到不同的情态动词传达的肯定程度有所不同，旨在鼓励学生仔细辨析情态动词的使用。最后的归纳总结，目的在于强调作推断的必备要素，为后续的推断练习搭建支架。

（二）深入语篇的应用实践类活动

应用实践类活动以学习理解类活动为基础，主要包括描述与阐释、分析与判断、内化与运用等深入语篇的学习活动（教育部，2022）。本课例仅涉及内化与运用，教师通过情境创设，鼓励学生在具体情境中运用新知，进行及时输出，聚焦于知识结构的巩固与内化。

活动 1：情境创设，运用新知

教师创设了两个真实情境，鼓励学生仔细观察所呈现的照片，积极寻找线索并作出合理的推断。在充分熟悉作推断的表达之后，教师要求学生根据故事人物和自己的想象对文中的"噪音制造者"展开推断。

T：Three guys are sitting on the side walk. But nobody wants to help them. Because one of them is pretending to be poor. Who do you think is pretending?

S：It must be the old man because he wears a smart watch. It is a little expensive.

☞ 设计意图

本活动的主要目的在于鼓励学生即时输出和运用。学生、语篇、情境是主题意义探究中互相作用的要素（贾茗越，2019），语言知识不能脱离语境而单独存在。本活动选取了适合学生年龄段的、学生感兴趣的案例，鼓励学生用正确的语言形式表达自己的推断，帮助学生练习使用情态动词，培养学生的逻辑推理能力和观察能力。真实有趣的情境呈现一方面能够激发学生"探案"的热情和作推断的兴趣，另一方面也有利于学生将课堂上所学的语言知识和技能迁移到现实生活中。在探案的过程中，学生能够认识到如何选择恰当的情态动词和如何寻找线索进而展开理智的推断。

活动 2：联系生活，创造语篇

教师首先对自己最近经历的一件奇怪事件进行简单描述，以此作为范例要求学生对自己所经历过的怪事展开描述并与同桌交流分享。教师在课件上展现故事描述的三点要求，即故事背景、人物感受和推断。其后，教师鼓励学生对照 Checklist 对其他同伴的描述进行评价，最后教师进行补充和总结。

☞ 设计意图

本活动通过鼓励学生围绕"strange happening"输出意义连贯、结构清晰的口头语篇，旨在将前面活动所涉及的有关背景介绍、负面情绪描写和推断的语言知识整合到与学生实际经历相关的真实语境中，加深学生对于此类故事语篇结构的理解，促进语言的内化。与此同时，在故事的描述过程中，学生的回忆得以激活，情感得以调动，有助于学生在运用语言知识的过程中加深对主题意义的感知，为后续提炼主题意义提供了可能。教师自身经历的介绍一方面能够拉近师生之间的距离，引发学生对自己经历的联想，另一方面为学生自己的故事描述搭建支架。

《义务教育英语课程标准》(2022 年版)强调学业评价应遵循教、学、评一体化的原则，提倡评价主体多元、评价方式多样、素养导向的评价体系(教育部，2022)。同伴互评结合教师评价的方式在一定程度上能够提高学生的学习投入程度，通过评价他人的口头语篇，有利于增进学生对此类语篇的熟悉度，培养学生的评价能力。

（三）超越语篇的迁移创新类活动

迁移创新类活动主要包括批判与评价、推理与论证、想象与创造(教育部，2022)。本课例仅涉及后两类活动，注重学创结合，引导学生运用所学知识在新情境中解决新问题，形成正确的态度和价值观。

1. 指向推理与论证的迁移创新类活动

教师引导学生积极思考问题：When faced with strange happenings, what qualities should we have?

☞ 设计意图

此活动旨在鼓励学生回顾本节课对不同案例的推断，结合大家的真实经历，思考面对奇怪事件应具备的品质，引导学生针对语篇背后的价值取向发表观点，为之后讨论实际案例的解决方案作铺垫。

2. 指向想象与创造的迁移创新类活动

在开展推理与论证活动之后，教师还要引导学生回归现实生活，鼓励学生将主题意义迁移到实际问题和情境中去，实现学科能力向学科素养的转化。

活动 1：小组合作，迁移品质

基于前面活动所总结的品质，教师进一步聚焦于品质的运用。教师以两则谣言为例，鼓励学生以小组为单位积极讨论和思考应对谣言的措施。学生最后以海报的形式呈现小组讨论结果，课后将海报张贴在教室的英语角。

☞ 设计意图

本活动的目的在于鼓励学生将前面活动所总结出的品质迁移到现实情境中、解决新问题。程晓堂（2022）指出，对于基础教育阶段的学生来讲，贴近生活的学习内容更容易被他们接受和理解，更容易引发共鸣，更有助于实现英语教育的育人目标。谣言与学生的生活紧密相关。生活化的情境有助于激发学生的学习兴趣，促使学生积极思考解决方案，以实现基于主题意义探究的深度学习，发展其逻辑思维、批判性思维和创新性思维。在完成该活动之后，学生能够更加深刻地认识到在现实生活中遇到谣言或者其他奇怪的事情时应该如何应对，成为"行动上的巨人"，而不是仅仅停留在对上述品质的字面意思的浅薄认知上。与此同时，社会文化理论强调社会互动对于二语习得过程的中介作用，因此二语习得者之间的互动——同伴支架的搭建本身就构成了学习（徐锦芬，2020）。在谈论解决方案时，一方面学生与同伴互动，发展交际能力；另一方面，学生综合分析并整合不同观点，提升批判性思维能力。

活动 2：回顾总结

教师在本环节并没有采取直接陈述总结的方式，而是将主动权交给了学生，鼓励学生对自己在本节课的收获进行总结。在此之后，教师再进行全面总结，并设计了自评表，引导学生对照自评表，反思本节课的学习效果。

☞ 设计意图

回顾本堂课的内容旨在让学生及时巩固知识，以便高效完成课后作业。本活动所采取的总结方式旨在引导学生进行积极有效的思考，真正成为学习的主人。课堂小结一方面能够帮助学生形成知识框架，另一方面有助于学生进行自我评价——自测自己是否完成了学习目标，对每一项知识的掌握程度如何。与此同时，自评表的使用有利于培养学生的反思能力和评价能力。

活动 3：家庭作业

教师布置了两项家庭作业：（1）看视频，作推断；（2）完成一篇关于 strange happening 的 80 字作文，两项作业均需写在教师发放的作业本上。教师将在下节课留出 10 分钟时间让学生进行互评，学生根据同伴的反馈修改作文后再上交终稿。

☞ 设计意图

相比于课内的推断练习，该视频所呈现的案件挑战性略有升级。因此作业一旨在进一步巩固情态动词的运用，同时培养学生的逻辑推理能力。作业二的写作任务能够促进学生对于课文语篇学习内化与运用，有助于教师了解学生的学习情况。通过同伴互评，学生在评价者与被评价者的角色中来回切换，不仅能巩固所学知识，提高纠错能力，而且能取他人所长补己之短，提升自己的写作水平。除此之外，同伴互评还有利于培养学生的评价能力和读者意识。

六、教学反思

本节课在设计与实施方面具有以下优点：

（1）深入研读语篇，挖掘主题意义

王蔷等（2019）指出，教师对语篇解读的深度直接影响着学生的学习成效。从语言知识来看，教师充分意识到本语篇的特殊语言特征，通过提取全文关键要素，梳理了悬疑故事的写作框架。从主题意义来看，教师关注到了悬疑故事与学生实际生活的关联性，积极挖掘语篇的育人价值，引导学生从梳理故事内容到联系自身经历再到解决现实问题，层层设问，步步导疑，逐渐打开学生思维。教师以主题为引领，以语篇为核心，以活动为途径，带领学生从基于语篇、深入语篇再到超越语篇的层层活动中，由浅入深、层层递进地探究主题意义。

（2）创设真实化情境，助力迁移创新

教师创设了符合主题语境并贴近学生生活的情境，有助于激活学生的思维，提高其口语表达意愿，促使学生更好地掌握、运用语言知识，提升语言综合运用能力、合作能力和思维品质。与此同时，情境的真实性和趣味性能够使学生身临其境，设身处地去思考问题、解决问题、感知主题意义，最终促进对所学知识以及主题意义的内化与迁移。

（3）实行多元评价，关注自我反思

教师在本节课中采用了教师评价、同伴评价和自我评价三种方式。在多样性评价的学习环境下，学生的主体性得以彰显。与此同时，学生能够在自我评价和同伴评价中提升自己的批判性思维和逻辑性思维能力，进而提高自身的学习积极性。课堂小结环节抛弃了常见的直接陈述式的方式，而是引导学生自我反思，回顾自己的学习收获，使学生成为学习真正的主人。

本节课也存在许多不足，值得教师在日后的学习和教学实践中予以反思和改进：

从语言知识的学习与运用来看，在学习有关负面情绪的形容词时，教师只关注到了课文中所提及的单词，教师应引导学生积极思考其他近义词，拓展学生的词汇量，这将为学生在后续的输出环节提供更多的选择。在练习运用情态动词作推断时，教师可以呈现更加多元化、多模态化的情境和案例，比如侦探电影片段、与学生校园学习生活相关的例子。

教师在教学中两次使用同伴互评，虽然有利于培养学生多方面的能力，但是教师在实际实施过程中仍存在些许不足。比如，在开展同伴互评之前，教师应该首先对学生的口头语篇进行综合点评，以此为学生提供一个评价范例，搭建互评的支架。教师的帮助、指导甚至培训，是有效实施同伴互评不可或缺的前提。因此，教师仍需不断提升自己的评价能力和组织评价活动的能力。另外本课例中的同伴互评是在课外开展，评价效果和学生是否进行了同伴互评无法得以保证。

第五节　基于大观念的初中英语阅读教学

——以 2013 年人教版《英语》九年级全一册第四单元 From Shy Girl to Pop Star 为例

李凤雨

一、课例背景

当下许多一线英语教师在进行教学设计时仍以课时为单位，缺乏单元整体教学的概念。教师往往容易忽视语篇之间的联系，过分关注单元中的某部分知识，比如语法和词组的使用，最终导致教学内容碎片化、教学过程表面化。大观念的提出为这一系列问题提供了重要思路和方案（王蔷等，2021b）。

本教学设计从大观念的视角出发，以 2013 年人教版《英语》九年级全册第四单元 I Used to Be Afraid of the Dark（具体课例为本单元的阅读课：From Shy Girl to Pop

Star)为例，探讨如何基于大观念设计和实施单元整体教学，确保英语学科核心素养目标落地课堂。

二、基于大观念的英语单元整体教学设计的途径

(一)确定单元教学的整体指导思想

教师从学科本质视角，为"I Used to Be Afraid of the Dark"这一单元确定的指导思想如下：

单元整体教学设计围绕"changes"这一主题展开，梳理整合单元中各文本间的内在联系，设计层层递进的学习活动，引导学生在建构知识的过程中加深对"changes"这一主题的深刻认知，落实核心素养。

(二)搭建单元内容框架，确定单元教学目标

教师从课程内容视角，研读单元各个语篇，提炼单元大小观念并建立关联，确定单元教学目标(王蔷等，2021)。

(三)基于单元内容，建构单元大观念

王蔷等(2022)指出英语学科大观念应该是语言大观念与主题大观念的有机统一。语言大观念是指学生在学习和使用语言的过程中感知与体悟的关于语言是如何理解和表达意义的知识结构、方法策略和学习观念。主题大观念则是从跨学科视域出发，为学生学习语言和探究主题意义提供语境，在学习过程中渗透情感、态度和价值观(王蔷等，2022)。因此，教师应仔细研读单元内的各个语篇，力图建立语篇之间的有机联系，提炼出主题大观念与语言大观念，最终形成本单元的大观念。

1. 深入单元语篇，提炼主题大观念

本单元共有6个语篇，各语篇的类型和内容如表4-1所示。本单元的六个语篇均围绕"变化"展开，从认识变化——产生积极变化的品质——产生积极变化的行为层层递进。

前三个语篇及第五个语篇均为对话，内容主要涉及外貌、性格、爱好和学习四个方面的变化，引导学生初步感知他人的变化，进一步思考自身的变化与成长，认识一切都是变化发展的，开启关于"变化"的主题探究。由此，教师提炼出本单元的第一个主题小观念，即"一切都是变化发展的，能够正视生活中的变化"。第四个语篇(From Shy Girl to Pop Star)描述了一个性格腼腆的女孩蜕变为流行歌星的故事，以Candy Wang为例，引导学生思考产生积极变化背后的精神品质。第六个语篇(He studies harder than he used to)则是聚

表 4-1　单元语篇内容

语篇	语篇类型	语篇内容
Section A 1a-1c	对话	与朋友、同学谈论彼此在外貌、性格、爱好上的变化
Section A 2a-2c	对话	
Section A 2d	对话	
Section A 3a From Shy Girl to Pop Star	人物专访	介绍了 Candy Wang 从一名害羞的小女孩到流行明星的成功秘诀
Section B 1c-1d	对话	谈论学习方面的变化
Section B 2b He Studies Harder Than He Used to	记叙文	介绍了留守儿童 Li Wen 在与父母沟通交流后变得更加积极、更刻苦的故事

焦于亲子关系对学生成长之路的影响，讲述的是留守儿童 Li Wen 因父母不在身边而引发的一系列问题，最后通过与父母沟通交流变得更加努力刻苦和积极乐观。该语篇以 Li Wen 的故事引导学生思考自身与父母的沟通问题，形成正确的态度并采取实际行动。由此，教师提炼出本单元的第二个主题小观念，即"坚持与沟通成就更好的自己"。主题大、小观念的建构流程如图 4-12 所示。

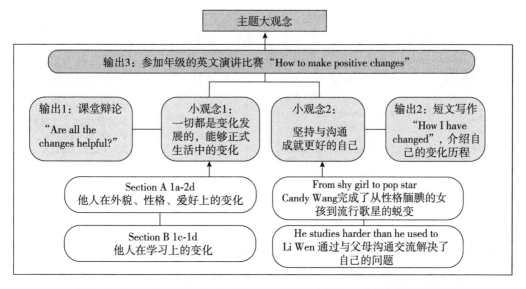

图 4-12　"I Used to Be Afraid of the Dark"单元主题大、小观念的建构流程

2. 聚焦语言特点，提炼语言大观念

语言大观念是辅助主题大观念建构的重要中介工具和过程载体（陈芳、蒋京丽，2022）。教师主要从语言表达方式和语篇文体特征两个方面对本单元的语言大观念进行梳理与提炼。

在语言表达方面，本单元主要涉及两类词汇与表达方式：一是描述蜕变前后性格特征的词汇，如 humorous, silent, active, serious；二是描述蜕变过程中行为表现的词汇与表达方式，如 fail, be absent from, deal with, dare to, sing in front of crowds, give a speech in public, fight on, get good scores on 等。就语法而言，本单元主要是准确理解和正确运用 used to do 词组对变化前的性格、外貌、经历、爱好等进行描述。由此，教师提炼出本单元的第一个语言小观念，即"围绕语义整合性学习关于变化的语言表达"。

在语篇文体特征方面，本单元的两个阅读文本均按照时间顺序，采用了描述问题——作出改变——成长感悟的结构来描述故事主人公的成长蜕变历程。为此，本单元的第二个语言小观念可以提炼为"按照时间顺序，对人物各方面的变化过程及感想进行详细描述"。

基于上述两个语言小观念，本单元的语言大观念可以提炼为运用与变化相关的语言表达，"描述问题——作出改变——成长感悟"。语言大、小观念的建构流程如图 4-13 所示。

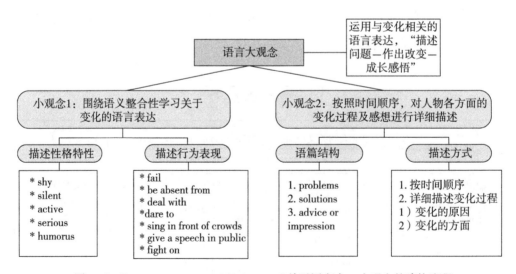

图 4-13 "I Used to Be Afraid of the Dark"单元语言大、小观念的建构流程

根据上述梳理出的主题大观念和语言大观念，单元大观念可以提炼为"树立正确的成长观：世界万物都是变化发展的，坚持的毅力和沟通的行动力能够让我们发生积极的变化，蜕变为更好的自己"，具体建构流程如图 4-14 所示。

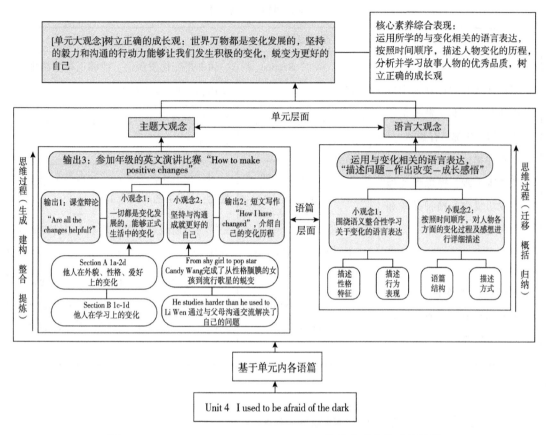

图 4-14 "I Used to Be Afraid of the Dark"单元大观念的建构流程

3. 明确单元教学目标与课时安排

单元教学目标的制定需围绕已梳理出的大、小观念的建构展开，并遵循可操作性、可检测性的原则(王蔷等，2021b)。与此同时，教师在确定单元目标前还应充分考虑学生的实际情况。九年级的学生对于成长变化这一主题有非常真实的体验和经历，但是尚未深入思考积极变化背后的原因。因此，教师需带领学生在学习本单元各语篇的过程中逐步引导学生探究学习故事人物的精神品质和行为表现，促成深度学习。基于单元大小观念和学情，教师确定了三个单元目标，具体内容如表4-2所示。

(四)确定课时目标，设计课时教学活动

教师从课程实施视角，围绕具体学习语篇，根据大观念和学情，形成该语篇教学的思维脉络，设计服务于单元目标的课时教学活动。本文以"I Used to Be Afraid of the Dark"这一单元"From Shy Girl to Pop Star"阅读部分为例，说明教师如何基于单元大观念明确课时目标、设计开展阅读教学活动，具体教学实例如下。

表 4-2 单元目标与课时安排

单元教学目标	课时安排	单元大小观念
1. 谈论他人和自己在各个方面的变化,辩证思考是否所有的变化都是有益的 2. 梳理并描述人物变化前后的具体表现,提炼促使他们成功蜕变的精神品质和行为表现	第 1—2 课时 Section A 1a-2d	一切都是变化发展的,能够正视生活中的变化(达成主题小观念 1)
	第 3 课时 From Shy Girl to Pop Star	坚持与沟通成就更好的自己(达成主题小观念 2)
	第 4—5 课时 Section A 4a-Section B 1e	一切都是变化发展的,能够正视生活中的变化(达成主题小观念 1)
	第 6 课时 He Studies Harder Than He Used to	坚持与沟通成就更好的自己(达成主题小观念 2)
3. 回顾自己的变化与成长,并根据现有问题阐述如何成为更好的自己	第 7—8 课时 Writing & Speech Contest	树立正确的成长观:世界万物都是变化发展的,坚持的毅力和沟通的行动力能够让我们发生积极的变化,蜕变为更好的自己(达成单元大观念)

三、基于大观念的英语阅读教学实例

(一)教学分析

1. 教学内容分析

本节课的话题是谈论人物特征性格和外貌的变化,以人物的今昔对比为主线,突出了话题的功能和意义。"From Shy Girl to Pop Star"语篇共分为三个段落,文章难度适中,生词不多,学生可以基于已有知识,根据标题预测文章的大致内容,从上下文猜测生词的意思。文章围绕 Candy Wang,以第三人称的方式,分别从背景、变化以及给年轻人的建议三个段落,叙述了 Candy Wang 从幼时的胆怯害羞,到借助自己喜欢的音乐克服恐惧,坚持音乐梦想,最终成为流行歌星的蜕变历程。整篇文章以故事的方式娓娓道来,运用了今昔对比的手法来凸显主题,不仅可以让学生阅读中理解(used to)的功能与用法,而且能促使学生领悟到成功的不易,以及成功背后的坚持和努力。

2. 学情分析

本篇文章出自人教版九年级上册英语教材,因此授课对象为九年级学生,该阶段的学生已具备一定的听说能力,且大部分学生能够适应全英文授课。他们愿意尝试用英语就身边的人、事或问题表达自己的观点看法，或与同伴进行讨论。但缺乏词汇储备且语言能力不足，这对他们表达观点造成了一定的障碍。考虑到教授内容为九年级上册，且学生即将面临升学，活动设计更应遵循知识系统性的特点，注重帮助学生掌握有效的英语学习策略，提高英语学习效率，缓解学生备考压力。

（二）确定课时教学目标

根据上述教学内容分析和学生学情分析，并根据单元大观念，本课时的教学目标设定如下：

1. 语言能力目标

学生能够熟练掌握和运用描述变化过程中行为表现的短语，如 deal with，sing in front of crowds，get tons of attention，fight on 等；学生能够使用 used to 描述人物变化历程。

2. 学习能力目标

学生能够运用预测、略读等阅读策略，学会抓住主题句，概括大意以及理解文章细节信息。

3. 思维品质目标

学生能够思考如何让自己变得更好，分析获取成功需要具备的品质。

4. 文化意识目标

学生能够领悟 Candy Wang 成功蜕变背后的努力与坚持不懈，学习其优秀品质，明白取得成功的不易，学会积极进取，奋发努力，在逐梦的过程中面临困难不轻言放弃。本课时的教学目标有助于达成语言小观念 1 和主题小观念 2。

（三）教学过程

◎ Step 1　Lead-in

师生相互问候之后，教师播放英文歌曲 *Hey Jude*（歌曲的主题在于鼓励人们不要害怕，勇敢面对），由此引导学生在课堂上积极发言。教师说：" Actually，I used to be afraid of many things，so do you want to know about my story?" 教师在学生回答后开始讲述自己的蜕变故事，并通过图片的形式呈现。在此过程中教师讲授部分生词与短语，如 in front of crowds，deal with，get tons of attention 等。

☞ 设计意图

在课堂导入环节，教师通过歌曲能够让学生在紧张的学习氛围中放松，激起学生的学习兴趣，拉近师生之间的距离。在教师讲述自己蜕变故事的过程中，教师呈现并教授相关生词和短语，为后续的语言输出和操练作好准备，也让学生认识到在语境中记忆单词的重要性。此外，教师的故事能够成功引出"变化"这一主题，为后续帮助学生逐步构建大观念，形成对单元主题的深层认知作铺垫。

◎ Step 2　Free talk

教师在讲述完自己的今昔变化之后，让学生进行自由讨论，分享自己的变化。教师提出了几个问题，即"What changes have you experienced? What caused your changes?"，要求学生围绕特定问题进行交谈，随后邀请两名学生陈述自己的经历。

☞ 设计意图

由于授课时间有限，为了留给后续阅读活动更充分的时间，教师精心设计了两个关键问题，有助于激活学生的背景知识，让学生进行主动思考，巩固生词与短语，减少后续阅读障碍，帮助学生对文章和主题意义进行理解。在语境创设过程中，教师把教材内容与学生实际生活联系起来，真正关注学生的生活体验，激活学生已有的知识，以解决学生生活中的实际问题为出发点，架起学生生活与英语学习的桥梁。最后一个问题"What caused your changes?"将学生的注意力从"变化本身"转移到"导致变化的原因"上，学生由主题小观念 1 顺利过渡到主题小观念 2 的构建过程中来。

◎ Step 3　Pre-reading

教师要求学生根据文章标题 From Shy Girl to Pop Star 以及 Candy Wang 唱歌的图片，预测文章的主要内容，并讨论以下问题：What do you think the girl was like in the past? What kind of music does she like?

☞ 设计意图

预测有助于学生快速了解文章大意，也有助于培养学生的推理能力。本活动要求学生根据标题和图片预测文章的主要内容，对比 Candy Wang 的今昔变化，以及想象在这个过程中可能遇到的困难和为此需要作出的努力，激励学生不要害怕、勇敢面对，并为学生阅读文章、探究单元主题作好铺垫。

◎ Step 4　While-reading

读中活动主要聚焦于语言大观念的构建与主题小观念 2 的初步感知，学生通过梳理语篇中的语言重点和结构化知识，在阅读过程中逐步形成语言大观念。

1. 略读

教师要求学生快速地阅读文章，重点是阅读文章的每个段落的开头句和最后一句，了解文章的结构和大意，验证之前对文章内容的预测；然后提示学生各个段落大意的关键词，要求学生按照原文的顺序完成各个段落大意的排序练习（表4-3）。

表 4-3 段落大意排序练习

(   ) How Candy's life has changed
(   ) Candy's advice to young people
(   ) Candy's background

☞ 设计意图

本活动要求学生阅读文章每个段落的开头句和最后一句，旨在培养学生寻找主题句的技巧，帮助学生掌握文章略读技巧，从而引导学生更好地把握文章的语篇结构，培养学生的语篇意识，逐步建构本单元的语言大观念。同时，本活动也有助于引导学生简明而高效地处理语篇信息，迅速了解文章主题，最后用心去体验和感悟学习内容，主动构建知识。

2. 分段阅读

教师首先要求学生阅读第一段，找到 Candy Wang 的年龄、职业，以及过去的背景信息，并思考问题"How did she deal with her shyness?"。在此过程中教师讲解第一段中学生可能存在疑问的生词和句型，随后教师询问学生是否理解，再视情况进行答疑。

☞ 设计意图

引导学生阅读第一段的目的是帮助学生再次确定文章大意，通过关键词准确定位文章中的关键信息，并通过设置问题引导学生对"克服恐惧，成功蜕变"的方式进行多样化思考，从而促使学生对主题意义进一步探究，同时激发学生对下一段落的阅读兴趣，为下文的阅读作好铺垫。

接着，教师让学生阅读文章的第二段，标出难懂的生词与句型，提醒学生从文章语言特点判断人物的今昔变化，然后让学生独立填写表格，如表4-4所示。学生针对难懂的生词与句型及表格的疑问与小组成员交流讨论，最后教师答疑、补充。

☞ 设计意图

本活动承接上文的相关信息，进一步加深学生对文章内容的理解，同时培养学生根据表格快速找到相关细节的能力。填写后的信息不仅可以帮助学生了解如何描述人物变化，逐步形成语言小观念，还可以帮助学生根据文章语境、上下文、词性、词根等进行猜测。学生先独立填写表格，再就难点进行小组讨论，这样的安排既鼓励了学生独立思考，又给了学生合作学习的机会(唐利平，2017)。

表 4-4　第二段细节信息填空

How Candy's life has changed	
In the past	Now
1. She used to be shy.	1. She's not shy _____.
2. She didn't use to be _____ in school.	2. She gets _____.
3. She used to _____ with friends.	3. It's _____ for her to stay with friends because there are always guards.
4. She didn't use _____ how she appears to others.	4. She has to _____ what she says or does.

教师让学生继续细读文章第三段关于 Candy Wang 给想要取得成功的年轻人的建议，完成句子填空(表 4-5)，然后教师就句子填空的生词疑问进行答疑、补充。

表 4-5　句 子 填 空

Advice about success：Young people have to be prepared to _____. The road to success is so _____. They really require _____. Only a small number of people can make it to the top.

☞ 设计意图

教师让学生就"建议"为主线梳理文中所呈现的与此相关的信息，之后教师通过句子填空练习引领学生聚焦语篇中描述的内容，思考建议的内涵，挖掘语篇所承载的主题小观念。通过句子填空的练习和格言的补充延伸，学生对语篇意义的探究达成预期的目标。学生通过阅读语篇、分析语篇和思考语篇，初步感知成长蜕变的道路并不是一帆风顺的，要靠努力与坚持奋斗出来。

3. 复述课文

教师要求学生根据关键词提示(表 4-6)复述 Candy Wang 的今昔变化。

表 4-6　复 述 提 示

Background	Asian pop star used to be... took up singing
How life has changed	used to... But now didn't use to be... have to be... (good/bad things)
Advice to young people	be prepared to... the road to success... require... make it to the top

☞ 设计意图

本环节可以训练学生的复述能力及把握文本特征的能力，可以把对学生知识记忆的考察和语言能力的训练结合起来。表 4-6 简要概括了本节课所学的内容，学生需在理解文本意义的基础上，结合表 4-6 将其头脑中关于 Candy Wang 最终成功蜕变的整个艰辛历程的相关信息进行梳理，并表达出来。这样的复述方式便于学生快速、深刻、有效地记忆文章内容，并培养学生的语言组织能力和逻辑思维能力。复述故事一方面能够加强学生对语篇结构的印象和认知，有助于形成语言小观念 2；另一方面也为学生提供了运用与变化有关的语言表达机会，促使语言小观念 1 的构建，最终达成单元语言大观念的构建。

◎ Step 5　Post-reading

读后活动则聚焦于单元主题小观念 2 的构建，引导学生逐步开展对语篇背后意义的分析与思考，并将其迁移到新情境中，创造新语篇。在迁移的过程中，学生再次运用语言大观念，实现主题小观念与语言大观念的协同建构，服务于单元大观念。

1. 深入思考

教师要求学生与同桌一起讨论并思考问题：Can you figure out the reasons that caused Candy's huge changes?

☞ 设计意图

本活动旨在引导学生"透过现象看本质"，通过故事主人公的变化深入思考其蜕变背后的深层原因——坚持不懈、努力奋斗的精神品质。原因的探究能够让学生领悟到蜕变背后的不易，并将这些精神品质运用到自己的实际生活，引导学生树立正确的成长观，即能够伴随学生成长的大观念。

2. 人物专访

基于前一活动提炼出的精神品质，教师鼓励学生对思考其他与 Candy 拥有类似蜕变经历的人(朋友或者名人)进行专访，以小组为单位讨论人物的背景、蜕变历程、成功的感想或者建议。三个人一组，其中一人介绍背景、一人扮演记者、一人扮演被采访者。最后，教师将邀请几个小组上台进行表演。

☞ 设计意图

本活动的目的在于促使学生整合所学内容(语言大观念和主题小观念 1)，在谈论、角色扮演、观看他人表演中复习读中活动中所涉及的语言知识，深刻领悟更多成功人物蜕变的不易和背后强大精神力量的支撑。

◎ Step 6   Summary

教师将本节课所学整理划分为生词、短语、阅读策略以及成功蜕变的秘诀四个板块，并带领学生一起回顾。

☞ 设计意图

本环节是对文本阅读的归纳式思维能力训练，旨在帮助学生提炼要点和重点，帮助学生梳理和整合信息，巩固知识网络，培养学习能力；强调单元主题的内涵和领悟单元主题的意义，培养学生文化意识和思维品质。

◎ Step 7   Homework

考虑到学生不同的语言水平和认知能力，教师布置不同难度水平的作业促进学生知识的巩固。

Level 1：Read the article and remember the useful expressions.

Level 2：Write a passage to introduce Candy Wang and talk about your opinions on her life.

☞ 设计意图

家庭作业是对课堂内容的延伸和巩固。本课作业既可以检测学生的学习效果，又能帮助学生对所学知识进行内化和迁移。本作业要求学生发表个人看法，加深他们对主题小观念 2 的认知与应用。

四、教学反思

（一）优点

1. 问题链清晰

基于大观念的单元主题探究过程，本质上是解决问题的过程（周诗杰，2021）。教师设计了清晰且层层递进的问题链，创设探究情境，引导学生围绕主题展开讨论、思考、语言输出，在解决问题中构建单元主题小观念。

2. 教学活动丰富，体现单元大观念

莫影春（2019）认为，英语阅读课不仅承载着传授语言形式和语言知识的重任，也是培养学生思维品质的主阵地。在教学设计中，教师通过不同教学活动引导学生分析文本、归纳主旨、梳理框架、对比细节信息、挖掘文本内涵，从而促进学生思维能力的发展与提升。周诗杰（2021）指出大观念教学注重学生的能力表现，教师需要引导学生将自主、合作、混合学习等学习方式与主题意义探究结合起来。在本课例中，教师既重视独立思考，也鼓励学生合作探究，引导学生在层层递进的活动中逐步探究主题意义，构建单元大小观念。

3. 注重学生语言能力的培养，即语言大观念的构建

语言处理是教师进行阅读教学时不可忽视的一部分，有效的语言处理不仅有助于学生感知、赏析、内化语言，更有利于学生探究语篇大观念，进而形成单元大观念。在本课例中，教师教学活动的设计不仅关注语言点知识本身，而且还注重语言文本所承担的主题内容和意义，促使学生迁移运用相关语言表达，培养学生的语篇意识。

（二）不足

本课例的不足在于没有明确的评价方案。尽管本课授课教师使用了小组展示、问题回答、故事复述等评价工具，但是教师在授课前并没有制定评价要点，在授课过程中也没有给出详细的评价指标。王蕾（2022）指出教师需要从多维度开展综合性评价，检测学生生成单元大观念的过程。例如，在人物专访活动中，教师可以给出小组展示在语言、结构、主题深度三个方面的具体评价标准。评价方案一方面有助于学生明确活动标准，进行自我反思，另一方面也能够帮助教师检测学生的学习效果和单元大小观念的构建成果。

第六节 基于教、学、评一体化的初中英语阅读教学

——以 2013 年人教版《英语》九年级全一册第四单元 From Shy Girl to Pop Star 为例

李凤雨

一、课例背景

《义务教育英语课程标准》(2022 年版)指出教师要准确把握教、学、评在育人过程中的不同功能,树立教、学、评的整体育人观念,推动教、学、评一体化设计与实施。然而,目前较多一线英语教师在教学设计时往往只注重教什么、怎么教,而忽视了"评"这一环节,存在类如评价主体单一、评价标准模糊随意、狭隘地认为评价只能通过试卷进行检测等问题。鉴于此,本课例以人教版《英语》九年级第四单元 Section A:From Shy Girl to Pop Star 为例具体阐述如何基于教、学、评一体化理念开展初中英语阅读教学。

二、教学分析

(一)教学内容分析

本课时所在单元的话题是 Changes,单元的主要任务是引导学生正确认识变化、掌握与变化相关的语言表达等。

从文章内容(what)来看,本课教学内容 From Shy Girl to Pop Star 描述了一个性格腼腆的女孩成为流行歌星的故事。

从文体特征(how)来看,本文是一篇人物专访。文章共有三段,首先介绍了故事主人公 Candy Wang 的背景信息和大致变化,其次介绍了 Candy Wang 的具体变化以及成为流行歌星之后的烦恼和好处,最后概述给年青人的建议和自己的感想。本课的重点短语为 deal with, in front of crowds, get tons of attention, fight on 等,句式主要涉及 used to 的用法。

从价值取向(why)来看,本文旨在引导学生意识到勇于改变和坚持不懈的重要性,并帮助学生批判性地看待变化带来的结果。

(二)学情分析

本课的授课对象为九年级学生。从语言知识储备来看,学生在经过本单元 Section A 听说课的学习后,已初步关注自己和他人产生的变化,并掌握了和"变化"话题相关的词汇

和句式，能使用 used to 句式对人物的性格、外貌、爱好等方面的变化进行简单描述，这为本节阅读打下了良好的语言基础。

在阅读理解方面，学生能够较为轻松地获取表层信息，但不善于思考和挖掘文本的深层含义，分析能力和迁移能力较弱。在评价经历和评价能力方面，教师曾在课堂中开展过自我评价和同伴评价活动，因此学生对于各类评价活动较为熟悉。与此同时，九年级的学生正处于青春期，经历过/正面临着许多方面的变化，他们对于各类变化有着各种体会，可能是迷茫，也可能是好奇，需要他人的引导帮助他们正确看待变化，树立正确的价值观。

（三）教学目标

基于上述教学内容和学情分析，本课时的教学目标设置如下：

1. 语言能力目标

学生能够熟练掌握和运用以下短语，如 deal with, in front of crowds, get tons of attention, fight on 等；学生能够熟练运用 used to 描述人物的过往；学生能够根据故事思维导图进行复述，创造新语篇。

2. 学习能力目标

学生能够在不同的阅读活动中采用不同的阅读策略，比如预测、略读、寻读，获取故事大意，梳理细节信息；学生能在各类评价活动中学会反思和评价自己的学习进展和成果，调整学习方式。

3. 思维品质目标

学生能够多角度认识和分析变化，有理有据地表达观点，发展逻辑思维和辩证思维。

4. 文化意识目标

学生能够正确看待生活中的变化；学生能够意识到想要取得成功、获得蜕变就必须勇于改变和坚持不懈。

（四）教学设计思路

《义务教育英语课程标准》（2022 年版）指出教师要注重各教学要素相互关系的分析，设计并实施目标、活动、评价相统一的教学。因此，在确定教学目标之后，教师据此设计了"教、学、评"一体化的阅读教学活动和评价活动，如表 4-7 所示。

从教学活动来看，在导入和读前环节，教师首先通过视频激发学生学习兴趣，引导学生及时回顾上一课时的语言知识，进而引出本课主题；其次利用图片和文章标题鼓励学生发挥想象力，踊跃提问，激活思维。在读中环节，教师一方面带领学生获取大意，梳理每

表 4-7 "教、学、评"一体化的阅读教学活动和评价活动

教学目标	教学活动	效果评价	评价方式及主体
语言能力目标(1)	视频激趣，引出主题	1. 流畅、准确的口头表达 2. 能从内部、外部两个方面分析变化的原因	观察、提问、追问【教师评价】
学习能力目标(1)	提出问题，激活思维	提出合理、有深度、有新意的问题	
学习能力目标 思维品质目标 文化意识目标	通读全文，获取大意	定位段落主题句，获取大意	
	梳理背景，回归现实	1. 通过关键词快速定位信息 2. 结合自身经历，进行准确、流利的表达	提问、分享【教师评价】
	梳理过程，发表观点	1. 梳理变化前后的好与不好 2. 依据评价标准有理有据地发表观点，发展辩证思维	提问【自我评价】
	梳理建议，提炼主题	1. 快速完成填空 2. 深刻理解蜕变背后的美好品质	提问【教师评价】
语言能力目标 学习能力目标(2)	复述全文，夯实新知	基于评价标准，准确、全面地复述	分享、展示【自我评价】【教师评价】
语言能力目标 文化意识目标 学习能力目标(2)	仿写语篇，运用新知	基于评价标准，创造语篇，赏析同伴的作文并给出建议	分享、展示【同伴互评】【教师评价】

一段的细节信息；另一方面，基于上述学情分析，教师也在每一段的阅读活动中有目的地设计了培养学生高阶思维能力的经历分享、观点发表、主题提炼等环节，旨在帮助学生深刻理解故事内容和主题，进一步提升阅读能力。在读后环节，教师主要聚焦于对新知的综合运用，即复述和写作。

从评价活动来看，教师针对每一个教学活动都确定了合适的评估证据并制定了详细的评价标准，采用自我评价、同伴互评和教师评价交织共存的多元评价方式对学生的表现进行实时评价与检测，以便找到学生在学习过程中存在的问题并评估教学目标的达成度，通过及时反馈和整体讲解为学生搭建支架，帮助学生取得更大的进步。

三、教学过程

◎ Step 1　导入环节

活动1：视频激趣，引出主题

教师在课堂伊始播放了电影《公主日记》女主米娅变化前后的对比片段，引导学生思考和讨论米娅在外貌和性格上都发生了哪些具体变化。在梳理完米娅的变化之后，教师继续追问导致米娅发生变化的原因。

教学片断1：

T：What changes of Mia do you find？

S1：She used to have curly hair，but now she has straight hair.

S2：She used to be shy and unconfident.

☞ **评价设计**

教师通过观察学生的表情和发言踊跃度来了解学生对该电影片段和本活动的感兴趣程度，通过分析学生输出的关于描述米娅变化的句子，了解学生对该知识点的掌握程度和思维活跃度。在探讨变化的原因时，教师将学生的回答分为"外在原因"和"内在原因"，以此来了解和评价学生的思维认知情况。

☞ **设计意图**

就导入材料而言，电影《公主日记》讲述的是一个羞涩、不自信的女孩如何突破自己活成一个真正的公主的故事。在讨论米娅的变化及其背后的原因时，学生很有可能只关注到了外貌的变化和外在身份或社会地位的变化，而忽略了内心的转变，即对责任的认识，以及内在原因——精神品质的重要性。但教师并没有对米娅的内在转变或精神品质进行深究，而是借此引出本课主题，引导学生在后续的活动中关注精神品质对成长变化的作用。

看视频的作用有两点：首先起到吸引学生注意力、激发学生学习兴趣的作用；其次，电影主人公米娅的变化与本课主题一致，有利于激活学生已有图式，回顾之前学过的知识，进行语言输出。与此同时，在描述米娅的变化时，教师会呈现个别出现在文中的单词和短语，为学生扫除后期阅读的部分障碍。

◎ Step 2　读前环节

活动 2：提出问题，激活思维

教师呈现故事主人公 Candy Wang 的照片和文章标题，并提出以下问题："What do you want to know about Candy Wang？Raise questions"。

教学片断 2：

T：What do you want to know about Candy Wang? Raise your questions according to the title and picture.

S1：How did she deal with her shyness?

S2：What kind of music does she like?

S3：How does she deal with her work and learning at the same time?

☞ 评价设计

此环节，教师的主要评价目标是学生是否能够基于照片和标题的信息结合自己的想象提出合理、有深度、有新意的问题。比如，上面 S1 的问题是根据标题信息进一步思考解决措施，与文章内容紧密联系。S2 的提问以图片中 Candy Wang 听音乐的动作为线索，S3 的提问以标题中的"pop star"为起点并结合了现实学习生活中的疑惑，二者的提问都较为合理，虽然与文章内容没有较大关系，但是体现了学生敢于想象、积极思考的良好品质，仍值得肯定。

☞ 设计意图

本活动并没有让学生根据图片标题预测故事大意，而是鼓励学生主动思考自己想从这篇文章中知道些什么。学生首先需要仔细观察分析已有图片和标题，其次再根据已有信息或者自己感兴趣的点进行发问。在这个过程中，学生的思维能够得到有效锻炼。除此之外，本活动还有助于激发学生的阅读兴趣，促使学生带着好奇与问题进行后续的阅读。

◎ Step 3　读中环节

活动 3：通读全文，获取大意

学生首先快速阅读全文，通过定位阅读段落主题句，对段落大意进行匹配，继而梳理出本文结构，如图 4-15 所示。

Matching

Paragraph	Main idea
1	A. How Candy's life has changed.
2	B. Candy's advice to young people.
3	C. Candy's background.

图 4-15　段落大意匹配

☞ 评价设计

在这个环节，教师的主要评价目标是学生是否认识到段落主题句一般位于段首或者段尾，快速阅读，获取段落大意。

☞ 设计意图

本活动旨在培养学生的略读能力，整体感知语篇大意。与此同时，段落大意的匹配能够自然而然引出对本文结构的分析，为后续的细节梳理和复述仿写作铺垫。

活动 4：梳理背景，回归现实

在获取整体大意和大致框架之后，教师带领学生分段阅读，逐步梳理文章细节信息。教师以上一活动为基础，在每完成一个段落的阅读之后，在黑板上写上对应的关键词，形成本文的思维导图，为后续的全文复述活动作准备。

教师首先带领学生阅读第一段，并回答两个基于语篇的问题："What did Candy Wang used to be like?"和"How did she deal with her shyness?"紧接着，教师继续追问"Did you use to be shy? How did you deal with your shyness?"引领学生从阅读语篇回归到现实生活。

☞ 评价设计

本活动的评价目标共有两点：(1)学生能够根据前两个问题中的关键词快速定位答案；(2)学生能够认真回忆自己的以往经历，并进行准确、流利的表达。当学生在语言表达中出现停顿或者障碍时，教师会进行适当的提示和意义协商。

☞ 设计意图

前两个问题的目的在于带领学生梳理 Candy Wang 的背景信息，即过去的性格和解决问题的途径。后两个问题则通过引导学生分享自己的经历，激活学生关于自身成长变化的图式，帮助学生初步感知和体会成长的不易，并意识到有所蜕变必定有所付出。

活动 5：梳理过程，发表观点

教师带领学生阅读第二段，完成 Candy Wang 变化前后优缺点的表格。其后，教师引导学生思考如下问题并发表自己的观点："Do you think Candy is living a happy life now?"

☞ 评价设计

在学生讨论之前，教师先呈现自我提问清单(图 4-16)，引导学生依据评价标准开展讨论、准备发言。本活动的评价重点在于前两个问题，教师在给予反馈时更加重视学生的逻辑条理和论证支撑，只有在出现较大语言错误时才会予以纠正。

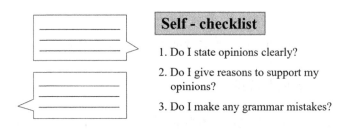

Self - checklist

1. Do I state opinions clearly?
2. Do I give reasons to support my opinions?
3. Do I make any grammar mistakes?

图 4-16　自我提问清单

☞ 设计意图

教师在带领学生梳理完第二段的具体变化信息之后并没有选择快速地进入第三段的阅读，而是引导学生对 Candy Wang 蜕变后的生活进行多方面的评价。一方面，本活动有助于加深学生对文本意义和本段落行文特征的理解，另一方面本活动也有助于培养学生进行分析和评价的高阶思维能力。与此同时，学生在相互分享观点的时候，生生之间可以相互启发，拓展思维视野。就评价设计而言，教师在学生讨论、组织语言之前就让学生明确评价标准，可以使学生在讨论交流的过程中不断监控自己的语言表达和观点陈述，从而提高讨论效率。

活动6：梳理建议，提炼主题

学生阅读第三段，补全 Candy Wang 给年轻人的建议信息。之后，教师播放一段关于马云成长变化的小视频，引导学生结合本文与马云的故事，思考"What do you learn from their changes?"。

☞ 评价设计

本活动主要的评价目标是学生是否能够深刻认识马云、Candy Wang 等成功人士成长蜕变的重要精神品质——勇于改变，坚持不懈。

☞ 设计意图

本活动旨在引领学生由浅及深地挖掘本文主题。学生不仅能看到主人公的外在变化和变化带来的好处与不足，也能深入思考隐藏在变化背后的精神支撑。主题的提炼可以引发学生对于自身成长变化的进一步思考，引导学生以马云和 Candy Wang 为榜样，走好成长路上的每一步。

◎ Step 4 读后环节

活动7：复述全文，夯实新知

教师要求学生根据黑板上的思维导图进行复述。随后，教师邀请学生分享自己的复述，并邀请其他学生给予补充。

☞ 评价设计

本活动的评价目标是学生能够准确、全面地复述 Candy Wang 的故事。为此，教师提供了复述评价标准。

A. Retell the whole story according to the structure we have learned.

B. Cover all the main aspects.

C. Be sure that the grammar is correct.

D. Try to create your own sentences rather than use the sentences in the text.

E. Use appropriate linking words.

F. Speak fluently.

☞ 设计意图

课文复述一方面能够促进学生对文章结构和语言知识的掌握，另一方面也可以提升学生的综合英语语言应用能力。但是在日常教学中，教师往往忽视复述标准的制定，导致课文复述的有效性降低(肖永芳，2019)。比如，学生常常习惯依赖课本原句，进行机械的课文复现，缺少一定的灵活度。本活动设计的评价标准则关注复述的结构性、全面性、语言准确性、灵活性、流利性等五个方面，旨在帮助学生提升复述能力，摆脱对课本原句的依赖。评价标准的制定有助于检查学生是否理解了课文内容、课文结构和对应的语言知识点，即部分教学目标的达成度。

活动8：仿写语篇，运用新知

教师在课前提前准备了40份名人卡片(涉及5位学生所熟悉的名人)并打乱顺序。卡片上的内容包括人物的背景信息、变化的原因和契机、变化前后的关键词以及一句成长感悟。课上，教师将卡片随机分发给学生，要求学生根据卡片上的信息完成一篇名人专访，并发表自己对该名人成长变化的观点和感悟。在学生完成写作初稿之后，教师组织开展各类评价活动。

☞ 评价设计

教师在学生开始写作之前，根据 Jacobs 等(1981)的作文评分标准并结合本课教学目标，改编制定了如下写作评价标准，如表 4-8 所示。教师首先选择一位学生(英语水平处于中等)的初稿进行示范修改，再要求学生四人一组进行同伴互评并讨论。同伴互评中，学生需要完成的不仅仅是给同伴的作文打分，还需给出详细的修改建议和反馈。在完成讨论之后，教师选择了另外三名学生进行作品呈现，评价者分享自己的评价和建议。最后，教师再根据学生的写作表现和评价表现进行总结。

表 4-8　写作评价标准

项　　目	评价维度	具体体现	同伴互评
评价指标	内容30分	人物信息介绍全面；变化过程描述准确全面；主题感悟深刻	
	结构20分	三段式，结构清晰	
	语言表达30分	无语法错误，句式、词汇多样	
	逻辑思维15分	使用恰当的连接词；段落主题句与段落内容呼应；逻辑清晰	
	写作规范5分	无拼写错误和标点符号错误	
总体	优秀(≥80)　　　　良好(60~79)　　　　仍需努力(<60)		

☞ 设计意图

本活动一方面能够帮助学生及时运用所学内容，内化语言表达；另一方面通过新情境的创建进一步加深学生对主题的理解。

在评价环节中，清晰的评价标准可以促使学生在写作过程中不断规范自己的写作行为并调节写作策略，有助于提高写作质量，培养学生的学习主体意识和读者意识，提高评价能力。教师的示范修改能帮助学生清楚了解评价标准和易错点，为同伴互评搭建支架。同伴互评能促使学生内化本课写作技巧，从读者的视角出发审视同伴的作文，进而反思和改进自己写作中的问题。最后，教师再次邀请学生展示作品并指出评价的目的在于：(1)检测学生的写作成果，检验本节课教学目标的达成度；(2)检测学生的评价成果和评价能力，检测学生是否能够给出全面、客观、准确的反馈。对学生的评价进行评价和总结能够促使学生发现自己的不足，进而不断提升自己的评价能力。

◎ **Step 5** 布置作业

学生根据同伴的评价和教师的评价修改作文，完成作文终稿。教师挑选5篇优秀作文(分别以不同的名人为主人公)贴在教室英语角进行展示。

☞ 评价设计

作业的评价仍以表4-8为评价标准，教师给出相应的分数并给予反馈。

☞ 设计意图

优秀作品的展示一方面能够促进学生间的相互学习和彼此欣赏，吸取优秀作品的闪光点，积累更多的写作素材；另一方面也有助于学生了解成功人物的蜕变经历，给予学生精神上的鼓舞。

四、教学反思

(一)优点

本课例将评价贯穿于课堂始终，实现了教、学、评的良性互动，较好地促进了学科核心素养的形成。本课例具有以下优点：

1. 坚持目标导向，明确评价标准

教师设计的每一个教学活动和评价活动都指向教学目标，与各个教学目标一一对应，适时了解学生的学习表现，检测目标达成度。与此同时，教师为每个教学活动和评价活动都制定了详细的评价标准，有助于学生根据评价标准了解、反思自己的学习成果和学习行为，进一步调整学习策略，通过持续反思，形成元认知意识，发展自主学习能力（王蔷、李亮，2019）。除此之外，教师依据教学活动的特点，对评价标准的侧重点予以调整。比如，就语言准确度而言，在导入环节中，教师十分重视学生语言表达的准确性，因为该活动旨在检测学生对于上一课时所学语言知识的掌握程度，学生输出的是简单的句子，因此语言准确度就显得尤为重要。然而，在复述环节，教师则更加重视学生复述内容的结构性与全面性，语言准确度则排在了第三的位置。

2. 以学生为中心，启发学生思考

本课例中，教师并没有一味地照本宣科，让学生看问题找答案，进行机械死板的文字阅读，而是以学生为中心，逐步引导学生根据课文的相应内容进行联想与思考。比如在读中环节，教师鼓励学生对故事主人公变化的利弊进行讨论，带领学生组织自己的观点和听取他人的观点，并从中发展逻辑思维与辨证思维。与此同时，教师在导入、读前和读后环节也鼓励学生多开口，给学生更多的表达机会，从而提升语言能力。

3. 基于班级学情，合理搭建支架

本课例中，教师在课前对学情进行了较为全面的分析，设计了层层递进、相互呼应的教学活动。读中环节，教师紧密关注学生的学习表现，在恰当的时候及时搭建支架，促使其跨越最近发展区。比如，教师将课文中的短语融入导入环节，为学生搭建语言支架。复述环节的评价活动则为后续的有效写作和互评搭建了支架。

（二）不足

本课例需要改进的地方如下：

（1）从教学环节来看，教师在课堂伊始没有向学生呈现本课的教学目标，在本课即将收尾时也没有引导学生进行总结。目标和总结的呈现能让学生清楚地了解他们要学些什么和引导学生反思自己的学习成果，鉴于本课例是一堂基于教、学、评一体化理念开展的阅读课，教师可以在总结环节设计一份自我评价表，引导学生进行自我反思。

（2）虽然本课例中师生互动较多，但生生互动较为缺乏。教师可以通过丰富评价证据、开展同伴互评和小组合作等方式增加生生互动的机会，使学生在相互交流与分享中，发展自己的合作探究能力。

第五章
高中英语阅读教学案例评析

第一节　指向学科育人价值的高中英语阅读教学

——以 2019 年人教版高中《英语》（必修第一册）第三单元 Sports and Fitness 为例

马小艳

一、课例背景

本教学设计从英语学科育人的视角出发，以 2019 年人教版高中《英语》（必修第一册）第三单元 Sports and Fitness 中的语篇 *Living Legends* 为例，探讨如何在高中英语语篇教学中挖掘育人元素，充分发挥英语学科独特的育人优势，促进学生的全面发展，进而落实学科教育立德树人的根本任务。

二、教学分析

（一）教学内容分析

从文章内容和主题意义来看，本课的主人公为两名著名的运动员：郎平和乔丹。他们不仅在体育方面取得了令人瞩目的成就，而且还具备很多闪光的个人特质与魅力。因为郎平作为运动员曾获得过世界冠军，所以本文重点描述她的团队合作精神和迎难而上的坚定意志。乔丹是美国篮球联赛中的常青树，本文着重描述的是他不怕失败、坚持不懈的运动精神和投身公益事业的热情。

从语言表达来看，杂志通常为了适应尽可能多的读者而采用通俗易懂的语言。因此该语篇于学生而言通俗易懂。本文第一个语篇采用了举例子、摆事实的写法，在开头运用了排比结构"As a player... As a coach... As a person..."，全面概括了人物的成就和影响。本文第二个语篇使用了一些形象生动的语言描述，如：Time seemed to stand still。

从体裁来看，本文属于杂志文章，有明显的标题特征、结构特征和语言特征。文章标题首先采用了一些特殊形式来吸引读者的注意力或者起到"点睛"的作用，如加粗、配以彩色运动背景图等。其次，"Living Legends"这一标题还采用了头韵的修辞手法，令人印象深刻。除此之外，小标题"Air Jordan"也采用了比喻的修辞手法。

从文本结构来看，本文结构清晰，文章由标题、摘要或引领段和正文组成，正文又由小标题引出两个语篇，描述两位体育明星。插图和最后一段的补充信息也是杂志文章的一般特点。

（二）学情分析

本节课教学对象为高一学生，年龄在15～16岁。从语言能力来看，本文的语言表达清晰易懂，学生能较为轻松地读懂文本信息。学生经过小学及初中的英语阅读学习之后已具备基本的阅读能力且已掌握一定的阅读策略，但他们缺乏总结文章大意和提取细节信息的能力。

从合作学习能力来看，学生对小组活动及任务分工十分熟悉，能够积极主动参与课堂小组的学习合作，但在展示小组成果的环节，学生很少主动举手发言。因此，在本堂课中，教师应当为学生提供更多使用英语交际的机会，让学生自信地表达他们的观点。

从情感态度来看，该板块的主题是"选择你最喜欢的运动员"。这一活动情境贴近学生的现实生活，能够快速激发学生的学习兴趣。学生对这两名体育明星的精神品质有一定了解，在阅读和梳理文章的过程中，学生能够进一步挖掘这两名运动员的精神品质，并以他们为榜样，形成刚健有为、自强不息的精神价值观。

（三）教学目标分析

根据上述教学内容分析和学情分析，并基于学科育人这一理念，本课时的教学目标设定如下：

1. 语言能力目标

学生能够在阅读语篇、推断语篇来源的过程中识别杂志文章的语篇特征。

2. 思维品质目标

学生能够通过分析、评价两位著名运动员所具备的精神品质，发展其批判性思维和发散性思维能力。

3. 学习能力目标

学生能够通过文章标题和副标题来预测文章内容；学生能够通过本课时的学习总结文章大意。

4. 文化意识目标

学生通过了解体育界两位传奇人物的优秀事迹，总结归纳他们身上所具备的精神品质，逐步形成刚健有为、自强不息的精神价值观。

（四）教学重难点分析

1. 教学重点

引导学生掌握通过略读寻找文章大意、通过寻读寻找细节信息的阅读策略。

2. 教学难点

引导学生根据提示线索总结文章大意；通过学习两位知名体育运动员身上所具备的精神品质，总结"living legends"的评选标准，引导学生描述自己心中"体育界活的传奇人物"。

（五）指向学科育人价值的英语阅读教学设计

1. 依据单元主题和单元文本，构建育人蓝图

英语学科育人目标集中体现在政治思想、道德品格、国际理解、审美情趣等方面。其中，道德品格包含个人品质和公民修养（程晓堂，2022）。本单元的主题是运动和健康，属于"人与社会""人与自我"相关的主题。本单元通过"邀请朋友参加体育活动""选择自己最喜欢的运动员"和"构建积极的生活方式"等不同话题，培养学生在"听、说、读、写、思"方面的能力，帮助他们养成开朗、乐观的生活态度以及与他人融合、积极参加体育锻炼的生活方式。*Going Positive* 这篇文章帮助学生意识到健康的生活习惯的重要性，有利于他们的终身发展。围绕"living legends"这个话题，设置问题，可以引导学生形成刚健有为、自强不息的精神价值观。这些美好品质可以为学生的性格养成、形成终身学习观念打下良好的基础。因此，从学科育人的视角来看，本单元的育人目标聚焦于培养学生的个人品质。

2. 深度剖析语篇，挖掘育人价值，确定教学目标

育人目标既渗透在英语课程所要培养的核心素养之中，也渗透在课程内容及日常的教学过程之中（程晓堂，2022）。依据单元主题和单元文本，构建育人蓝图后，教师要从课程内容的角度出发，深度剖析语篇内容，确定教学目标。由于育人目标渗透在核心素养中，因此教师要整合核心素养的四个维度来确定教学目标。*Living Legends* 这篇文章介绍了两位著名运动员：郎平和乔丹。通过剖析语篇内容，教师确定本课时的育人目标是引导学生

形成刚健有为、自强不息的精神价值观。

3. 丰富学习活动，拓宽育人渠道

梅德明(2021)指出，学科育人的实践途径是指向学科核心素养发展的学习活动，所设计的学习活动应基于学生已有的社会阅历、认知水平和发展愿望；能激发学生参与的兴趣，具有一定的挑战性；能让学生学用结合，学以致用。因此，在语篇教学中，为激发学生参与活动的兴趣，教师应创设真实情境，通过丰富多样的课内外活动，使学生在与他人的互动中学会交流和合作，提升团队合作意识，懂得尊重别人和改变自己，成为主动的学习者，主动挑战自己，在真实的情境中运用所学。活动板块的主题是"选择你最喜欢的运动员"，教师可以依据文本提供的具体情境，即某杂志社请读者来信评选心目中的"体育界活的传奇"，引导学生在理解语篇信息的基础上，总结评选标准、推荐自己心中的体育明星并给出推荐理由，从而在学习活动中实现学科育人。

4. 注重学习成果评价，利用评价育人

教师要善用评价，通过建立完善的评价机制，激发学生对英语学习的热情、发挥学生的主观能动性，帮助其形成自主学习的良好习惯(石潇潇，2021)。自评能够培养学生的元认知策略意识，使他们养成良好的英语学习习惯。教师评价能激发学生的内在学习动力，提升他们的自信心，使他们更积极地投入英语学习活动。生生互评让学生学会交流和合作，一方面有利于建立良好的互学互评机制；另一方面也能强化学生的责任担当意识。

三、教学过程

◎ Step 1　Lead-in

教师向学生展示六位参与 2020 年东京奥运会运动员的照片并问学生这些运动员分别从事的是哪些运动项目。在此过程中，教师设计以下问题：（1）Have you ever watched the 2020 Tokyo Olympic Games on TV？（2）Do you know the Olympic spirit？（3）Look at the pictures and answer the following questions：Who are they？Do you know them？（4）What sports are they doing？

☞ 设计意图

该导入部分通过展示与主题相关的图片来创设情境，充分调动了学生的学习兴趣。问题 2 通过询问学生奥林匹克精神是什么，激活了学生关于体育精神的背景图式，为育人目标的实现作好铺垫。问题 3 和问题 4 能够激活学生关于著名运动员的背景知识，并激发学生对阅读语篇的学习欲望。

◎ Step 2　Pre-Reading

Activity 1：Scanning

教师让学生快速浏览文章标题、副标题、引领段、正文、插图及最后一段的补充信息，引导学生思考文章来源，并让学生观察语篇的文体结构。

（1）Please pay attention to the genre of the text, and where do you think the text is probably taken from? A tour brochure? A story book? A sports magazine or a science report?

（2）What parts should a magazine article consist of?

☞ 设计意图

问题 1 旨在让学生通过快速浏览文本来确定文本来源、文章体裁，有助于培养学生的自主学习意识、锻炼他们的观察能力，让学生形成独立思考的学习习惯。问题 2 旨在通过总结文章体裁特点来培养学生的语篇结构意识，以及了解杂志文章这一文体的特点。教师最后引导学生关注文本结构，引导学生通过文本结构来猜测文章的体裁、推测文章的出处。

Activity 2：Predicting

教师引导学生关注文章标题"Living Legends"。对于"legend"一词的意思，教师要给予学生相关提示，在理解"legend"一词的基础上，让学生根据标题来揣测文章大意。

教学片断 1：

T：　What do you think of the text is about according to the title? So, before you predict, I will give you some tips about the understanding of this word "legend". Traditionally, a legend is a story from ancient times about people and events, either true or fictional. Today we use "legend" to refer to a very famous person who is admired by many people. So now can you guess what the text is about?

S1：The text is about two famous athletes.

S2：The title includes "Legends" and the subtitles are "Lang Ping and Michael Jordan". So, I think the text talks about their heroic deeds.

T：　All of your predictions are very good and reasonable. The title refers to "living legends". So, it must be about great sports people. Now, let's read the text and check it together.

☞ 设计意图

预测是英语阅读策略之一。学生的预测建立在已有知识的基础上，学生不理解生词"legend"，因此教师应当及时提供"脚手架"。教师在此解释"legend"的意思。在预测文章大意的过程中，学生根据文章标题积极思考与联想，其思维品质也得到了发展。学生的预测无论正确与否都能让他们形成阅读期待，为下一步阅读文章内容作好准备。

◎ Step 3　While-Reading

Activity 3：Reading and Thinking

Part 1

读中环节分为两个部分，第一部分聚焦第一位著名体育运动员——郎平。第二部分聚焦第二位著名运动员——乔丹。在第一部分的阅读中，教师设计以下问题链并要求学生完成思维导图。

（1）After the first reading, could you tell me why Lang Ping is a living legend of sports? What are her achievements?

（2）What good examples she has set for us?

教学片断 2：

T： Now, after the first reading, why Lang Ping is a living legend of sports?

S1： As a player, she brought honor and glory to her country.

S2： As a coach, she led the China's volleyball team to medals at world championships and the Olympics.

S3： As a person, Lang Ping is loved by fans at home and abroad.

T： Yes, all of your answers are evidence that Lang Ping made great achievements in various aspects. We can conclude that she is a master in various aspects, right?

Ss： Yes.

T： Can we say that a person is a legend just from his achievements?

Ss： No.

T： Of course not. Maybe they set good examples for us that we can learn from, right? Now, let's focus on the following part and find what good examples she has set for us.

...

T： All of you know about the structure of the text. Please finish the mind map here.

☞ 设计意图

以上问题的设计实际是引导学生划分第一部分(文本1)的结构。第一部分主要讲郎平在各个方面所取得的瞩目成就。在此部分教师引导学生归纳郎平在多个方面均是大师这一主题。随后教师引导学生从文本过渡到文章标题——"Living Legend"。"传奇"这一称号不仅仅是因为她取得了瞩目的成就，还包括她为我们树立了好榜样。本活动中教师带领学生分析郎平的性格特点和体育精神。

教师通过一系列问题链引导学生梳理语篇内容，引导学生概括、整合语篇内容及结构并完成思维导图。使用思维导图能够帮助学生检验及巩固课堂所讲授的知识，突出重点、分析难点，既形象直观又省时高效(关琳，2018)。教师设置的问题由易到难，符合学生的认知结构，由低阶思维向高阶思维过渡，逐步实现学生思维品质的发展。教师引导学生关注文章中相关语言表达，如通过"as a player... as a coach... as a person..."排比句式讲解，帮助学生发展语言能力。从关注郎平的成就到关注郎平身上所体现的体育精神和性格特点，教师引导学生领悟她的团队合作精神和迎难而上的坚定决心。该阅读板块的教学活动设计整合了学科核心素养的四个维度，并通过对郎平精神品质的剖析实现了学科育人目标。

Part 2

读中环节的第二个部分介绍了第二位著名运动员乔丹。在读第二部分的过程中，教师让学生找出乔丹被称为"living legend of sports"的支撑句子，并引导学生完成思维导图。最后教师和学生一起确认思维导图的完成情况。

教学片断 3：

T： After reading the first material, we can conclude that a living legend of sports not only made great achievements but also set good examples for us. So now, there is another living legend in America. Who is he?

Ss： Michael Jordan.

T： Yes, very good. Now let's read the second material and summarize why Michael Jordan is considered a living legend. You can also try to think about this question from several aspects just as we analyze Lang Ping. Got it?

Ss： Yes.

T： OK, Let's have a try. When you read the material, please try to focus on the language used. Here is a mind map for you.

☞ 设计意图

阅读了第一段材料后，学生在教师的带领下学会了如何划分阅读材料。因此在第二部分，教师放手让学生自己探究，这一方面锻炼了学生的发散性思维能力、培养了学生独立思考的学习习惯；另一方面也引导了学生内化所学知识，并将所学运用于实践。学生补充完思维导图后，教师引导学生关注第二部分的语言特点并探讨乔丹的个人成就以及他身上不畏失败、坚持不懈的精神和投身公益事业的热情，让学生感悟他身上的美好精神品质，实现学科育人。

◎ Step 4　Post-Reading

Activity 4：Test

教师让学生再次阅读文本并回顾思维导图。然后教师让学生合上书，根据黑板上提供的关键词汇和短语回顾文章的脉络结构和主要内容。

☞ 设计意图

此活动一方面能够让学生检测所学；另一方面也给教师提供反馈信息，教师可根据学生的总结来判断学生是否已掌握文章的框架结构和主要内容，并以此确定下一步的教学计划。

Activity 5：Discussion

此课堂活动为小组讨论，首先，教师引导学生总结文章中两位著名运动员身上的精神品质；其次，教师将这种精神品质迁移到学生身上，引导学生形成刚健有为、自强不息的精神价值观；最后，教师超越语篇让学生开展小组活动，讨论他们心中的"living legend of sports"并说出原因。

教学片断 4：

T： After reading these two living legends of sports, we really admire them, right?

Ss： Yes.

T： When the team that Lang Ping built was falling apart, did she lose heart?

Ss：No.

T：She didn't lose heart and faced difficulties with great determination. So when you faced difficulties and great stress, did you give up? Or did you face the challenges with determination?

…

T：We can learn a lot from Lang Ping. So, what can we learn from Michael Jordan?

S：He has great mental strength.

T：What is his secret to success?

…

T：Yes. So when you did not do well in the exam, don't be depressed. Instead, you should learn from your failure because failure is the mother of success. So, do you have living legend of sports in your heart? What can you learn from them? Please discuss in groups.

☞ 设计意图

小组讨论能够激发学生的学习热情，培养他们合作学习意识和团队协作精神，在教学活动中达到育人目标。首先，教师引导学生总结了两位体育运动员所具备的精神品质，再联系学生的生活实际，将课堂内容自然延伸到个人生活，培养学生在逆境中永不言弃、顽强拼搏的意志品质，引导学生在现实生活中弘扬这两名运动员的精神品质，由此达到育人目标。然后学生将所学迁移到现实生活中，让学生分小组讨论他们心中体育界活的传奇，并说出原因。此活动将学科育人价值内化于心，在讨论环节感受榜样的力量。

◎ **Step 5　Summary**

活动结束后，教师引导学生总结课堂所学，要求学生从以下两个方面来回顾本节课的内容：

（1）Features of a magazine article；

（2）Spirits of successful athletes。

☞ 设计意图

学生能够通过课堂小结来确定自己是否达到本节课的学习目标，反思学习过程和学习成果，培养自我学习意识。教师在此教学阶段可以给予学生整体性评价，学生通过教师反馈不断改进学习方法和学习策略。

◎ Step 6　Homework

教师给学生布置的家庭作业，要求学生以"The Living Legend of Sports in My Heart"为题写一篇作文。

☞ 设计意图

课堂教学活动中，教师已要求学生展开小组讨论，讨论他们心中体育界的传奇。课后学生将小组讨论中的观点有组织地呈现在写作中，从而达到训练学生逻辑思维能力的目的，同时也实现了学用一体，将学科育人元素内化于心、外化于行的目标。

四、教学反思

（一）优点

本课例以学科育人价值理念为指导，基于单元主题、教学文本、学习活动、学习评价体现英语学科育人价值。本课例有以下几方面的优点：

1. 教学目标指向核心素养，体现育人价值

核心素养是英语课程育人价值的集中体现，是学生通过学习逐步形成的正确价值观、必备品格和关键能力（梅德铭、王蔷，2022）。本课例教学目标设计包含语言能力目标、学习能力目标、思维品质目标及文化意识层面的目标，即核心素养四要素，集中体现了英语学科的育人价值。

2. 教学活动设计指向学科育人价值理念

学科育人活动也是体现英语学科育人价值的途径之一。教师设计了丰富的教学活动，课前导入基于学生已有的知识经验，激发学生的学习兴趣；读中环节设计思维导图锻炼学生自主学习、独立思考的学习习惯；读后讨论使得学生在与他人的互动中学会交流和合作，培养他们的团队合作意识。无论是课堂导入，还是读前、读中或读后的环节活动设计均指向学科育人的价值理念。

3. 创新教学方式，践行英语学习活动观

《普通高中英语课程标准（2017年版2020年修订）》指出英语教学要通过具有综合性、关联性和实践性等特点的学习活动使学生在体验中学习、在实践中运用、在迁移中创新，以促进学生语言、思维、文化及学习能力的发展。这一教学主张的核心是以育人为导向、以核心素养为目标、以学生为主体、由师生共同参与的一系列层层递进、相互关联的活动（王蔷等，2021c）。本课例中的教学活动首先通过课前的导入环节引起学生的注意，学生

在获取和梳理语篇内容的基础上利用思维导图整合和概括语篇主要内容。读中教学环节中，教师引导学生分析与判断两位著名运动员身上的精神品质，再联系现实生活让学生将所学知识内化并运用。最后的讨论环节，教师引导学生在新的情境中作出正确的价值观判断，即要求学生说出自己心中体育界的传奇。本课例改变了脱离语境的碎片化知识教学，践行了英语学习活动观。

（二）不足

本课例需要改进的地方如下：

1. 教学目标设计太宏观

该课例的教学目标虽体现了核心素养的四个要素，但对于核心素养每一层面的教学目标表述过于简单、宏观，在运用该教学目标指导教学活动时可操作性不强。比如，在语言能力目标部分，该课例的表述为：识别杂志文章的语篇类型。首先，由于本课教学中学生存在对新词理解的困难，教师在语言目标中还可以设计语言知识类的目标。其次，学生对语篇类型的识别，最终是要服务于语篇理解的，因此教师在这一教学目标的设计中还要强调杂志文章语篇的人际意义。本课例思维品质目标的表述为：培养学生的批判性思维和发散性思维，但究竟如何培养、通过哪些活动来培养，教学目标未说明。

2. 课堂导入部分有待改进

在教学导入环节，教师运用 2020 年东京奥运会运动员的图片进行导入，虽然贴近了"运动"这一话题，但让学生猜测图片中运动员的体育项目与文本内容的关联性不强。教师仅仅引导学生对图片中的运动员和体育运动进行识别。且与奥林匹克精神无法做到自然衔接。因此，课堂导入部分教师可以直接运用 1981 年到 2019 年中国女排数次夺冠的视频集锦，激发学生的爱国热情、民族自信心和自豪感，营造学科育人氛围。然后教师可根据学生的背景知识提及女排精神，自然而然地导入本节课要关注的重点人物——郎平。

3. 缺少课堂评价部分，未充分体现教、学、评一体化

教、学、评一体化的提出有利于引导教师从教学设计与实施入手，关注教什么、学什么和如何学的问题，并通过对学生学习成效的持续观察和评价，确保教学目标的达成（王蔷、李亮，2019）。在本课例中，教师的评价方式和评价工具比较单一。在读中和读后的环节，教师仅采用口头评价，课堂总结部分也仅让学生总结所学，学生未进行自我评价，教学过程没有充分体现教学、学习和评价之间的关系。因此，教师无法获得学生实际的学习效果，也无法通过及时反馈来调整教学方法，因而无法确保教学目标的实现。

第二节　以语言能力促进学生思维品质发展的高中英语阅读教学

—— 以 2019 年人教版高中《英语》(必修第二册)第三单元 The Internet 为例

聂颜园

一、课例背景

本课例材料来自 2019 年人教版高中《英语》(必修第二册)第三单元 The Internet 中的 Reading and Thinking 部分，授课时长 40 分钟。

二、教学分析

(一)教学内容分析

2019 年人教版高中《英语》(必修第二册)第三单元 The Internet 中的文章 *Stronger Together：How We Have Been Changed by the Internet* 围绕"创办网上社区"(start an online community)展开，属于"人与社会"主题语境。文章主要讲述了英国一位年过五旬的失业女教师使用互联网改变了自己的生活，并帮助其他老年人学会使用互联网从而改变了他们的生活和命运的美好故事。

该文是一篇记叙文，课文主标题"Stronger Together"表示结果或状态，副标题"How We Have Been Changed by the Internet"指明了话题范围，并通过现在完成时的被动语态强调互联网的作用和意义。主、副标题结合起来揭示了文章的主题意义——人们因互联网而联结、改变，变得更加强大。

文章脉络清晰，以第三人称的口吻讲述了 Jan 的故事，以过去时为主，谈及事件的影响时使用了现在完成时，包括现在完成时的主动语态和被动语态。文章共有 5 个自然段，交代了故事发生的背景、地点、人物及事件发生的原因、经过和结果。语篇结构完整、主题思想积极。第一段点明了文章话题范围，即互联网改变了人们的生活，强调互联网的影响，所以较多地使用了现在完成时。第二段叙述了 Jan "触网"的原因和经历。第三段讲述 Jan 开办 IT 俱乐部，帮助老年人使用电脑和网络并取得可喜成效的故事，这是文章的核心部分。第四段介绍 Jan 消除数字鸿沟的理念和下一步的行动目标。最后一段以主人公的一番话收尾，体现了主人公推己及人、悲悯天下的高尚情怀。她不仅提升了自己，也帮助了他人。

（二）学情分析

本节课的授课对象为某高中的高一学生。在高中生的预测、分析、质疑、推断、评价五个阅读能力中，最强的是分析能力，即通过分析文本来获取信息，完成阅读理解题目；能力较弱是质疑能力，即批判性地看待文中的内容或观点（谢瑜妍，2017）。在五个阅读能力中，学生在分析、推断和评价能力方面的差异是比较大的。在应试教育的背景下，大多数英语教师把阅读课的重点放在语法、单词和阅读理解上，缺少引导学生对文本进行有意义的建构过程，忽视了对学生批判性思维的培养。

该年龄段的学生在思维上具有很强的敏锐性，但在深刻性、创新性、批判性、逻辑性等方面有待提高。故本节课着重培养学生的思维品质，使学生能够有逻辑地思考和解决问题，能够从多种角度，清晰、完整、有条理地组织和表达观点。

（三）教学目标

《普通高中英语课程标准》（2017 年版 2020 年修订）指出，英语学科核心素养主要包括语言能力、思维品质、文化意识和学习能力。在本节课的学习中，最重要的目标是学生利用语言能力培养自己的思维品质。具体而言，在本节课结束后，学生能够达到以下学习目标：

（1）在语言能力方面，学生能够锻炼语言理解和语言输出能力。学生能够了解作者是如何利用语篇来建构意义的；学生能够保持对语篇体裁的敏感性及发展利用 5W+1H 的方式阅读记叙文体裁的能力；学生能够分析和比较语篇中的主要信息和观点并进行口头和书面表达。

（2）在思维品质方面，学生能够通过"stronger""together""changed""Internet"四个关键词梳理文章的细节信息，锻炼自己的逻辑思维、创造思维和批判思维。学生借助活动和问题理解语篇，并用语言组织表达自己的观点。这个过程不仅可以培养学生的通用思维能力（如分析、推理、评价），而且还可以帮助学生形成英语思维方式（程晓堂、赵思奇，2016）。

（3）在文化意识方面，学生能够从不同角度思考并谈论"网络"带来的利弊，形成对"网络"的新认识，进一步加深对世界的认知。

（4）在学习能力方面，学生能够在阅读过程中积极运用一些基本的阅读技巧，如：预测、略读、寻读、找关键词和关键句等。与此同时，学生还可以学会如何调适英语学习策略、如何拓宽英语学习渠道，从而提升英语学习效率。

（四）教学重难点

教学重点：帮助学生学会利用 5W + 1H 的方法了解 Jan 的故事；根据"stronger""together""changed""Internet"四个关键词梳理文章细节信息。

教学难点：学生通过一些活动和问题锻炼思维的深刻性、逻辑性、创造性、批判性和灵活性；从不同角度思考"网络"带来的利弊，并进行语言输出，形成对"网络"的新认识，加深对世界的认知；对文章体裁具有敏感性，对比"记叙文"和"议论文"的区别，有条理地组织观点。

（五）教学设计思路

本节课是阅读课，阅读是一个语言输入过程。本节课的目的是通过培养学生的"语言能力"促进学生"思维品质"的发展。英语课堂中思维品质的培养离不开语言能力的提高，那么如何提高学生的语言能力和培养学生的思维品质呢？

首先是如何提高学生的语言能力。语言的输入与输出不可分割。输入是语言学习的手段，是习得的先决条件，是基础；输出是目的，是习得的必要途径，也是语言学习的终极目的。孙起华（2017）认为，"语言能力"是在掌握英语基础知识和听、说、读、看、写五项技能的基础上，用英语表达自己观点的能力，包括：①关于英语和英语学习的一些意识和认识。例如，对英语作为一种国际通用语言的重要性的认识，对学习英语的意义与价值的认识，对英语与文化、英语与思维之间的关系的认识。②对英语语言知识的掌握情况，特别是运用英语语言知识建构和表达意义的能力。③理解各种题材和体裁的英语口语和书面语篇的能力。④使用英语口语和书面语进行表达的能力。⑤通过语言建构交际角色和人际关系的能力（程晓堂、赵思奇，2016）。对阅读课来说，语言的输入占比很大，所以在教学过程中教师要设计语言输出活动，将语言输入和输出相结合以培养学生的语言能力。

其次是如何培养学生的思维品质。思维品质与思维能力并不相同。思维品质包括辨析语言和文化表现的各种现象，分类、概括信息，建构新的概念，分析、推断信息的逻辑关系，正确评判各种思想观点，理性表达自己的观点，形成英语思维习惯以提高多元思维能力等（王学娇，2021）。本节课依据思辨能力层级理论模型（文秋芳等，2009），结合《普通高中英语课程标准》（2017 年版 2020 年修订）对学生思维品质的要求共同实现对学生思辨能力的培养。思辨能力层级理论模型基于双维模型、三元模型与三棱模型，把思辨能力细化为元思辨能力（第一层次）和思辨能力（第二层次）。其中思辨能力包括与认知相关的思辨技能和思辨标准，以及与思维品质相关的情感方面。思维品质体现英语学科核心素养的心智特征，指思维在逻辑性、批判性、创新性等方面所表现出来的能力和水平。思辨能力层级理论模型如表 5-1 所示：

表 5-1 思维能力层级理论模型

元思辨能力（自我调控能力）——第一层次		
思辨能力——第二层次		
认 知		情 感
技能	标准	好奇（好疑、好问、好学），开放（容忍、尊重不同意见，乐于修正自己的不当观点），自信（相信自己的判断能力，敢于挑战权威），正直（追求真理，主张正义），坚毅（有决心、毅力、不轻言放弃）
分析（归类、识别、比较、澄清、区分、阐释），推理（质疑、假设、推论、阐述、论证等），评价（对结论的评价等）	精晰性、相关性、深刻性、灵活性、逻辑性、批判性、创新性	

针对表 5-1 中思辨能力的认知标准，文秋芳等（2009）指出精晰性即指思辨应清晰与精确；相关性即指思辨内容应与主题密切相关；深刻性是指思辨活动具有广度与深度；灵活性则要求能够娴熟、恰当地变换角度思考问题；逻辑性即指思辨应条理清楚，说理有根有据，具有说服力。查找细节、整合信息等技能均属于逻辑性思维（李晓芸，2017）。

思维需要语言来表达。阅读课要培养学生查找文章细节和主题、整合信息、理解文章逻辑关系、推断及预测故事情节发展的能力（教育部，2018）。所以本节课围绕文本主题，设计由浅入深的问题，从展示性问题、参阅性问题、评价性问题入手设计与主题密切相关的思辨内容，关注思维层次。梁美珍等（2013）指出上述三种类型的问题是认知层次和思维层次的不断推进，是从低级向高级发展的过程。展示型问题学生在回答时很大程度上依赖文本信息；参阅型问题是在学生理解并获取文本事实信息之后，为了帮助学生进一步理解文本内容，拓展文本内涵而设计的；评估型问题则以文本为基点，需要学生对文本话题、内容和作者观点等进行深入思考，以此得出综合性的评价和结论。

导入部分进行头脑风暴，思考手机具备的功能，通过语言的输入和输出，快速激活学生的语言和思维。读前活动通过四个问题找到标题中的关键词，并结合文章标题、图片以及学生的背景知识预测语篇内容，自由进行语言输出来培养学生思辨技能中的推理能力和想象力。读中活动学生通过语言输入，利用不同思辨技能理解语篇的过程能够锻炼学生思维的灵活性。首先学生借助语言知识快速阅读，归纳文章的主旨大意，能够提升对语篇体裁的思维敏感性，然后教师根据"stronger""together""changed""Internet"四个关键词对语篇的逻辑性和作者的情感性等内容依次提出展示性问题和参阅性问题，通过对问题的分析、推理和归纳发展学生的思维认知技能。此过程可强化思维的逻辑性、相关性和精晰性。读后活动中学生借助语言输出活动，培养思维的深刻性。第一个活动是学生对 Jan 的生活进行复述。根据图式理论，图式是认知的基础，口语输出是学习者进行知识检验、修正运用大脑图式的一个有效手段，所以复述故事是一种有意义的语言输出活动。在此过程中学生需要充分调动自己的词汇、语音、语调等语言知识(武小莉，2011)，同时必须对阅读材料传递的信息进行具体的思维整理、加工和总结(李亚敏，2009)，训练思辨能力中的第一层次——元思辨的自我调控能力，达到思维逻辑性的标准。第二个活动是针对文章体裁和内容对思辨性进行讨论。此类评价性活动可以用来培养学生的分析和评价能力，接近思维创造性、批判性的标准。读后活动是基于小组开展的活动，学生在小组活动中自由表达自己的看法和观点，思辨情感也在活动的过程中得以渗透。最后的家庭作业要求学生基于课堂内容进行写作，这是书面语言的输出过程。写作过程是学生思维在深刻性、逻辑性、批判性、灵活性、创造性方面的一次整合。

三、教学过程

◎ Step 1 Warming-up（头脑风暴，激活语言和思维）

教师询问学生手机有哪些功能。

☞ 设计意图

本环节引导学生讨论手机的功能，通过头脑风暴激活学生对手机、网络相关的背景知识，以及相关语言表达，如 listen to the music，search for information，shop online，take pictures，order food 等。语言知识的"输出"和"输入"一方面能够帮助学生快速打开思维，为接下来对语篇的思考打下基础；另一方面能够让学生快速熟悉语篇相关的主题内容。

◎ Step 2 Pre-reading（分析标题，激发学生想象力和推理能力）

标题是文章内容的高度概括和总结。在本活动中，教师首先引导学生寻找标题中的四个关键词"stronger""together""changed""Internet"，随后再鼓励学生借助题目和图片预测文章的主旨大意。教师提问如下：

Q1：What are the key words in this title "Stronger Together，How We Have Been Changed by the Internet"？

Q2：What may be the main idea of this passage？

Q3：Do you think the Internet can change our life？

Q4：How can it change our life？

除此之外，从文章标题可以了解这样一个知识点，即文章标题并不总是符合语法规则的。

☞ 设计意图

文章的标题含义深刻，值得探究。首先，教师让学生朗读标题"Stronger Together, How We Have Been Changed by the Internet"，找到标题的关键词，提高学生抓取关键词的能力，为后期思维的锻炼打下基础。其次，教师让学生根据题目和相关图片预测语篇内容，可以帮助学生形成预测的习惯和意识、学习阅读策略，从而提高学生的"学习能力"。最后，教师要求学生自由表达对"网络是否可以改变生活"和"如何改变生活"两个问题的看法，以促进学生语言的输出、激发想象力和推理能力、提升阅读的兴趣，从而让学生带着疑问和求知欲开启阅读之旅。

◎ Step 3　While-reading（通过语言输入过程，锻炼思维灵活性）

1. Fast Reading（初步了解语篇，培养学生的思维敏捷性）

Activity 1：归纳文章大意，识别语篇体裁

教师帮助学生利用"略读"策略总结文章大意，让学生学会归纳文章的主旨大意。接着教师询问学生："What's the genre of this passage?"通过提问培养学生对文章体裁的敏感度。

Main idea：The story of Jan, a teacher in the UK, who quit her job due to a serious illness, got help from the Internet and volunteered to help others.

Genre：narrative.

☞ 设计意图

第一遍采用"略读"的阅读策略，概括大意、识别体裁。概括大意能够帮助学生提高思辨技能中的分析归纳能力。由于语篇大意并不能在文章中直接找到，最后一段的第一行"Jan's life has been changed by the Internet"并不能完全概括语篇内容，所以在此过程中教师的引导就显得尤为重要。学生的"阅读策略""语言能力""思维品质"均能在此过程中得到提高，学生对大意的了解和熟知也是接下来阅读活动顺利进行的前提条件。另外，对文章体裁的识别也有助于学生对语篇的理解。

2. Careful Reading（借助展示性问题和参阅性问题，发展思维认知技能）

Activity 2：梳理故事，理解文章标题中的关键词"change"的含义

因为本语篇是一篇记叙文，教师引导学生思考记叙文所包含的要点，并利用 5W+1H（who，when，where，what，why，how）的思维方法查找细节、整合信息，了解 Jan 的故事。问题如下：

Who：Who is she？

Where：Where is she？

When：When did it happen？

What：What did she do？

Why：Why did Jan do these things with the Internet？

How：How did she feel？

学生共同合作在文章中寻找答案，梳理事件发生的时间、地点、人物及事件发生的原因和过程并理解文章标题关键词"change"的含义。

Activity 3：借助表格理解文章标题中"stronger""together"的含义并填空（表 5-2）

表 5-2　对"stronger"和"together"的信息梳理

Who	What	Change
A 59-year-old man	Learnt how to apply for work _____；Found a _____ job；Take care of _____	independent
A 61-year-old woman	She was _____；Started an _____ company together with _____	
Children in poor countries	A charity website to _____ money for them	

Activity 4：走出文本，培养创造性思维

两个参阅性问题是在学生理解并获取文本事实信息之后，为进一步帮助学生理解文本内容、拓展文本内涵而设计的。

Q1：What help will a 61-year-old woman and children in poor countries get？

Q2：What does the above information indicate？

☞ 设计意图

教师由浅入深地设计一系列问题。活动二和活动三属于展示性问题，问题答案依赖文章信息可以直接找到。这些活动锻炼了学生的分析、推理和归纳能力，同时逐步实现学生思维的逻辑性、相关性、精晰性等标准。特别是在"what""why""how"的部分，学生了

解了 Jan 在生活中利用"网络"所做的事情、为什么做这些事情以及做这些事情之后自身的感受变化，对 Jan 感受变化的分析过程实际上就是对"change"这一语篇标题中关键词的理解和归纳。活动四是参阅性问题，从源于文本到走出文本，为学生提供了运用所学语言表达看法的机会，对发挥学生主体性、培养学生创造性思维有重要意义。

在读中环节教师帮助学生逐步了解 Jan 的故事，帮助他们理解文章题目中的关键词"stronger""together""change"的内涵并培养他们利用各种阅读策略获取、加工和处理信息的能力，以及利用思维导图和表格将信息条理化的能力。所以读中活动达到了教学目标中对学生"思维品质"和"语言能力""学习能力"的要求。

◎ **Step 4　Post-reading**（通过语言输出过程，锻炼思维深刻性）

1. Retelling（复述故事、整合信息、提高学生元思辨能力）

Jan 生活的改变是这篇文章的主要内容。在了解文章内容、体会文章内涵之后，学生利用文章大纲（图 5-1）复述 Jan 的生活。

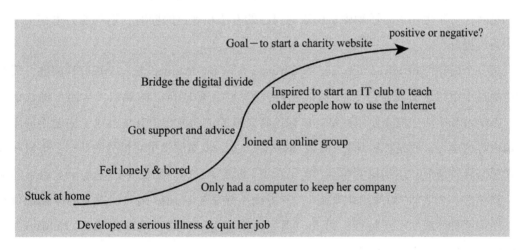

图 5-1　Outline

☞ 设计意图

这是一个语言输出过程，学生在提升英语口语表达能力的同时，也培养了思维品质的逻辑性。在复述过程中，学生一方面通过关键词整合信息，对阅读材料传递的信息进行整理、加工和总结；另一方面，学生通过语言训练进行输出，培养口头表达能力及思辨能力中第一层次元思辨的自我调控能力。本活动有助于学生在表达中主动地发现问题、解决问题，形成元语言意识和反思能力（杨勇，2020）。

2. Critical Thinking(借助评价性问题，发展学生思维批判性和创造性)

Activity 1：讨论网络利弊，发展学生的思维批判性

通过复述活动，学生可以判断出作者对"网络"的态度是积极的。于是教师设计了一个反思性活动："The writer mentions many advantages of using the Internet. Do you think there are any disadvantages? If so, what are they?"

Activity 2：利用对比分析，促进学生思维的创造性发展

讨论"网络利弊"之后，教师将学生的观点进行组织和总结，然后又进行讨论：如果我们以"网络是一把双刃剑"为题写一篇作文，那么我们应如何组织观点呢？还会用到刚刚我们所学的体裁吗？由此促使学生讨论记叙文和议论文的区别。

☞ 设计意图

上述两个讨论活动旨在以小组合作形式提高学生运用英语语言知识建构和表达意义的语言能力，从而培养学生思维分析能力和评价能力，以便更好地锻炼学生思维品质的批判性和创新性。学生在小组活动中自由表达自己的看法和观点的同时，思辨能力也在活动过程中得以提升。

第一个讨论"The advantages and disadvantages of the Internet"是一个探究性问题，需要学生通过小组讨论交流信息，批判性地看待"网络"，形成自己的观点，从而正确认识网络，在学习和生活中安全使用网络。该讨论将文章的主题进行了升华，讨论主题不局限于语篇内容的学习，而是扩展到对"网络"的认识，进一步加深学生对世界的认知，形成积极的情感态度价值观，达到培养学生"文化意识"的教学目标。第二个讨论是承上启下的活动，接续上一个活动"如何组织观点"，一方面引导学生对记叙文和议论文的体裁进行对比，明确两种体裁的不同特征；另一方面为课后作业——语言的写作输出"Network is a double-edged sword"作好铺垫。

◎ Step 5 Homework

1. Review what we have learned and the key language points in the text.

2. Write a composition—"Network is a double-edged sword"（around 120 words）.

☞ 设计意图

本节课是阅读课的第一节课，所以第一个作业是为下一节课语言知识的讲解作准备。第二个作业体现了课内外结合、以读促写的教学原则，是对课堂内容的延伸和巩固。对于

学生来说，写命题作文是对他们思维相关性和精晰性的培养，学生在分享观点的基础上复习课内所学的语言知识，利用课堂中学到的议论文写作特征和常用的关于"网络"的表达，进行生成性写作，以加深对文本的理解和感悟。英语写作是语言输入和输出的结合，通过训练学生语言的综合运用能力进一步发展学生的思维品质。

四、教学反思

本节课有以下几个方面值得肯定：

第一，本节课关注学生的语言能力以促进学生思维品质的发展。李晓芸（2017：238）认为以学生为中心的课堂应既帮助学生提高语言能力，又帮助学生提升思维品质。阅读课教学设计应当使学生通过获取与梳理、概括与整合、实践与内化、分析与评价、迁移与创新等一系列的学习和交流活动，解读、阐释和评判语篇意义，有效表达个人观点、情感和态度，感知和理解文化异同，发展多元思维和批判性思维，提高英语实践能力。本节课依据的语言习得理论是"输入假说"和"输出假说"，依据的思辨理论是文秋芳等人的思辨能力层级理论模型（2009）。在此基础上，教师结合《普通高中英语课程标准》（2017 版 2020年修订）对学生语言能力和思维品质的要求，设计了大量的促进学生思维发展的活动，如利用"5W+1H"深入剖析语篇中的故事，带领学生理解、分析、整合文章内容，语言输入和输出相结合。这些活动既能提高学生的语言能力，也能促进学生思维品质的发展，从而培养学生思维的灵活性、逻辑性、创造性、批判性及深刻性。

第二，本节课设计的问题由浅入深，注重学生的思维层次。在英语阅读教学中，教师通过将教材内容转化为一系列的教学问题来帮助学生获得文本信息，锻炼学生的语言能力，从而促进学生的思维发展。教师提问应由浅入深，首先从记忆、理解类问题入手，帮助学生了解、学习语篇内容、概括文章和段落大意、学习语篇中的细节信息、推断作者的写作意图；然后通过运用、分析类问题引导学生运用所学语言和语篇内容，深入分析语篇，构建新的意义。最后通过评价、创造类问题引导学生评判语篇中作者传递的情感态度和价值观，学会迁移运用。在英语阅读教学中，教师在阅读问题的设计上需要做到循序渐进。忽视学生认知发展规律的阅读教学不是以"学生为中心"的教学。在本课例中，教学活动首先从理解文章大意、识别文章体裁的理解性问题入手，然后再利用"5W+1H"的方法以及文章标题的四个关键词"stronger""together""changed""Internet"为线索深入分析、理解语篇内涵，最后设计创造性的评价问题对语篇主题"网络"形成新的认知，对语篇体裁进行对比分析。这些问题层层递进、由浅入深，有助于促进学生思维品质的发展和思维层次的提升。

第三，本节课利用思维可视化来探究语篇的主题意义。《普通高中英语课程标准》（2017 年版 2020 年修订）将主题语境列为英语课程内容的重要要素。思维导图就是一种有效的实现思维可视化的技术。高中英语阅读文本往往篇幅较长、信息量较大，而思维导图注重图文并茂，可以使知识结构化、可视化、逻辑化，有助于简化文本中的复杂信息。本课例在帮助学生梳理 Jan 的故事时使用了思维导图，这样不仅可以加深学生对主题语境的理解，还能反映篇章的内在逻辑，学生可以从中推理并挖掘篇章中所蕴含的信息和深刻思想，从而更好地探究主题意义并实现迁移创新，达到新课标的要求。

第四，本节课的各部分教学活动环环相扣、紧密结合。教师课堂教学的连贯性能够保证学生思维的整体性，是提高学生思维品质的前提。本节课在教学设计中，从导入活动到家庭作业的布置，每一环节都是为下一步作铺垫、打基础。导入活动利用头脑风暴帮助学生快速熟悉主题。读前活动引导学生找到文章标题里的关键词，让学生根据图片和题目预测文章内容，询问学生对"网络改变生活"的看法，为读中活动打基础。读中活动中，教师通过快速阅读引导学生了解文章大意和体裁，为精读活动中利用"5W+1H"的方法梳理文章细节和分析文章结构作铺垫。读后活动的故事复述可以帮助学生整合语篇信息。在读后活动的讨论环节，第一个活动引导学生在感知作者态度的基础上讨论"网络利弊"，第二个活动是对第一个活动所得出的观点的分析、整合和归纳。最后家庭作业的布置要求学生基于本节课所学到的内容进行写作。

本节课也有需要改进之处：

首先，本节课没有进行课堂小结。课堂小结是课堂教学的收获环节，有效运用课堂小结不仅能帮助学生梳理课堂中的零碎知识，形成系统的知识网络，还能促进学生的知识内化，引导学生以积极的心态和高涨的热情投入下一个学习任务（黄惠云，2015）。然而，本节课并没有进行课堂小结，建议教师在布置家庭作业之前与学生共同进行一个简单小结，以帮助学生形成系统的知识网络。

第二，本节课在培养学生创造性思维方面设计的活动有些单一。本节课仅仅通过口头或书面形式来培养学生的创造性思维。陈则航、王蔷等（2019）提到，发展学生创造性思维可以通过创设情境去解决问题、完成任务。如教师可以通过创编对话、改编故事等方式激发学生的创造力和想象力。刘倩、王国华（2021）提到，在高中英语阅读教学中运用情境教学法不仅有助于激发学生的英语阅读兴趣，而且还有助于发散学生的思维，让学生积极主动地思考。因此，本节课建议教师在培养学生创造性思维的同时，还可以通过情境设置进行教学。教师还可以鼓励学生在了解 Jan 的故事之后针对自己的疑问进行自主提问。

第三节 基于图式理论的高中英语阅读教学

——以 2019 年人教版高中《英语》(必修第一册)第二单元 Travelling Around 为例

聂颜园

一、课例背景

本课例材料来自 2019 年人教版高中《英语》(必修第一册)第二单元 Travelling Around 中的"Reading and Thinking"部分,授课时长 40 分钟。本节课教师引导学生从形式和内容两个方面阅读文章,以提高学生对旅游手册的认识,并进一步帮助学生了解文章的语言和结构。同时,通过阅读和文本学习,学生可以了解和欣赏秘鲁美丽独特的地理景观和人文景观,从而加深对中外文化的理解。

二、教学分析

(一)教学内容分析

1. 主题分析

2019 年人教版高中《英语》(必修第一册)第三单元 Travelling Around 这一单元围绕"旅游"这一主题展开,属于"人与自然"相关的主题语境,内容主要涉及计划制订、行前准备、景点介绍、旅游文明行为及旅游业发展的利弊等。本节课的教学内容是"探索秘鲁"(explore Peru),学生通过观看视频、阅读有关秘鲁的介绍和旅游宣传册,了解秘鲁的旅游资源及秘鲁的地理、历史、文化和景观等,并根据游客的兴趣爱好推荐合适的旅行路线。本节课选择具有南美风情和特色的国家为目的地,为学生了解非英语国家提供了机会,使其拥有更广阔的国际视野。本节课除了文本学习外,还提供了图片、地图、视频等多种学习媒介,可以培养学生"看"(viewing)的能力。

2. 文本分析

该板块包括两个部分。第一部分是介绍性文本,主要介绍秘鲁的地理位置、地貌特征及历史文化。介绍性文本常见于百科全书,以条目释文为主,或配以插图。其内容简略,语言简洁、严谨、客观、真实,不带有感情色彩,但较具权威性。第二部分是旅游宣传册,主要介绍秘鲁四条不同特色的旅行路线。该文本结构清晰,配有丰富的图片和精美的设计,在视觉上给人以强大的冲击力。旅游宣传手册是日常生活中的常见材料,其主要有三种功能,即信息功能、表现功能、感染/共鸣功能。除此之外,本文还大量运用了祈使句及第二人称"you"作主语的句子，使读者有身临其境的感觉。

（二）学生情况分析

授课对象为高中一年级学生，年龄为 15 到 16 岁。基于此，教师对学生的学习情况作如下分析：

（1）语言能力分析：大部分的高一学生已经掌握了足够多的单词和句子结构，能够理解阅读材料的主要思想和某些细节，并具备理解文章的能力。但是本班学生在日常生活中很少有机会说英语，当他们被要求向同伴推荐自己喜欢的旅行时，他们很难流利地表达自己的想法。

（2）文化意识分析：语篇主题与秘鲁有关，而大部分学生不太熟悉与秘鲁有关的文化内容，文化知识较为欠缺，这意味着本节课在师生互动上存在一定的难度。因此教师一方面需要保证课堂活动的有趣性和连贯性；另一方面也要加深学生对秘鲁的了解，帮助学生获得文化知识，拓宽其文化视野，并汲取文化精华。

（3）思维品质分析：虽然该年龄段的学生在思维方面具有很强的敏锐性，但是由于高中教材中的语篇长度增加，学生在分析语篇时难度更大。教师需要发挥引导作用，帮助学生形成观察、比较、分析、归纳、评价等思维能力。

（4）学习能力分析：学生进行了大量的阅读练习，大部分学生已经掌握了一些基本的快速阅读技巧，如略读、寻读等。教师在教学过程中需要设置特定的活动来帮助学生巩固阅读技巧。

（三）教学目标

在本节课结束时，学生能够达到以下学习目标：

（1）在语言能力方面，学生能够掌握并灵活运用与国家概况、景点介绍、旅游行程等话题相关的词汇和表达。

（2）在文化意识方面，学生能够增强保护环境的意识。

（3）在思维品质方面，学生能够对所获得的信息进行比较和分析，梳理文章的发展脉络，合理推荐秘鲁旅游路线。

（4）在学习能力方面，学生能够通过快速浏览文本来辨别文本类型；能够熟练掌握阅读技巧，如略读、寻读、推理等；能够掌握识别文本类型的技能，灵活结合精读策略，将文本关键信息整合为表格、思维导图。

（四）教学重难点

学生能够熟练运用略读、寻读、推理等阅读技巧理解语篇内容；学生学会谈论关于

"旅游"这一话题的内容并制订旅游计划等。

(五)教学设计思路

1. 图式理论概念及教学要点分析

对于"图式"(schema)这一概念，不同的学者有着不同的定义，但所表述的观点大体相似，即用图式知识理解语言和文本。简单地说，理解一个文本的过程就是读者头脑中的背景知识和文本信息相互作用的过程。图式分为内容图式、形式图式和语言图式三种类型(崔雅萍，2002；王丽娜，2014；陈俭贤，2015)。这三种图式相互联系、交互作用，共同作用于阅读过程，对阅读理解的效果产生影响。

语言图式指读者对阅读材料的语言知识的掌握程度，主要包括语音、词汇和语法等方面的语言知识。在英语阅读过程中，原有的词汇、语法等语言知识，将成为英语阅读理解的重要基础。

内容图式指读者对阅读材料的主题和内容的理解程度，包括语言的意义和文化背景知识。在英语阅读过程中，内容图式会帮助学生将自身所具有的知识与材料相关的知识背景进行连接，从而形成一定的语言知识体系。内容图式虽然不一定能够完全促进阅读理解的顺利进行，但是却能够在极大程度上帮助学生迅速掌握英语阅读材料的基本内容。

形式图式则指读者对材料的篇章结构、文体特征、体裁方面的知识的掌握程度。为了准确地理解英语阅读材料的核心内涵，学生不仅要具备相应的语言图式和内容图式，也要对英语文章的体裁结构有基本的了解。英语语篇与中文语篇在结构形式上有一定的差异，学生需要充分理解英语语言文章的结构类型，才能够准确把握写作意图。基于不同的写作意图，作者也会采取不同的文体结构和语言特征。比如，故事题材的文章与科技题材的文章在结构形式上一定会有明显的不同，这就要求学生具备形式图式，帮助他们准确理解不同文体结构要表达的写作意图。

图式理论表明，读者对语篇的语言、内容和形式了解得越多，对语篇的理解就越深刻。针对高中英语阅读文章图文并茂、体裁多样、题材广泛、语言知识丰富、涉及面广等特征，教师应该有的放矢利用现有的教学资源，向学生渗透文化背景知识，扩大学生的知识面。只要日积月累，学生的语言基础得以夯实，背景知识不断扩大，学生头脑里的图式就会越来越丰富，阅读时就会积极调动相关的图式，完成阅读理解(崔俊学，2015)。

2. 基于图式理论的高中英语阅读教学设计

图式理论对指导英语阅读教学具有重要的现实意义。读前阶段，可以发挥图式的预测推理功能；读中阶段，可以发挥图式的信息处理功能；读后阶段，可以发挥图式的巩固拓展功能(温燕杰，2010)。本课例以高中《英语》(必修第一册)第二单元 Travelling Around

中的 "Reading and Thinking" 部分为例，详细地展示了图式理论的运用。

（1）Warming up 和 Pre-reading

由大标题、小标题、图片可知，本部分的第一个小语篇介绍秘鲁的主要信息，第二个小语篇主要介绍秘鲁的一些美丽景点，如亚马孙雨林、马丘比丘、库斯科、的的喀喀湖。这是一篇向学生介绍秘鲁国情和主要旅游景点的语篇。在读文章之前，教师利用多媒体展示与秘鲁有关的视频和图片，可以激活学生曾经见过、经历过或是听说过的相关内容图式。然后教师引导学生预测文章内容和体裁，从而激活学生大脑中的形式图式。

（2）While-reading

首先，通过视觉获取信息，调用学生的内容图式。在读前阶段进行预测之后，学生开始阅读文章。在阅读过程中，学生大脑中有关秘鲁的背景知识不断地被调动和激发，从而更好地理解文本信息。

其次，分析文章结构，掌握文章的形式图式。针对两个文本，教师的教学设计均是略读，即将文本划分为若干个部分，再进行寻读并根据表格或者思维导图定位重要的细节信息。巧用思维导图可以发挥图式的信息处理功能、培养学生的逻辑思维能力和综合概括能力、提高阅读速度和效率(油小丽、薛星星，2019)。

最后，完善词汇、语法知识，扩充语言图式。在阅读过程中，如果学生遇到的词汇接近其大脑中储存的某个图式，这样大脑中的语言图式就会被调用以帮助学生理解文本。在英语阅读课堂上，教师除了引导学生理解文本内容之外，还需要对重点词汇、语法、句子进行细节讲解，让学生在语境中理解其用法，并学会利用思维导图和表格等工具快速定位重要细节信息，从而丰富学生的语言图式。

（3）Post-reading

阅读完整篇文章之后，教师设计了一个有趣的读后活动，即帮助旅行者选择旅行路线。该活动能够帮助学生内化本节课所学的知识。教师向学生介绍了一些常用的语言表达，以提高学生的语言表达能力。除此之外，在理解全文之后，教师还专门对重点知识进行讲解，以丰富学生的语言图式。

三、教学过程

◎ Step 1　Warming-up

教师利用多媒体向学生展示有关秘鲁的视频和图片。

☞ 设计意图

在课堂最开始教师使用多媒体展示一系列有关秘鲁的视频和图片以引出本课相关话

题。图片和视频可以激发学生的学习兴趣，也可以激活学生曾经见过、经历过或是听说过的有关内容图式。观看视频可以培养学生的语感、训练学生的听力理解。

◎ Step 2　Pre-reading

在阅读文章之前，教师引导学生根据文章大标题"Travel Peru"、四个小标题"Amazon Rainforest Tour""Machu Picchu Tour""Cusco Tour""Lake Titicaca Tour"，以及图片、表格等信息猜测文章的内容和体裁。具体问题如下：

A. What type of text is the passage?

B. What the text will be mainly about before reading by looking at the picture and the title?

☞ 设计意图

根据大标题、小标题、图片等，学生可以预测：本语篇主要介绍秘鲁及其旅游景点，体裁类似于旅游宣传手册。读前对文章主要内容和体裁进行预测是非常好的阅读策略，可以活跃学生的大脑并激活学生认知结构中关于秘鲁的内容图式和学生大脑里的形式图式。学生带着预测去读文章可以加深对文章的理解。

◎ Step 3　While-reading

Text 1

Activity 1：Skimming

教师引导学生略读第一篇小短文，验证读前关于主要内容的预测，并对这篇小短文进行内容划分。

Activity 2：Scanning

学生仔细阅读第一篇小短文，根据思维导图（图 5-2）的提示理解文本信息，并补全思维导图的空缺处。

☞ 设计意图

略读、寻读、借助思维导图阅读是最常见的阅读策略。略读主要是了解文章的大致内容和体裁，掌握文章的形式图式；寻读是为了找寻文章的重点细节信息。思维导图可以帮助学生快速理清文章的信息内容，巧用思维导图可以发挥图式的信息处理功能，培养学生

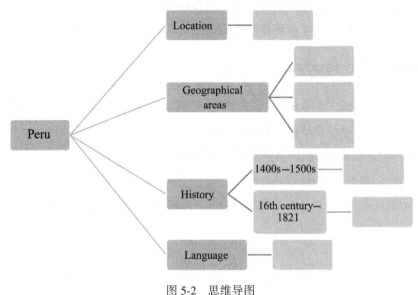

图 5-2　思维导图

的逻辑思维能力和综合概括能力，充分调用学生的内容图式和语言图式。

Text 2

Activity 1：Skimming

教师引导学生略读第二篇文本，找出文章的主旨和旅游宣传手册的结构特征。

Activity 2：Scanning

学生仔细阅读文本，根据表格信息（表 5-3），找出更多细节，总结每个景点的特点。

表 5-3　细节信息

Tour	Things to Do	Means of Transport
Amazon Rainforest	• Travelling in the middle of the ＿＿＿＿＿. • Exploring the rainforest with a ＿＿＿＿＿. • Enjoying the ＿＿＿＿＿ and ＿＿＿＿＿ unique to the forest.	• ＿＿＿＿＿

续表

Tour	Things to Do	Means of Transport
Machu Picchu	• Explore and be amazed by the _____ city. • The _____ is especially amazing.	• _____
Cusco	• Enjoy the unique Spanish and local Indian _____. • Stay in a _____ hotel. • Visit the _____. • Admire the _____. • Enjoy the _____ local food. • Go shopping at the _____.	• _____

☞ 设计意图

此阅读活动能够发挥图式的信息处理功能。第二篇文本相较于第一篇文本来说，内容更加丰富，所以教师将表格运用到阅读教学中，以帮助学生加深对文章细节内容的印象，避免学生在阅读中只重视词汇和语法的做法。填写表格可以培养学生提炼信息的能力，复习、巩固和强化所学的生词、短语及句型。同时，如果学生学会了通过图表进行阅读理解的策略，阅读时就会更加有条理，思路也会更加清晰，从而提高阅读效率。

◎ Step 4　Post-reading

第三遍阅读课文，两人一组完成下面的任务。

假设你是一个旅行社代理人，有四个人想去秘鲁旅行，向你寻求建议。请根据他们的兴趣向他们推荐目的地，旅行者情况介绍见表5-4。

在"帮助旅行者选择旅行路线"这一任务的过程中，教师向学生介绍了一些可以选择使用的语言表达方式：

1. In my opinion, you could/might choose..., because you prefer to...

2. ... could be a perfect choice for you, for...

3. As far as I am concerned, you would enjoy..., for...

4. … would probably suit you, because you enjoy/love/hate doing…

表5-4　旅行者情况介绍

1. Mike，是一名摄影师，他对冒险和探索有很大的兴趣。他希望有一个活跃的假期，拍一些不同种类的动物的照片。他不需要一流的食宿。	2. Bill，一名记者，他不仅想了解这个国家的文化和生活方式，而且想欣赏美丽的风景。他需要做一份关于这个国家当地人生活的报告。
3. Tom，一名远足爱好者，希望花几天时间一边远足一边欣赏美丽的自然风景。	4. Mary，一名设计师，正计划去一个地方旅行，在那里她可以享受那个国家不同的建筑和一些美味的食物。她也喜欢购物。

☞ 设计意图

这是一个开放性活动，每个学生制定的路线可能不同，教师也可以让学生选择自己最喜爱的旅游路线并说明理由。这部分设计旨在加深学生对文本的理解，促使学生积极思考，并给学生提供学会欣赏和批判、语言输出的机会，内化语言知识点。同时教师向学生介绍了一些可以选择使用的语言表达方式，丰富了学生的语言图式，锻炼了学生的语言表达能力。

◎ Step 5　Passage Consolidation

在理解文章内容的基础上，教师对文章中的两个重点句涉及的语言知识点进行讲解，帮助学生理解并掌握。具体如下：

（1）You can then spend three days exploring the rainforest with a local guide and enjoying the plants and animals unique to the rainforest.

本句主体结构为 spend some time doing sth。

翻译：在接下来的三天里，您可以在当地导游的陪同下，深入雨林进行探索，欣赏雨林特有的动植物。

（2）Inca builders cut stones to exact sizes so that nothing was needed to hold walls together other than the perfect fit of the stones.

本句为 so that 引导的结果状语从句。nothing 与 the perfect fit 为并列成分；other than 在句中意为"除了"。

翻译：印加的建筑工人将石头切割成精确的尺寸，仅仅凭着石头间的完美契合即可稳固墙体。

☞ 设计意图

在学生理解全文大意及细节信息之后，针对课文中出现的重点词汇以及新语法，教师借助课文内容出现的语境进行详细讲解，让学生在语境中理解和体会其用法，完善学生已有的词汇和语法知识，丰富学生的语言图式。

◎ Step 6　Homework

在理解文章内容的基础上，教师布置了课后作业，具体为"假设你在一家旅行社工作，请向想要度假旅行的客户推荐你最喜欢的旅游项目"。

☞ 设计意图

布置作业是内化所学知识的重要途径。这个作业的设计富有趣味性，场景设定能够提高学生的语言运用能力和学习能力。学生在思考和表达的过程中思维逻辑能力也能得到提升。

四、教学反思

本课例以图式理论为指导，基于对阅读语篇的深入研读，设计了层层递进的学习活动。本课例设计具有以下特点：

(1)激活学生的语言图式、内容图式及形式图式

阅读是一个互动的过程。这种互动发生在三个层面：自下而上与自上而下加工过程间的互动、低级别与高级别技能间的互动、读者背景知识与文本预设的背景知识间的互动（秦语甜，2020）。学生可以运用图式知识对所学的语言文字材料进行主动解码，从而获得重要信息。

本教学案例充分利用并激活学生的图式知识。读前阶段通过视觉获取信息，调用学生的内容图式，发挥图式的预测推理功能；读中阶段分析文章结构，掌握文章的形式图式，发挥图式的信息处理功能；读后阶段完善词汇、语法知识，扩充学生的语言图式，发挥语言图式的巩固拓展功能。

(2)利用思维导图和表格锻炼学生的思维能力

第一篇文章虽然文本较短，但信息量较多，主要介绍了秘鲁的地理位置、地貌特征、语言及历史文化。教师巧用思维导图，发挥图式的信息处理功能，这不仅能帮助学生对所

学知识进行合理分类，还能体现知识之间的联系，帮助学生理解这种联系并快速理清文章的信息内容。第二篇文章介绍了秘鲁的亚马孙雨林、马丘比丘、库斯科、的的喀喀湖四个景点。表格形式是将关键信息提取出来的方式之一。通过表格提取关键信息不仅可以培养学生提炼信息的能力，还能帮助他们更好地理解语篇内容，同时也可以帮助他们复习、巩固和强化所学的生词、短语及句型。总的来说，思维导图和表格都是阅读教学中常用的处理文本信息的方法，可以培养学生的逻辑思维能力和综合概括能力。

（3）以主题为引领选择和组织课程内容

主题语境为语言学习提供意义语境，并有机渗透情感、态度和价值观。本语篇属于"人与自然"的主题语境，教学围绕"旅游"这一主题展开，紧密联系学生的现实生活。教师在组织课堂内容的时候，以"旅游"这一主题为引领，从读前观看有关视频，到读后设计旅游路线，以两种不同体裁的文本为依托，引领学生实现语言知识、文化意识、思维品质和学习能力的融合发展。

本课例也存在不足之处：

（1）活动设计需要优化

首先，课堂伊始，教师向学生展示了图片和视频，但是没有向学生提问。教师在播放视频前，应让学生明确要回答的问题，提醒学生在观看的时候简要快速地记笔记。学生带着问题看视频能够增强看的动机，提高看的效率。

其次，读中活动应增加一个引导学生"简单了解两种文本特点"的活动。本语篇涉及两种不同的文本体裁，即百科全书式的介绍性文本和旅游宣传手册。辨别两者的文体结构和语言特点是本节课学生必须掌握的语篇知识。

最后，本课例设计的读后活动只有"帮助旅行者选择旅游路线"这一任务，教师可增加提问环节，帮助学生加深和拓展对文本的理解，提高学生的思维品质和文化意识。如教师可引导学生思考下列问题并发表观点：

A. How do you like the travel brochure about Peru?

B. Do you feel a strong urge to visit Peru after reading it?

C. If you were the brochure designer, could you make a better one? How?

（2）本堂课未进行课堂小结

课堂小结是课堂教学的收获环节，有效运用课堂小结不仅能帮助学生梳理课堂中的零碎知识，形成系统的知识网络，还能促进学生知识内化，让学生以积极的心态和高涨的热情投入下一个学习任务（黄惠云，2015）。然而，本课例并没有进行课堂小结，建议教师在布置家庭作业之前与学生共同进行一个简单小结，帮助学生形成系统的知识网络。

第四节 核心素养下指向深度学习的高中英语阅读教学

——以 2019 年人教版高中《英语》(选择性必修第二册)第三单元 Food and Culture 为例

聂颜园

一、课例背景

《普通高中英语课程标准》(2017 年版 2020 年修订)提出,选择性必修课程会在必修的基础上,体现更高层次的语言和思维水平、更广的主题语境和更深层次的意义内涵。本课例分析从核心素养出发,以 2019 年人教版高中《英语》(选择性必修第二册)第三单元 Food and Culture 为例,探讨如何基于核心素养进行深度教学。本课例的授课对象为高中二年级学生,授课时长 40 分钟。

二、教学分析

(一)教学内容分析

1. 主题分析

本教材第三单元 Food and Culture 主要围绕"食物与文化"这一主题展开,属于"人与社会"的主题语境,共涉及 4 个语篇。本单元围绕"饮食与文化"展开,中国特色菜肴、国外特色美食、饮食健康三者交叉呈现,逐步深化学生对"饮食与文化"的认识,引导学生关注国内外饮食文化差异与饮食健康。本课例的教学内容为"Reading and Thinking"中的"Culture and Cuisine"。

2. 文本分析

这是一篇事理说明文。本文作者是一位曾到中国游玩的美国人。文章按时间和空间顺序叙述了作者在中国各地品尝美食,并与当地人交流的经历,从不同角度阐释了食物与地域文化、历史传统及当地人性格特点等之间的关系。

文本按照"总—分—总"的结构建构。具体而言,第一段通过 Jean Anthelme Brillat-Savarin 的哲理名言"Tell me what you eat, and I will tell you what you are"引入,阐释了本文的主要内容——食物与性格、文化的关系。第二段以中国菜肴为例进行阐释,涉及中国菜肴在美国的本土化现象,以此说明美国人的某些饮食习惯及性格特点。从第三段至第六段,作者结合自己在中国各地品尝美食的经历,讲述了中国各地的典型菜肴及其所反映的其他信息。其中第三段叙述了作者初到中国，在北京品尝四川美食的经历。作者感受到中国人的热情好客，并了解到四川菜肴的特色食材——花椒（Sichuan peppercorns）。第四段通过作者在山东的经历阐释了饺子（dumplings）这一北方传统食物的文化内涵，并提到山东最具特色的食物"大葱卷饼"（pancake rolls stuffed with sliced Chinese green onions）。第五段讲作者到新疆之后，结识了当地的哈萨克族和蒙古族朋友，了解到他们的传统食物通常是在明火上烹饪的，如烤肉。这是因为他们的祖辈是草原上的游牧民族。第六段讲作者在华南和华中地区品尝到的当地特色食物——广东点心（dim sum）和河南烩面（stewed noodles）。作者惊叹菜肴的精美考究和别具一格，同时也感受到中国各地"食物别样人不同"，以及中国人的友好与善良。在上述例证和解释的基础上，最后一段进一步分析和概括食物与文化的关系。

（二）学生情况分析

本课例的授课对象整体外向、开朗、思维活跃、英语基础较好、学习态度较认真、学习热情高。学生已基本具备在阅读和视频中获取、总结信息的能力，能够识别语篇中的时间、空间、过程顺序，部分学生能够结合阅读文本或视频等相关语料较为准确地使用英语表达自己的观点。但大部分学生在信息整合、细节分析、逻辑推理等方面的能力欠缺。此外，学生虽然对中国菜肴、中国传统文化等有一定的了解，但对食物所承载的人文内涵了解不够，对食物与文化关系的认识不够深入。

（三）教学目标分析

在本节课结束时，希望学生能够达到以下目标：

（1）在语言能力方面，学生能够在文本阅读的过程中获取、提炼、重组语言信息，并能在读后运用所学语言进行合理表达。

（2）在文化意识方面，学生能够不断深入了解食物所承载的人文内涵。具体而言，学生能够在梳理、分析文本的基础上，提炼文本中的信息，思考、探讨并表达对中国美食走出国门的看法。

（3）在思维品质方面，学生能够通过一系列的阅读任务锻炼信息整合、细节分析与逻辑推理的能力。具体而言，学生能够梳理文章的语篇结构和文本逻辑，快速准确地找到文章及段落的主题句，获取与分析语篇的主要信息与细节信息，并能根据所获得的多种信息总结延伸并表达观点。

（4）在学习能力方面，学生能够适应多种学习方式，既可以进行个人独立自主思考，又可以同小组合作共同学习。

（四）教学重点

学生能够梳理、分析并提炼文本中提到的中国不同地区的特色菜及其反映出的文化内涵；思考、探讨并表达对中国菜走出国门的看法；结合文化与饮食的关系，选择菜品、设计菜单并阐明理由。

（五）教学难点

学生能够梳理、分析并提炼文本中所提到的中国不同地区的特色菜及其反映出的文化内涵；结合文化与饮食的关系，选择菜品、设计菜单并阐明理由。

（六）教学设计思路

本课例是基于英语学科核心素养下的深度学习理念而设计的。

自新课标颁布以来，新课程理念得到了广大英语教师的认可，但英语教学碎片化、表层化和标签化的问题仍然比较突出（王蔷，2018），这已成为当前深化课程改革、培养学生英语学科核心素养亟须解决的问题。"深度学习"的提出为解决英语教学碎片化、表层化和标签化问题提供了新的视角，对于落实英语学科核心素养、转变教师理念与教学方式、推动课程改革向纵深发展具有重要意义（王蔷等，2021a）。

1. 英语学科核心素养

《普通高中英语课程标准》（2017年版2020年修订）指出，英语学科核心素养主要包括语言能力、思维品质、文化意识和学习能力。四大核心素养涵盖了知识与技能、过程与方法、情感态度与价值观的教育，具有明确的育人指引价值；各要素之间相互渗透、融合互动、协同发展。本课例在设计每一个阅读活动的过程中都十分注重英语学科核心素养的培养，尤其是针对"食物与文化"这一主题语境，文化意识的培养是本节课最突出的重点。核心素养是深度学习的目的和价值所在（崔友兴，2019），深度学习以培养学生核心素养为根本追求（郑葳、刘月霞，2018）。

2. 深度学习

"深度学习"的定义最早是由何玲、黎加厚（2005）提出，他们指出，深度学习是指学习者在理解的基础上，批判性地学习新思想和新知识，将它们融入原有的认知结构，使众多思想相互关联，并能把已有知识迁移到新的情境中，从而作出决策和解决问题。深度学习强调教师应该整合意义相关联的学习内容，重视学生经验与课堂内容之间的联系，引导学生将孤立的知识要素联结起来，建立知识间的紧密联系，将知识以结构化和整合的方式存储在意义中（安富海，2014；朱立明等，2019）。在本课例中，教师通过活动设计，充分调动学生已有的知识和经验，帮助学生在已有知识的基础上，通过获取、梳理、概括、整合、建构和完善新的知识结构，建立知识间的关联，深化对主题意义的理解和认识。

郭华(2016)总结提炼了深度学习的五个特征：①活动与体验；②联想与结构；③本质与变式；④迁移与创造；⑤价值与评判。王蔷等(2021a)根据英语学科的特点，补充了"内化与交流"这一特征。本课例教学设计基于核心素养指向深度学习：

(1)活动与体验。深度学习凸显学生作为学生主体的价值，强调作为学习的主体，学生要主动参与学习活动、积极体验学习过程。在本课例中，教师设计了个人学习活动和小组学习活动。教师通过多种活动设计，引导学生围绕主题意义，积极参与探究主题意义的活动当中。无论是哪一类活动类型，学生都是学习的主体，教师只是引领者。

(2)联想与结构。深度学习重视学生经验与课堂知识之间的联系。本课例的活动借助地图，激活了学生头脑中关于地域、食物、文化等知识背景。这样，一旦学生的生活经验与新知识联系起来，学生对于新知识的理解就更具系统性。

(3)本质与变式。深度学习的基础是深度理解，要求学生能够进行深度加工和深入思考，把握知识的内在联系和本质。教师借助地图、表格来帮助学生理解文本和语篇内涵，对学生的深度理解起到脚手架的作用，促进学生对"食物和文化"这一主题的深刻理解。

(4)内化与交流。对英语学科而言，学生要积极主动地通过互动与交流等，将外在知识转化为个人能理解并能表达出来的知识，进而解决真实情境中的新问题。本阅读课例设计的读后活动均是语言输出活动，能够促进学生对语言和文化的理解和内化。

(5)迁移与创造。深度学习强调学生要能将所学的知识迁移到真实社会情境中，学会解决问题。在本课例的读后活动中，教师创设了一个情境：如果你计划在国外经营一家中餐馆，请设计菜单并列出你想要添加到菜单中的两道中国传统菜肴。这样的一个情境设定，紧扣食物与文化这一主题，引导学生利用所学结合生活实际，创造性地表达自己的观点，学以致用。

(6)价值与评判。新课标凸显学科的育人价值，把对文化意识的培养作为落实核心素养的基础，强调通过英语课程的学习使学生批判性地审视学习内容的价值取向和所涉及的文化现象，增强国家认同和家国情怀，坚定文化自信，树立人类命运共同体意识，学会做人做事，成长为有文明素养和社会责任感的人(教育部，2018)。教师借助视频提问引导学生思考中餐在国外的发展历程，引导学生思考中餐走出国门的意义，并表达自己的看法，这些均有助于加深学生对文化和食物内在联系的理解。

三、教学过程

（一）基于学生已知知识，引入主题意义

◎ Step 1　Pre-reading

学生借助中国地图进行头脑风暴，思考以下问题：

A. How many kinds of cuisines are there in China? And what are they?

B. What makes those cuisines different throughout China?

☞ 设计意图

展示中国地图可以激活学生关于中国"八大菜系"的背景知识并引导学生进一步思考"是什么导致了食物的不同"，比如文化、历史传统、地理因素、气候因素等。教师激活学生背景知识，引出本节课的主题"文化与食物"，形成阅读期待。同时，学生可以主动参与学习活动、积极体验学习过程。在这一过程，教师从一开始就基于学生已有的实际情况，聚焦问题本身，引导学生感知主题意义。

（二）围绕主题意义，获取、梳理、整合信息

◎ Step 2　While-reading（语言输入活动）

● Skimming

学生粗略地阅读语篇并回答以下三个问题：

A. What is the topic sentence?

B. How many parts can the passage be divided into? What's the main idea of each part?

C. The writer described his experience in the order of _____

☞ 设计意图

本活动的目的在于帮助学生了解文章大意、理清文章结构。文章以总—分—总的形式展开，第一段为主题中心段；第二段至第六段详细记述和阐释了中国各地的典型菜肴及其所反映的其他信息；最后一段是总结段，表明文化和食物不可分割。三个问题旨在引导学生梳理文章的结构、理清文章的发展脉络、概括文章主旨及训练学生快速概括文章大意的能力。此活动不仅能锻炼学生获取、概括信息的语言能力，培养学生利用背景知识进行推断、分析、总结信息的思维品质，还能让学生在阅读语篇的过程中思考文化与食物的关

系，从而提高学生的文化意识。

● Scanning

学生第二次阅读文本，根据下面两个问题，寻找细节信息。

A. How many places are mentioned in the passage?

B. What are the typical dishes of these places?

学生再次阅读文本，寻找细节信息，并填写表格（表 5-5）中空缺的内容，然后与小组伙伴共同核对答案。教师通过文本里有关新疆食物和新疆人生活习惯的描述，引导学生思考并回答以下问题："What the people in Xinjiang like according to their living habits and food?"

表 5-5　细节信息填空

Place	Typical Dish	People or Culture
America		
	Sichuan Peppercorn	
		Family is important to the people there.
Xinjiang		
	Dim sum	
Henan		

☞ 设计意图

此部分属于细节阅读，旨在通过文章精读和细节定位训练学生捕捉文章细节的阅读技巧。在第一次阅读中，教师利用地图更加生动地向学生呈现文本的信息内容，这样可以避免学生思维混乱；在第二次阅读中，教师利用表格清晰地说明地域、食物、文化和性格之间的内在联系，帮助学生深入理解文章的内涵。这些阅读活动的设计非但不枯燥，而且在直观展示中显得富有趣味性，能够帮助学生在已有知识背景的基础上加深对"食物和文化"的理解。

填写表格可以培养学生提炼信息的能力，达到复习、巩固和强化所学词、短语及句型和丰富学生语言图式的目的，让学生获取、提炼、重组信息的语言能力得到加强。通过分析论证、结合上下文进行推断，学生的思维品质能够得到锻炼。与此同时，学生通过中国地图体会各地特色饮食与当地文化的内在联系。细节阅读体现了深度学习中的"本质与变式"特征，能够帮助学生深入理解文本的内涵及饮食与文化、性格的内在联系，从而达到深入探究本课主题意义的目的。

（三）围绕主题意义，巩固、内化、运用语言

◎ **Step 3　Post-reading**（语言输出活动）

Activity 1：Thinking

教师利用多媒体播放视频 *The Introduction of Cecilia Chiang*，引导学生思考中餐在国外的发展历程。在观看视频后，学生围绕以下问题展开小组讨论并发表自己的看法："Whether it is meaningful to bring Chinese cuisine to the foreign countries?"

☞ 设计意图

阅读课的读中活动通常是语言的输入过程，教师若在读后活动中为学生创造语言输出机会，则能够加强学生的语言表达能力。教师利用视频进行多模态教学，为小组讨论作铺垫。本活动将语言输入与输出相结合。语言输入帮助学生获取信息。学生进行口头输出，则锻炼了学生的语言能力。思考中餐走出国门的意义可以加深学生对文化和食物内在联系的理解，从而让其了解中外饮食文化差异，主动传播和弘扬中国饮食文化，增强文化意识和文化自信。活动一能够体现深度学习的"内化与交流""价值与评判"特征。

Activity 2：Discussion

教师创设情境：如果你计划在国外经营一家中餐馆，请设计菜单，列出你想要添加到菜单中的两道中国传统菜肴。学生以小组为单位展开讨论，并给出具体原因。

☞ 设计意图

教师为学生创设情境，紧扣食物与文化这一主题，引导学生结合生活实际，学以致用。本活动同样也是一个语言输出活动，能够锻炼学生的口语表达能力。情境创设可以帮助学生更好地联系生活实际、发挥主观能动性，体会饮食和文化的深层联系，从而增强文化意识。活动二能够体现深度学习的"内化与交流""活动与体验"特征。

◎ **Step 4　Summary**（主题升华）

教师带领学生回顾文章中的两个关键句，以此作为本节课的总结：

A. Although the food was as varied as the people, what they show in common is friendship and kindness.

B. Cuisine and culture go hand in hand. If you do not experience one, you can never really know the other.

☞ 设计意图

教师引导学生巩固本课所学，利用文章中的两个关键句升华本节课的主旨，围绕主题语境帮助学生更好地理解食物和文化之间的联系。课堂小结可以培养学生自主学习能力和自我反思能力，是学习过程中不可或缺的环节。

◎ Step 5 Homework

根据讨论的内容分组设计菜单。下节课分组展示并评选出最好的菜单。

☞ 设计意图

这是学生对课堂讨论结果的书面展示。该形式充满乐趣、较为创新。

四、教学反思

（一）优点

1. 引导学生深度学习

教师借助地图帮助学生"联想"，学生可以将生活经验与新知识相联系。课堂活动设计从文本主题句、文章结构出发，深入分析文本中的各地美食及其人文内涵等细节信息，利用表格帮助学生系统性地理解文本的"本质"。这样一来，学生对于新知识的理解就更具结构性和系统性。然后教师引导学生进行内化与交流，从文本信息层面引发学生对"中国菜走出国门是否有意义"的思考和表达，进而通过"菜单设计"的活动联系实际生活，进行迁移与创造。通过本堂课的学习，学生审视饮食文化现象，增强家国认同和文化自信。在课堂活动的实施过程中，学生能够积极主动地阅读并提取信息，积极参与课堂小组讨论等活动。学生思维活跃，整体参与度较高。无论哪一类活动类型，学生都是学习的主体，教师只是引领者。学生通过活动进行深入学习。如观看视频后，学生认为："Bringing Chinese traditional cuisine to foreign countries can have foreigners taste authentic Chinese cuisines and share cooking methods and stories of Chinese cuisines. Besides, it can also encourage others to run restaurants to promote economic growth. What's more, it can boost our culture confidence."

在活动二的菜单设计环节，学生答道："Beijing Roast Duck is really famous and delicious. Thus, it might attract foreigners to visit Beijing in person." "People can enjoy hot pot together to communicate more. As Americans are bold and not afraid to try new flavors, hot pot is a good choice." "Dumplings are a symbol of union in China and through dumplings, foreigners can have a better understanding of Chinese Spring Festival." 通过本堂课的学习，学生深刻了解了饮食与文化相辅相成、密不可分的内在联系，从而增强了文化自信。

2. 基于英语学科核心素养要求进行教学设计

阅读过程中的语言输入及读后活动过程中的语言输出能够锻炼学生获取、提炼、表达信息的语言能力；提升学生根据所获取的多种信息结合上下文进行分析和推断的能力；通过深刻理解食物承载的人文内涵，培养学生的文化意识和文化自信。

3. 基于主题语境，围绕主题意义选择和组织课程内容

新课标指出，学生对主题意义的探究是学生学习语言的最重要部分，英语课程应该把主题意义的探究视为教与学的核心任务，引导学生参与主题意义的探究活动，以此整合学习内容，引领学生英语学科核心素养的融合发展（教育部，2018）。本课例教学内容围绕"食物、文化、地域"组织和展开，引导学生基于主题语境获取、梳理、整合信息；围绕主题意义巩固、内化、运用语言。具体而言，读前阶段，教师利用中国地图引入主题语境，唤起学生的背景知识；读中阶段，教师利用地图和相关图片，创设情境来进行细节阅读，帮助学生学习语言知识、获取语言技能；读后阶段，教师继续为学生创设情境，将特定主题与学生的生活密切联系起来，鼓励学生运用语言，推动学生对主题的深度学习。

4. 坚持英语学习活动观，着力提高学生的语用能力

新课标倡导指向学科核心素养发展的英语学习活动观和自主学习、合作学习、探究学习等学习方式。本课例以学生为学习主体，教师围绕主题意义设计了个人学习活动和小组学习活动，从对语篇信息进行梳理和分析的"学习理解"类活动到表达观点、分析判断的"应用实践"类活动，再到最后的情境创设、联系学生实际生活设计菜单的"迁移创新"类活动，这些活动融语言、文化、思维为一体，提高了学生的英语学习能力和运用能力。

（二）不足

虽然本课例以主题为引领展开教学，发展了学生的核心素养，促进了学生的深度学习，但本课例也存在不足之处：

首先，在教学设计方面，教师未引导学生学习事理说明文的文体特征。由于学生阅读时间不足，阅读部分仅涉及文章框架分析和细节分析，未涉及事理说明文的文体特征讲解。一般来说，语篇研读通常从三个问题入手：一是关于"what"的问题，即通过表层理

解，明确语篇的主旨内容是什么；二是关于"why"的问题，即通过深层理解，发现作者的写作意图或者价值取向；三是关于"how"的问题，即在理解语篇的基础上，思考并总结作者在主题意义的表达上使用了哪种文体形式、内容结构和写作手法（薛军、谢先成，2021）。本课例较好地解决了"what"和"why"方面的问题，但对"how"方面的问题并未涉及。

其次，在教学实施方面未注重教、学、评一体化。新课标要求教师处理好评价同教与学之间的关系，推动教、学、评一体化的实施。根据王蔷和李亮（2019）的观点，在开展评价类活动时，教师不仅要说明活动的内容和形式，还应给出活动要求和评价标准，并能根据标准进行自评和互评。例如，针对读后阶段的菜单设计和课后作业，教师可以与学生一起制定评价标准。

第三部分

反思篇

第六章
英语阅读教学的有效性

英语阅读教学的有效性体现在以下四个方面：

（1）制定基于核心素养但切实可行的教学目标。英语阅读教学是实现英语核心素养的重要教学环节，英语新课标制定了包括语言能力、学习能力、思维品质和文化意识四个方面的核心素养。这四个方面是英语阅读教学的中心轴，不得偏离。同时所确定的教学目标可测可量、具体明确，而不是空洞无物的大话、空话。

（2）设计丰富、有意义的学习活动。在英语阅读教学过程中，师生始终处于互动状态，而不是教师一言堂。学生是活动的主体，教师是导学者，引导学生循序渐进地解读和挖掘语篇的深刻内涵，让学生在语篇阅读和学习过程中发展语言能力、培养学习能力、学会创新思维、提高文化意识。

（3）教、学、评贯穿教学活动的始终。英语阅读教学中的教、学、评同时进行，同时存在，从始至终。我们一贯的测评就是测试，如让学生进行选择题、完形填空、选词填空等练习。"评"可以是量化的，也可以是质性的；可以是口头的，也可以是书面的。

（4）设计和布置贴近学生学习和生活的创新作业。通过作业可以巩固学生课堂学习的内容，但作业不是简单的重复和机械记忆，学生在完成作业的过程中要学以致用。当学生将课堂学习与生活实际结合起来，他们学习起来才会更有动力、更有热情。

本章从吃透教材、深度教学、师生互动、适时测评、作业设计以及核心素养落地等六个方面对英语阅读教学的有效性进行总结。

第一节　吃透教材

英语阅读教学不仅仅是词汇教学或语法教学。笔者在观摩某些常规的英语阅读教学时，发现教师并没有吃透教材内容，而是简单地将一些生词和难句摘取出来，进行释义和翻译。如果英语阅读课上成了没有内容和思想的词汇和语法课，那我们的英语阅读课就失去了本身的价值。英语阅读语篇蕴含丰富的信息，英语教师要准确把握语言、体裁等，语篇的主题、为教案编写和教学实施做好充分的准备。

英语阅读教材是阅读教学的载体，通常包括文字、图片和音频、视频等。英语阅读教材以语篇的形式呈现，题材多样。教师在课前需要吃透教材，因为教材是引导学生认知发展、生活学习、人格构建的一种范例，是引起学生认知、分析理解事物并进行反思、批判和建构意义的中介（龙佑敏，2008）。没有对阅读教材的充分把握，就没有课堂上师生之间基于语篇的认知和情感同质性互动。吃透阅读教材主要表现在以下五个方面：

（1）阅读语篇的教学目标。教师从整体单元出发，根据单元主题大观念和语言大观念，明确阅读语篇教学在本单元中的地位和作用，以确定阅读教学的目标。阅读语篇的教学目标不一定要实现所有单元目标，但教师需要把语篇与其他部分结合起来，厘清不同单元环节之间的关系，即新旧知识的关联、单元大观念与阅读教学环节小观念之间的关系，从核心素养出发，确定阅读教学的具体目标。

（2）阅读语篇的信息内容。教师仔细阅读和正确理解语篇，提炼语篇的主题思想、主要观点和分论点。教师需要大量阅读相关的背景材料，特别是有关历史、文化、经济、政治等不同领域的信息。教师更需要弄通、弄懂教材，将语篇主题内容与单元主题结合起来，进一步明确阅读语篇与单元主题之间的关系，明确重难点。《普通高中英语课程标准》（2017 年版 2020 年修订）指出，主题包括人与自我（涉及"生活与学习"和"做人与做事"等主题群）、人与社会（涉及"社会服务与人际沟通""文学、艺术与体育""历史、社会与文化"和"科学与技术"等主题群）、人与自然（涉及"自然生态""环境保护""灾害防范"和"宇宙探索"等主题群）三大范畴，各主题群下设若干子主题。

（3）阅读语篇的育人价值。学科育人是英语教学的内在要求。外语教育涉及中西语言的碰撞，中西文化的交融。任何话语都具有价值取向，表达或隐含着一定的价值标准（黄国文，2020）。英语教育即人文英语教育（孙有中，2017），促进学生语言能力、心智能力和人文素养整体发展（韩宝成，2018）。英语阅读教学培养学生良好的英语语言素质、积极的学习态度，促进学生语言、情感、态度与价值观的发展，提高学生的人文素养，将知识传授、能力培养和价值引领相统一，在教学中践行教书育人。

（4）阅读语篇的体裁类型。不同的体裁写作目的与语篇的主位推进模式不一样。一般来说，体裁分为描写文、说明文、记叙文和议论文等。不同的体裁实现的概念功能、人际功能和语篇功能不尽相同。体裁信息可以帮助教师进一步理解语篇内容，以及语篇的主位推进模式，即语篇的观点是如何展开的。描写文可能更加关注对人或事物描写的顺序、层面及其特征。说明文介绍事物的形态、构造、性质、种类、成因、功能、关系或事理的概念、特点、来源、演变、异同等方面，侧重说明顺序和说明方法。记叙文以记人、叙事、写景、状物为主，叙述人物的经历和事物的发展变化，侧重事件发生、发展的历程以及主要人物的动作、心理等方面的变化。议论文通过列数据、讲道理、举例子等方法来论证某观点正确与否，树立或否定某种主张，侧重充分的论据和合理的论证。

（5）阅读语篇的语言结构。词汇语法不是孤立存在的，而是实现阅读语篇概念功能、人际功能和语篇功能的语言形式，是用于实现主题观念的语言结构。语言系统与语言功能、语言结构与主题观念是一种实现和被实现的关系，二者密不可分。每一个阅读语篇同时实现概念功能、人际功能和语篇功能。概念功能由语言结构中的及物系统来实现；人际功能由语气系统来实现；语篇功能由主位系统来实现。语言系统为语言功能服务，而不是枯燥的语言点。主题观念是由相应的语言结构来表达的，词汇和语法结构的得体选择对正确表达主题观念很重要。所以主题大观念与语言大观念是相辅相成的，不同体裁语篇的词汇和语法特征各不相同，不同的语言特征（包括动词、句型、时态、语态等）用于实现不同体裁的语篇。

第二节　深度教学

如果从热身活动、读前活动、读中活动、读后活动再到作业布置，整个过程是完整的，但是流于形式，没有深度，那么阅读教学就是走马观花、走过场。主题大观念教学和学科育人要求教师实施深度教学。

Bloom 等人（1956）的教育目标分类学将认知过程分为知识、领会、运用、分析、综合和评价六个水平：①知识，即回忆先前学习过的材料，包括术语、观点、过程、理论等；②领会，即通过三种形式把握材料的意义；③运用，即将习得的材料应用于新的具体情境，包括概念、规则、方法、规律和理论的应用；④分析，即将复杂观点分解成它的构成成分，包括要素分析、关系分析、组织原理分析等；⑤综合，即将多个观点和概念构建成新的有意义的整体；⑥评价，即使用内、外标准对观点进行价值评价。其中知识、领会和运用属于浅层学习，分析、综合与评价属于深层学习。我们在阅读教学的过程中需要加强深度教学。

Bloom 的认知领域教育目标的分类与英语课程标准提出的基于学习活动观的英语学习活动不谋而合：①学习理解类活动，主要包括感知与注意、获取与梳理、概括与整合等基于语篇的学习活动；②应用实践类活动主要包括描述与阐释、分析与判断、内化与运用等深入语篇的学习活动；③迁移创新类活动主要包括推理与论证、批判与评价、想象与创造等超越语篇的学习活动(教育部,2022)。

认知领域教育目标的分类和英语学习活动观均指向深度教学。深度学习的特征如下:①活动与体验;②联想与结构;③本质与变式;④内化与交流;⑤迁移与创造;⑥价值与评判(郭华,2016;王蔷等,2021a)。

深度阅读教学可以这样理解:①英语阅读教学过程中,学生始终是主体,主动参与学习活动,积极体验学习过程。教师需要设计不同的学习活动,引导学生构建主题意义。②英语阅读教学必须重视学生个体经验与阅读语篇知识之间的联系,一旦学生的个体经验与新知识联系起来,学生对于新知识的理解就更具结构性和系统性。③英语阅读教学要求教师帮助学生理解语篇内涵,学生能够对阅读语篇进行深度加工和深入思考,把握知识的内在联系和本质。④英语阅读教学要求教师设计多样的语言输出活动,将外在知识转化为学生能理解并能表达出来的知识,促进学生对语言及文化的理解。⑤英语阅读教学要求教师创设真实情境,引导学生将所学的知识迁移到真实的社会情境中,从而学会解决问题;同时引导学生结合生活实际,创造性地表达自己的观点,学以致用。⑥英语阅读教学要求教师引导学生批判性地审视学习内容的价值取向和所涉及的文化现象,增强国家认同和家国情怀,学会做人做事,成长为有文明素养和社会责任感的人。

第三节 师生互动

师生互动分为课内互动和课外互动。课内互动中,教师是学习活动的设计者和组织者,是课堂学习的管理者,是意义协商的参与者,是支架的提供者,是正确观念的引导者。师生互动分为认知互动和情感互动。

(1)认知互动。英语阅读教学过程中,从热身、读前、读中到读后活动,师生、生生始终处于对话或互动的状态。师生围绕阅读语篇的主题,进行问答、讨论和角色扮演等。在互动过程中,教师了解学生对语篇的掌握程度和存在的问题,适时作出调整,必要时提供脚手架,让学生参与到语篇信息理解、主题认知、高阶思维、价值判断中来。

(2)情感互动。英语阅读教学过程中,教师的积极情感状态,如自信、热情等可以传递给学生。当然教师消极情感也会影响学生,这一点在教学中应该避免。同时在研读语篇的过程中,教师需要引导学生体验语篇中主人公或作者传递的情感和态度,从而产生情感共鸣、促进移情。积极情感同质性互动可以培养学生共情、移情的能力。

英语阅读教学不仅仅是语篇信息的简单呈现,也不是教师的一言堂,而是师生在读透语篇的基础上进行的一场对话、一次认知与情感的交流。师生基于各自对语篇的理解,在对话的过程中,关注语篇中的关键信息,各抒己见、相互启发,最后达成对语篇的深度理解，在认知、情感、态度方面构建新的意义。同时英语阅读教学也是师生与作者之间的一场交流。作者的观点和情感蕴含在文字里，师生需要从语言、内容和主题等方面对文字进行理解，从而与作者产生共鸣。教师需要鼓励学生发表不同见解，因为阅读教学是认知火花的碰撞，也是心与心的交流。

第四节　适时测评

在实施教学和评价的过程中，教师要通过观察、提问、追问，以及合理、科学的测试等方式，了解学生的学习情况，及时诊断学生在学习过程中遇到的问题，根据需要为学生提供必要的支架，帮助学生达成预设的教学目标，以评促学，以评促教（教育部，2022：51-52）。

每个阶段的教学过程中，教师需要设计相关的学习效果评价活动。在热身阶段，教师一般会用问卷、提问等方式检测学生背景知识的掌握情况。在读前阶段，教师一般会让学生预测语篇内容和主题。在读中阶段，教师会用问答等形式检测学生对语篇大意、结构和体裁的把握情况。在这一阶段，教师还会使用提纲、表格、复述等形式检测学生对语篇内容和主题的深度认知。在读后阶段，教师设计角色扮演、讨论等活动，了解学生对语篇内容与主题的综合运用情况。在这一阶段，教师还可以设计语篇创作、辩论等活动检测学生的创新能力，以及总结活动，检验学生对本节阅读课的掌握情况。在作业设计阶段，教师会设计听说读写活动，巩固阅读学习的内容，同时提供一个自我或同伴评价细则，检测学生的综合运用能力和创新能力。

为了进一步了解学生的阅读课学习情况，教师可以要求学生通过自我反思对阅读学习进行全面的评估。这种自我评估可以采用日志的形式，内容包括阅读学习取得的成绩和存在的问题、付出的努力和进步的空间、阅读学习的优势和短板、知识技能和情感情绪等。不管是成功还是失败，学习者需要正视阅读学习中的问题，学会正确归因，肯定自己的价值。

同时，教师可以定期对学生进行面对面的一对一访谈或小组访谈。这样的质性评价虽然费时，但可以深入了解学生的课堂学习情况。访谈内容聚焦阅读课的内容与主题，比如：

（1）今天的课堂上你的学习体验怎样？请详细谈一谈。

（2）今天课堂上你学到了什么？

（3）今天的学习内容跟我们的实际生活有什么联系？

（4）你如何看待我们今天阅读课的主题？

（5）你有什么新的认识呢？

（6）你还有什么困惑呢？

（7）你作为学生应该怎样做呢？

第五节　作业创新设计

2021年，中共中央办公厅、国务院办公厅印发的《关于进一步减轻义务教育阶段学生作业负担和校外培训负担的意见》提出"全面压减作业总量和时长""提高作业设计质量""鼓励布置分层、弹性和个性化作业""充分利用课余时间，开展阅读和文艺活动"。在"双减"背景下进行有效作业设计是实现"减负增效"的重要途径之一。优化作业设计、创新作业形式、重视作业评价以追求高品质的英语作业设计，是落实"双减"政策的重要体现，也是促进学生英语学科核心素养发展的重要载体。

目前阅读课的作业布置存在一些问题，主要表现为：①作业形式单一、内容没有层次感、缺少目标性、无视学生的个体差异性；②以阅读理解题练习为主，缺乏趣味性；③缺乏对作业合理精准的评价反馈；④评价方式多以教师评价为主，采取分数或等级评价等方式；⑤英语课外阅读较少。

基于"双减"政策和英语课程标准的要求，根据阅读教学内容，英语阅读作业应采用多样化的弹性设计，坚持生本化作业设计理念。所谓"生本化"，就是作业设计贴近学生的生活，能促进学生的发展。

（1）多元作业设计。英语阅读作业可以听读结合、读说结合、读写结合、读译结合，如贴近学生生活的读写作业（比如读后写自己的故事）、娱乐性和趣味性较强的读说作业（比如读后讲故事）、促进学生思考的开放性作业（比如读后发表感想）、锻炼学生动手能力的实践性作业（比如读后表演）等。

（2）分层作业设计。英语阅读作业要尊重学生的个体差异，特别是认知和语言水平的差异性，布置的作业要有层次感，满足不同学生的需求。学生根据自己的水平，选择不同的作业，如阅读、读后续写、发表演讲、制作海报等。

（3）拓展性作业设计。英语阅读作业可以利用与教学语篇相关的阅读材料，如英语报刊、英语散文、英语故事、英语诗歌、英文小说等拓宽学生的眼界。这些英文读物可以让学生学习地道的英语语言，同时习得词汇和语法结构。更重要的是，通过阅读这些材料学生可以更好地了解英语国家的社会、历史、文化等，从而拓宽视野，提升跨文化意识。

（4）整本书作业设计。整本书作业属于拓展性作业设计。英语整本书阅读作业设计的原则有：①针对性原则——针对不同阅读阶段设计阅读作业、针对不同年级设计阅读作业、针对不同学生设计不同阅读作业。②综合性原则——有感情地朗读、体验人物的情感；阅读书籍，提升对作品的感悟；进行戏剧表演，促进深度理解；实施读写结合，实现迁移创新。③开放性原则——绘制思维导图，培养归纳概括能力；分析人物性格，培养推理判断能力；探究主题意义，培养比较分析能力。④指导性原则——教师利用课外阅读指导学生成为积极的阅读者，提升鉴赏能力。⑤合作性原则——学生自读、小组共读与小组合作展示相结合(周华，2021)。

第六节 核心素养落地

英语课程标准用核心素养来描述课程目标，将课程内容结构化，有利于克服教学中知识点的逐点解析、技能的单项训练等弊端，从关注知识技能的"点状""传输"变为关注学生对知识技能的主动学习和思考，关注教学的关联性、整体性，关注学生在学习活动中所形成的知识、技能、过程、方法、态度、品格、境界的综合效应(郭华，2021)。

英语阅读教学是培养学生核心素养的主要环节。教师要基于核心素养来展开阅读教学，结合语篇内容引导学生学习英语知识、掌握阅读技巧、提升思维品质，并在此基础上进行拓展教学，从而落实素质教育目标，提升学生的英语水平和文化素养。

英语阅读教学环节的学习目标是基于核心素养而设置的。本书的阅读教学案例均基于核心素养来设置教学目标。语言能力涉及阅读语篇中重要的语言结构，用以表达语篇的主题和观点；学习能力目标旨在教会学生阅读策略，学会自主阅读以及与他人合作，完成阅读任务；思维品质目标侧重对学生高阶思维的训练，学生基于语篇学习开展发散思维、创新思维、批判性思维活动，如讨论、辩论、创作等，培养分析、推理、评价等认知技能以及好奇、开放、自信、正直、坚毅等人格特质；文化意识的培养则是阅读语篇教学的内在要求，因为语言与文化密不可分，文化差异及文化价值观念体现在词汇、语法、语义、语篇等不同层面。

英语阅读教学必须让核心素养落地。在阅读教学过程中，需要做到：①以言达意。语言结构与意义表达不可分离，语篇阅读以理解意义为前提，但是意义的表达离不开语言结构。因此在阅读教学的学习理解类、应用实践类和迁移创新类活动中，教师应有意识地引导学生将二者结合起来。②授人以渔。在阅读教学过程中，教师应将学习策略融入教学过程，比如在教学时教学生如何从语篇中获取信息、如何概括语篇的主要观点、如何分享看法、如何小组协作、如何评价学习效果等。③启智促思。阅读教学不仅仅是对语篇的理解，而是在理解的基础上进行深入探讨，如语篇的主题是什么、分论点是什么、支撑论据是什么、语篇是如何展开的、作者的视角是什么、作者的写作目的和态度是什么，如此等等。每一个教学环节，教师都要引导学生深挖教材，启发学生的思维。④文化认知。阅读语篇包括词汇、语法、语义、语篇等不同语言层面，每一个层面都与文化密不可分。学习语言即学习文化，教师应在教学过程中引导学生关注中西方文化差异、英语文化的特点及中国文化的独特性，从而提升学生的文化意识、跨文化交际能力，增强中华文化认同感和文化自信。

参 考 文 献

一、英文参考文献

[1] Aebersold, J., & Field, M. L. *From Reader to Reading Teacher*[M]. London: Cambridge University Press, 1997.

[2] Bachman, L. *Fundamental Consideration in Language Testing*[M]. Oxford: Oxford University Press, 1990.

[3] Bachman, L., & Palmer, A. *Language Testing in Practice: Designing and Developing Useful Language Tests*[M]. Oxford: Oxford University Press, 1996.

[4] Bartlett, F. *Remembering: A Study in Experimental and Social Psychology*[M]. London: Cambridge University Press, 1932.

[5] Bennett J. M., Bennett M. J., & Allen W. Developing Intercultural Competence in the Language Classroom. *Culture as the Core: Perspectives on Culture in Second Language Learning*, 2003: 237-270.

[6] Benson, P. *Teaching and Researching Autonomy in Language Learning*[M]. Beijing: Foreign Language Teaching and Research Press, 2005.

[7] Bloom, B. S., Engelhart, M. D., Furst, E. J., Hill, W. H., & Krathwohl, D. R. (Eds.). Taxonomy of Educational Objectives: The Classification of Educational Goals. *Handbook I: Cognitive Domain*. New York: David McKay, 1956.

[8] Butt, D., Fahey, R., Feez, S., Spinks, S., & Yallop, C. *Using Functional Grammar: An Explorer's Guide* (2nd ed.)[M]. Sydney: Macquarie University Press, 2000.

[9] Canale, M. From Communicative Competence to Communicative Language Pedagogy[A].

In J. Richards & R. Schmidt (Eds.), *Language and Communication*[C]. London: Longman, 1983: 2-14.

[10]Canale, M., & Swain, M. Theoretical Bases of Communicative Approaches to Second Language Teaching and Testing[J]. *Applied Linguistics*, 1980(1): 1-47.

[11]Celce-Murcia, M., Dornyei, Z., & Thurrell, S. Communicative Competence: A Pedagogically Motivated Model with Content Specifications [J]. *Issues in Applied Linguistics*, 1995(2): 5-35.

[12]Chomsky, N. *Aspects of the Theory of Syntax*[M]. Cambridge, Massachusetts: MIT Press, 1965.

[13]Council of Europe. *Common European Framework of Reference for Languages: Learning, Teaching, Assessment*[M]. Cambridge: Cambridge University Press, 2001.

[14]Coperias, M. J. Intercultural Communicative Competence in the Context of the European Higher Education Area[J]. *Language and Intercultural Communication*, 2009, 9(4): 242-255.

[15]Deardorff, D. K. Identification and Assessment of Intercultural Competence as a Student Outcome of Internationalization[J]. *Journal of Studies in International Education*, 2006, (10): 241-266.

[16]Eggins, S. *An Introduction to Systematic Functional Linguistics*(2nd ed.)[M]. London: Continuum International Publishing Group, 2004.

[17]Ellis, R. *The Study of Second Language Acquisition*[M]. Shanghai: Shanghai Foreign Language Education Press, 1994.

[18]Evan, V., & Green, M. *Cognitive Linguistics: An Introduction*[M]. Edinburgh University Press, 2006.

[19] Facione, P. Delphi Report [R]. Retrieved from http://assessment. aas. duke. edu/documents/Delphi_Report.pdf, 1990.

[20]Gass, S. M. Input and Interaction[A]. In C. J. Doughty & M. H. Long (Eds.), *The Handbook of Second Language Acquisition*[C]. Malden, MA: Blackwell, 2003: 224-255.

[21]Gass, S. M., & Selinker, L. *Second Language Acquisition: An Introductory Course*[M]. NJ: Lawrence Erlbaum, 2001.

[22]Gass, S. M., & Varonis, E. M. Input, interaction and Second Language Production[J]. *SSLA*, 1994, 16: 283-302.

[23]Gerot, L., & Wignell, P. *Making Sense of Functional Grammar*[M]. Cammeray, NSW:

Antipodean Educational Enterprises, 1994.

[24] Gerot, L. *Making Sense of Context* [M]. Sydney: Sherwood Press, 1995.

[25] Goatly, A. *Critical Reading and Writing*. London: Routledge, 2000.

[26] Goullier, F. *Tools for Language Teaching: Common European Framework and Portfolio* [M]. Strasbourg: Council of Europe, 2008.

[27] Grabe, W., & Stoller, F. L. *Teaching and Researching Reading* [M]. London: Pearson Education, 2002.

[28] Halliday, M. A. K. *An Introduction to Functional Grammar* (2nd ed.) [M]. London: Edward Arnold, 1994.

[29] Halliday, M. A. K., & Hasan, R. *Cohesion in English* [M]. Beijing: Foreign Language Teaching and Research Press, 2001.

[30] Halliday, M. A. K., & Matthiessen, C. M. I. M. *An Introduction to Functional Grammar* (3rd ed.) [M]. London: Arnold, 2004.

[31] Hymes, D. On Communicative Competence [A]. In J. Pride & J. Holmes (Eds.), *Sociolinguistics* [C]. Harmondsworth: Penguin, 1972: 269-285.

[32] Jacobs, H. L., et al. *Testing ESL Composition: A Practical Approach* [M]. Rowley, MS: Newbury House, 1981.

[33] Kawashima, K. Interpersonal Relationships in Japanese and Australian Women's Magazines: A Case Study [A]. *Proceedings of the 2004 Conference of the Australian Linguistics Society* [C], 2004: 1-18.

[34] Kim, Y. Y. *Becoming Intercultural: An Integrative Theory of Communication and Cross-cultural Adaptation* [M]. Thousand Oaks, California: Sage Publication, 2001.

[35] Krashen, S. *The Input Hypothesis: Issues and Implications* [M]. London: Longman, 1985.

[36] Labov, W. Some notes on the role of misperception in language learning [A]. In R. Bayley & D. Preston (Eds.), *Second Language Acquisition and Linguisitic Variation* [C]. Amsterdam & Philadelphia: John Benjamins, 1996: 245-252.

[37] Larsen-Freeman, D., & Long, M. H. *An Introduction to Second Language Acquisition Research* [M]. Beijing: Foreign Language Teaching and Research Press, 2000.

[38] Larsen-Freeman, D. Chaos/Complexity Science and Second Language Acquisition [J]. *Applied Linguistics*, 1997, 18(2): 140-65.

[39] Lantolf, J. P., & S. L. Thorne. *Sociocultural Theory and the Genesis of Second Language*

Development[M]. Oxford: Oxford University Press, 2006.

[40] Leech, G. *Principles of Pragmatics*[M]. London: Longman, 1983.

[41] Littlewood, W., & Li, D. L. The Sociolinguistic Awareness of Tertiary Level Students in Hong Kong and Mainland China[J]. *Language Awareness*, 2006, 15(2): 97-109.

[42] Long, M. The Role of the Linguistic Environment in Second Language Acquisition[A]. In W. C. Ritchic & T. K. Bhatia (Eds.), *Handbook of Second Language Acquisition*. San Diego, CA: Academic Press, 1996: 413-468.

[43] Long, M. H., & Robinson, P. Focus on Form: Theory, Research and Practice[A]. In C. Doughty & J. Williams (Eds.), *Focus on Form in Classroom Language Acquisition*[C]. Cambridge: Cambridge University Press, 1998: 15-41.

[44] Long, M. H. *Problems in SLA*[M]. Mahwah, NJ: Lawrence Erlbaum, 2007.

[45] Lyster, R., & Ranta, L. Corrective Feedback and Learner Uptake[J]. *SSLA*, 1997, 19: 37-66.

[46] Levelt, W. J. M. *Speaking: From Intention to Articulation*[M]. Cambridge, MA: MIT Press, 1989.

[47] Mitchell, R., & Myles, F. *Second Language Learning Theories* (2nd ed.)[M]. London: Arnold, 2004.

[48] Mackey, A. Input, Interaction and Second Language Development: An Empirical Study of *Question Formation in ESL*[J]. *SSLA*, 1999, 21: 557-587.

[49] Mackey, A. Beyond Production: Learners' Perceptions About Interactional Processes[J]. *International Journal of Educational Research*, 2002, 37: 379-394.

[50] McCarthy, M., & Carter, R. *Language as Discourse: Perspectives for Language Teaching*[M]. London: Longman, 1994.

[51] Oxford, R. *Language Learning Strategies: What Every Teacher Should Know*[M]. Boston: Heinle and Heinle, 1990.

[52] Paul, R., & Elder, L. *Critical Thinking: Learn the Tools the Best Thinkers Use*[M]. New Jersey: Pearson Prentice Hall, 2006.

[53] Richards, J. C. *Beyond Training*[M]. Beijing: Foreign Language Teaching and Research Press, 2000.

[54] Rumelhart, D. E. Schemata: The Building Blocks of Cognition[A]. In R. J. Spiro, et al. (Eds.), *Theoretical Issues in Reading Comprehension*[C]. Erl Baum, Hillsdale, 1980.

[55] Schmidt, R., & Frota, S. Developing Basic Conversational Ability in a Second Language:

A Case Study of an Adult Learner. In R. R. Day（Ed.）, *Talking to Learn：Conversation in Second Language Acquisition*［C］. Rowley Mass.：Newbury House, 1986：237-326.

［56］Skehan, P. A. *A Cognitive Approach to Language Learning*［M］. Shanghai：Shanghai Foreign Language Education Press, 1999.

［57］Spitzberg, B., & Cupach, W. *Interpersonal Communication Competence*［M］. Beverly Hills, CA：Sage, 1984.

［58］Swain, M., & Lapkin, S. Problems in Output and the Cognitive Processes they Generate：A Step Towards Second Language Learning［J］. *Applied Linguistics*, 1995, 16：371-391.

［59］Swain, M. Three Functions of Output in Second Language Learning［A］. In G. Cook & B. Seidlhofer（Eds.）, *Principle and Practice in Applied Linguistics：Studies in Honour of H*［C］. *G. Widdowson.* Oxford：Oxford University Press, 1995：125-144.

［60］Thomas, J. Cross-Cultural Pragmatic Failure［J］. *Applied Linguistics*, 1983, 4（2）：91-112.

［61］Thompson, G. *Introducing Functional Grammar*［M］. London：Arnold, 1996.

［62］van Ek, J. A. *Objectives for Foreign Language Learning*, Vol. 1：Scope［M］. Strasbourg：Council of Europe, 1986.

［63］Vygotsky, L. S. *Mind in Society*［M］. Cambridge, MA：Harvard University Press, 1978.

二、中文参考文献

［1］安富海. 促进深度学习的课堂教学策略研究［J］. 课程·教材·教法, 2014, 34(11)：57-62.

［2］陈芳, 蒋京丽. 基于英语学科大观念的初中英语单元整体教学设计［J］. 教学月刊·中学版(外语教学, 2022(5)：35-42.

［3］陈国娟. 主题意义下小学英语语篇教学的实践［J］. 学周刊, 2022, 11(11)：113-115.

［4］陈俭贤. 新课程理念下高中英语阅读策略的培养［J］. 山东师范大学外国语学院学报(基础英语教育), 2015, 17(3)：96-101.

［5］陈世克. 基于英语学习活动观的高中英语阅读教学实践［J］. 基础教育课程, 2019(14)：50-56.

［6］陈树娇. 基于主题意义探究的初中英语语篇教学［J］. 英语教师, 2020, 20(14)：85-89, 97.

［7］陈新忠. 英语学习活动观解析及实践案例分析［J］. 福建教育, 2019, 36：47-49.

［8］陈则航, 王蔷, 钱小芳. 论英语学科核心素养中的思维品质及其发展途径［J］. 课程·

教材·教法，2019，9(1)：91-98.

[9]程晓堂. 基于主题意义探究的英语教学理念与实践[J]. 中小学外语教学，2018，10：1-7.

[10]程晓堂. 义务教育课程标准(2022年版)课例式解读小学英语[M]. 北京：教育科学出版社，2022.

[11]程晓堂，赵思奇. 英语学科核心素养的实质内涵[J]. 课程·教材·教法，2016，36(5)：79-86.

[12]崔雅萍. 图式理论在L2阅读理解中的运用[J]. 外语教学，2002(5)：52-57.

[13]崔友兴. 基于核心素养培育的深度学习[J]. 课程·教材·教法，2019，39(2)：66-71.

[14]戴运财，王同顺. 基于动态系统理论的二语习得模式研究——环境、学习者与语言的互动[J]. 山东外语教学，2012(5)：36-42.

[15]杜锐. 高中英语学科育人框架及实践途径[J]. 教学与管理，2019(31)：42-45.

[16]范晓晶. 基于深度学习的初中英语阅读教学策略初探[J]. 中小学外语教学(中学篇)，2020(4)：25-29.

[17]冯建军. 加强学科体系、教材体系、教学体系建夯实学科育人的根基[N]. 中国教育报，2019-05-22.

[18]傅冰玲. 图式理论对英语阅读教学的启示[J]. 创新创业理论研究与实践，2021(14)：53-56.

[19]傅京，陈静. 基于英语学习活动观的小学英语阅读教学实践[J]. 基础外语教育，2021，23(2)：38-44，107，108.

[20]高洪德. 英语学习活动观的理念与实践探讨[J]. 中小学外语教学(中学篇)，2018，41(4)：1-6.

[21]高越. 输入假说在小学英语教学中的应用及启示[J]. 教学与管理(小学版)，2012(3)：37-39.

[22]葛炳芳. 指向思维品质提升的英语阅读教学研究[J]. 课程·教材·教法，2018，11：110-115.

[23]顾光才. 英语学习活动观在初中英语语篇教学中的创新运用[J]. 教学月刊·中学版(外语教学)，2021(12)：56-60.

[24]顾晓乐. 外语教学中跨文化交际能力培养之理论和实践模型[J]. 外语界，2017，1：79-88.

[25]关琳. 思维导图在高中英语阅读教学中的应用[J]. 现代交际，2018(1)：191-192.

[26]郭华. 深度学习及其意义[J]. 课程·教材·教法，2016(11)：25-32.

［27］郭慧. 以教学切片诊断提升小学英语语篇教学的实效性［J］. 中国教育技术装备，2020，5：75.

［28］韩宝成. 整体外语教育及其核心理念［J］. 外语教学，2018，39（2）：52-56.

［29］何玲，黎加厚. 促进学生深度学习［J］. 现代教学，2005，5：29-30.

［30］何雪莲，缪秀芳. 基于支架理论的三进阶式初中英语阅读教学探索［J］. 基础教育研究，2018，13：58-61，64.

［31］胡文仲. 跨文化交际能力在外语教学中如何定位［J］. 外语，2013，6：2-8.

［32］胡亦雯. 课堂指导让英语海报更精彩［J］. 英语学习，2015，9：13-14.

［33］黄国文. 思政视角下的英语教材分析［J］. 中国外语，2020，17（5）：21-29.

［34］黄惠云. 高中英语课堂小结的画龙点睛［J］. 福建教育学院学报，2015，16（8）：87-88.

［35］冀小婷. 关于复杂系统与应用语言学——拉尔森·弗里曼访谈［J］. 外语教学与研究，2008，40（5）：376-379.

［36］冀小婷. 英语学科核心素养培养的实现途径［J］. 天津师范大学学报（基础教育版），2016，17（3）：48-51.

［37］冀盈. 新课程高中英语教学培养跨文化交际能力的策略［J］. 教育探索，2011（9）：48-49.

［38］贾茗越. 英语教学主题意义探究情境创设的四化策略［J］. 教学月刊·中学版（教学参考），2019（12）：3-7.

［39］贾玉新. 跨文化交际学［M］. 上海：上海外语教育出版社，1997.

［40］蒋辰侯. 浅谈大观念视角下的小学英语课堂互动现状［J］. 甘肃教育研究，2022（3）：127-130.

［41］何玲，黎加厚. 促进学生深度学习［J］. 计算机教与学，2005（5）：29-30.

［42］黄国文. 语篇分析的理论与实践——广告语篇研究［M］. 上海：上海外语教育出版社，2001.

［43］孔令楠. 多元化评价体系下小学英语教学评价策略［J］. 西部素质教育，2022，8（9）：193-195.

［44］雷鹏飞. 动态系统理论视角下二语发展研究 20 年——基于 1997—2016 年文献的知识图谱分析［J］. 安徽理工大学学报（社会科学版），2022，24（1）：45-56.

［45］李彩霞. 基于英语学习活动观的小学英语故事教学策略探究［J］. 英语教师，2021，21（7）：115-117，120.

［46］李芹. 社会学概论［M］. 济南：山东人民出版社，2012.

［47］李杰. 在英语阅读教学中培养思维品质的策略［J］. 基础教育研究，2013（12）：41-43.

[48] 李丽. 基于主题意义探究的英语阅读教学实践[J]. 名师在线, 2022(21): 4-6, 12.

[49] 李威峰, 鲍闽芳. 基于主题意义探究的初中英语阅读教学策略[J]. 中小学外语教学(中学篇) 2021(3): 61-65.

[50] 李晓芸. 促进学生思维品质发展的高中英语阅读课例研究[J]. 中国教育学刊, 2017(S1): 236-238.

[51] 李学书, 胡军. 大概念单元作业及其方案的设计与反思[J]. 课程·教材·教法, 2021, 41(10): 72-78.

[52] 霍华德·加德纳[美]. 沈致隆译. 多元智能[M]. 北京: 新华出版社, 1999.

[53] 李亚敏. 语言输入输出理论对英语阅读与写作课的启示[J]. 陕西教育(高教版), 2009(6): 65+100.

[54] 李沂. A. H. 列昂捷夫的活动理论[J]. 心理学报, 1979, 2: 233-241.

[55] 梁美珍, 黄海丽, 於晨, 等. 英语阅读教学中的问题设计: 评判性阅读视角[M]. 杭州: 浙江大学出版社, 2013: 6-7.

[56] 林明东. 社会文化理论与二语习得研究[M]. 北京: 新华出版社, 2021.

[57] 林崇德. 21世纪学生发展核心素养研究[M]. 北京: 北京师范大学出版社, 2016.

[58] 林崇德. 核心素养概念的内涵[J]. 基础教育论坛, 2017(24): 1.

[59] 刘彬. 语篇分析视域下初中英语论述文的读写教学探讨——以"Maybe you should learn to relax!"的教学为例[J]. 教学月刊·中学版(外语教学), 2021, 11: 18-23.

[60] 刘丹红. "双减"背景下小学英语教学中学生核心素养的培养[J]. 牡丹江教育学院学报, 2022(4): 121-123.

[61] 刘豪杰. 主题意义探究模式在 Integrated Skills 中的应用[J]. 天津教育, 2022, 6: 120-122.

[62] 刘倩, 王国华. 任务型+情境教学法在高中英语阅读教学中的应用研究[J]. 吉林省教育学院学报, 2021, 37(10): 95-98.

[63] 柳夕浪. 从课堂改革走向学科育人[N]. 中国教师报, 2018-06-05.

[64] 刘壮, 韩宝成, 阎彤. 《欧洲语言共同参考框架》的交际语言能力框架和外语教学理念[J]. 外语教学与研究, 2012(4): 616-623.

[65] 刘月霞, 郭华. 深度学习: 走向核心素养(理论普及读本)[M]. 北京: 教育科学出版社, 2018.

[66] 龙晋巧. 基于主题意义探究的英语教学实施方法[J]. 中小学英语教学与研究, 2018, 33(11): 15-19.

[67] 龙佑敏. 吃透新课标, 运用新教材——一个英语教师的实践与体会[J]. 四川教育学院

学报，2008(S1)：58-59.

[68]骆永聪. 基于核心素养的英语阅读教、学、评一体化活动设计[J]. 福建教育 2022
(11)：49-52.

[69]罗之慧，王雁. 从语篇研读谈基于主题意义探究的英语阅读教学改进[J]. 英语学习
(教师版)，2021(9)：46-51.

[70]毛静. "复"出精彩——小学英语高年级语篇复述教学方法探析[J]. 教育科学论坛，
2021(19)：11-13.

[71]梅德明. 正确认识和理解英语课程性质和理念——基于《义务教育英语课程标准》
(2022年版)的阐述[J]. 教师教育学报，2022(3)：104-111.

[72]梅德明. 致力于培养具有中国情怀、国际视野和跨文化沟通能力的时代新人[J]. 英语
学习，2021(3)：60-65.

[73]梅德明，王蔷. 新时代义务教育英语课程新发展——《义务教育英语课程标准》(2022
年版)解读[J]. 基础教育课程，2022(10)：19-25.

[74]莫影春. 在高中英语阅读中培养学生思维品质的策略[J]. 中小学外语教学(中学篇)，
2019(12)：24-29.

[75]皮亚杰，英海尔德. 儿童心理学[M]. 北京：商务印书馆，1980.

[76]钱小芳，王蔷，崔梦婷. 基于英语学习活动观的小学英语绘本阅读教学活动设计[J].
中小学外语教学，2019，42(22)：1-6.

[77]秦语甜. 浅谈图式理论在英语阅读教学中的应用[J]. 教育教学论坛，2020(49)：
252-253.

[78]屈红钊，马虹霞. 基于教、学、评一体化的初中英语写作教学实践——以译林版《英
语》九年级上册 Unit 2 Task 板块为例[J]. 中小学外语教学，2020，43(5)：59-64.

[79]任文. 再论外语专业学生的思辨能力："缺席"还是"在场"？兼论将思辨能力培养纳入
外语专业教育过程——以英语演讲课为例[J]. 中国外语，2013，10(1)：10-17.

[80]邵朝友，崔允漷. 指向核心素养的教学方案设计：大观念的视角[J]. 全球教育展望，
2017(6)：11-19.

[81]邵朝友，韩文杰，张雨强. 试论以大观念为中心的单元设计——基于两种单元设计思
路的考察[J]. 全球教育展望，2019(6)：74-83.

[82]石潇潇. 学科育人导向下的小学英语教学策略研究[J]. 基础教育论坛，2021(26)：
47-48.

[83]孙海民，刘鹏飞. 以活动理论审视学习活动[J]. 中国电化教育，2015(8)：29-35.

[84]孙娜. 基于主题意义探究的学生思维品质培养实践研究——高中英语文本阅读教学例

谈[J]. 基础教育课程, 2018(24)：44-50.

[85] 孙起华. 培养英语核心素养背景下的课堂教学设计探究[J]. 天津师范大学学报(基础教育版), 2017, 18(2)：57-61.

[86] 孙有中. 人文英语教育论[J]. 外语教学与研究, 2017, 49(6)：859-870.

[87] 孙有中. 外语教育与思辨能力培养[J]. 中国外语, 2015(2)扉页, 23.

[88] 谈言玲, 张荣根, 严华. 自主学习环境下的学习策略研究[J]. 外语教学理论与实践, 2011(2)：64-69, 63.

[89] 唐利平. 译林版《英语》九年级上册 Unit 4 Reading The Shortest Player in the NBA 教学设计探究[J]. 中小学外语教学(中学篇), 2017(6)：57-61.

[90] 涂剑. 英语阅读教学评一体化实施原则与课堂实践[J]. 福建基础教育研究, 2022(1)：69-72.

[91] 王兰英. 对六要素整合的高中英语学习活动观的认识与实践[J]. 中小学外语教学(中学篇), 2018, 41(12)：7-12.

[92] 王丽娜. 图式理论在高中英语阅读教学中的应用研究[J]. 英语广场(学术研究), 2014(9)：154-155.

[93] 王丽霞. 初中英语课堂小结方法例谈[J]. 教学月刊(中学版), 2011(8)：41-43.

[94] 王蔷. 核心素养背景下英语阅读教学：问题、原则、目标与路径[J]. 英语学习, 2017(2)：19-23.

[95] 王蔷. 英语学习活动观——基础外语教育的中国主张与实践方案[R]. 2022 年 1 月全国基础外语教育"三亚论坛"上的主题报告.

[96] 王蔷, 李亮. 推动核心素养背景下英语课堂教—学—评一体化：意义、理论与方法[J]. 课程·教材·教法, 2019(5)：114-120.

[97] 王蔷, 钱小芳, 吴昊. 指向英语学科核心素养的英语学习活动观——内涵、架构、优势、学理基础及实践初效[J]. 中小学外语教学(中学篇), 2021c, 44(7)：1-6.

[98] 王蔷, 钱小芳, 周敏. 英语教学中语篇研读的意义与方法[J]. 外语教育研究前沿, 2019(2)：40-47.

[99] 王蔷, 孙万磊, 赵连杰, 李雪如. 大观念对英语学科落实育人导向课程目标的意义与价值[J]. 教学月刊(中学版). 2022(4)：3-14.

[100] 王蔷, 孙薇薇, 蔡铭珂, 洪菁. 指向深度学习的高中英语单元整体教学设计[J]. 外语教学, 2021a, 4(1)：17-25, 87-88.

[101] 王蔷, 周密, 蔡铭珂. 基于大观念的高中英语单元整体教学设计[J]. 中小学外语教学(中学篇), 2021b, 44(1)：1-7.

[102]王蔷，周密，蒋京丽，等.基于大观念的英语学科教学设计探析[J].课程·教材·教法，2020(11)：99-108.

[103]王涛.动态系统理论视角下的复杂系统：理论、实践与方法[J].天津外国语大学学报，2011(6)：8-15.

[104]王玉玲.浅谈小学英语阅读教学的特点[J].大连教育学院学报，2014，30(3)：36-38.

[105]王珍.探讨输入假说在高中英语教学中的运用[J].中学生英语，2019(24)：8.

[106]韦汉，章柏成.图式理论和中国外语教学研究的回顾与前瞻[J].西安外国语学院学报，2004(3)：63-66.

[107]韦莲香.基于英语学习活动观的小学英语阅读教学[J].基础教育研究，2022(2)：52-54.

[108]文秋芳.英语口语测试与教学[M].上海：上海外语教育出版社，1999.

[109]文秋芳，王建卿，赵彩然，艳萍，王海妹.构建我国外语类大学生思辨能力量具的理论框架[J].外语界，2009(1)：37-43.

[110]温燕杰."存储"与"激活"图式的高中英语课例分析[J].新课程研究(基础教育)，2010(3)：65-67.

[111]Wiggins，G.，McTighe，J. 赖丽珍，译. 重理解的课程设计(第三版)[M].台北：心理出版社，2011.

[112]武和平，魏大为.系统/复杂科学视域中的二语习得研究述略[J].复旦外国语言文学论丛，2013(1)：80-86.

[113]武小莉.图式理论研究对口语输出的启示[J].湖南科技学院学报，2011，32(2)：162-165.

[114]肖永芳.细化评价标准提升高中英语课文复述有效性[J].华夏教师，2019(19)：38-39.

[115]谢瑜妍.高中生批判性英语阅读思维能力调查研究——以赣州中学高一学生为例[J].西部素质教育，2017，3(24)：17-18.

[116]徐丹.基于主题意义的高中英语阅读教学课例研究[J].延边教育学院学报，2021，35(2)：193-195.

[117]徐锦芬.二语学习同伴互动研究[M].北京：外语教学与研究出版社，2020.

[118]徐锦芬，刘文波，雷鹏飞.外语教学环境中阅读策略发展的研究——以动态系统理论为视角[J].当代外语研究，2017(6)：3-10，108.

[119]徐珊珊.基于学习活动观的小学英语单元整体教学设计[J].天津教育，2022(18)：

76-78.

［120］徐伟娟. 运用支架理论提高初中英语阅读教学的有效性［J］. 试题与研究，2022（3）：51-55.

［121］薛军，谢先成. 基于主题意义探究的高中英语阅读教学三大维度［J］. 教学与管理，2021（19）：52-55.

［122］姚盛. 基于英语学习活动观的小学英语阅读教学——以 The Lion and the Mouse 教学设计为例［J］. 教育界，2021（38）：53-54.

［123］杨盈，庄恩平. 构建外语教学跨文化交际能力框架［J］. 外语界，2007（4）：13-21，43.

［124］杨勇. "输出假说"及其对我国外语教学的启示［J］. 阜阳师范大学学报（社会科学版），2020（3）：147-151.

［125］油小丽，薛星星. 图式理论视角下的思维导图在高中英语阅读教学中的应用［J］. 基础外语教育，2019，21（4）：63-68，107.

［126］岳曼曼，刘正光. 混合式教学契合外语课程思政：理念与路径［J］. 外语教学，2020，41（06）：15-19.

［127］赵慧军. 活动理论的产生、发展及前景［J］. 东北师大学报（哲学社会科版），1997（1）：87-93.

［128］张冠文. 在初中英语教学中开展评判性阅读教学的尝试［J］. 中小学外语教学（中学篇），2009（12）：20-24.

［129］张金秀. 主题意义探究引领下的中学英语单元教学策略［J］. 中小学外语教学（中学篇），2019（7）：1-6.

［130］张金秀，国红延，周洁，向瑞方. 主题单元视角下发展学生语言意识的理念和实践［J］. 英语学习，2022（1）：30-35.

［131］张兰玲. 互动理论与英语教学［J］. 高等工程教育研究，2001（2）：91-92.

［132］张凌敏. 基于英语学习活动观的初中英语阅读课教学活动设计——以 Unit 5 Section B Reading Beauty in Common Things 教学为例［J］. 英语教师，2018，18（14）：146-150，154.

［133］张敏，张鹏. 促进学生深度学习的读写教学策略［J］. 中小学外语教学（小学篇），2021，44（3）：1-6.

［134］张庆宗. 外语教育心理学［M］. 武汉：湖北教育出版社，2008.

［135］张卫东，杨莉. 跨文化交际能力体系的构建——基于外语教育视角和实证研究方法［J］. 外语界，2012（2）：2-16.

［136］张征. 多模态 PPT 演示教学与学生学习态度的相关性研究［J］. 外语电化教学，2013

（3）：59-64.

[137]郑葳，刘月霞.深度学习：基于核心素养的教学改进[J].教育研究，2018，39(11)：56-60.

[138]中华人民共和国教育部.义务教育英语课程标准(2011年版)[Z].北京：北京师范大学出版社，2012.

[139]中华人民共和国教育部.义务教育英语课程标准(2022年版)[Z].北京：北京师范大学出版社，2022.

[140]中华人民共和国教育部.普通高中英语课程标准(2017年版)[Z].北京：人民教育出版社，2018.

[141]中华人民共和国教育部.普通高中英语课程标准(2017年版2020年修订)[Z].北京：人民教育出版社，2020.

[142]周华.英语整本书阅读作业设计的原则[J].教学与管理，2021(12)：42-45.

[143]周诗杰.基于大观念的小学英语单元教学设计探析[J].课程·教材·教法，2021(12)：88-93.

[144]朱立明，冯用军，马云鹏.论深度学习的教学逻辑[J].教育科学，2019，35(3)：14-20.

[145]朱双乾.基于主题意义的英语语篇教学课例的研究——以译林版英语五年级下册Unit 4 Seeing the Doctor(Story Time)为例[J].小学教学研究(理论版)，2022(6)：54-56.